dtv
premium

Peter Hartl

Belogen, betrogen und umerzogen

Kinderschicksale aus dem 20. Jahrhundert

Mit 35 s/w-Abbildungen

Deutscher Taschenbuch Verlag

FSC
Mix
Produktgruppe aus vorbildlich bewirtschafteten Wäldern und anderen kontrollierten Herkünften
Zert.-Nr. GFA-COC-1298
www.fsc.org
© 1996 Forest Stewardship Council

Der Inhalt dieses Buches wurde auf einem nach den Richtlinien des Forest Stewardship Council zertifizierten Papier der Papierfabrik Munkedal gedruckt.

Originalausgabe
September 2007

www.dtv.de

Umschlagkonzept: Balk & Brumshagen
Umschlaggestaltung: Stephanie Weischer unter Verwendung zweier Fotos von Corbis und gettyimages/Photonica/Deborah Raven sowie eines Privatfotos von Alojzy Twardecki, Warschau
Satz: Greiner & Reichel, Köln
Gesetzt aus der Minion 10,2/13˙
Druck und Bindung: Kösel, Krugzell
Gedruckt auf säurefreiem, chlorfrei gebleichtem Papier
Printed in Germany
ISBN 978-3-423-24618-7

Inhalt

Einleitung

Aus den Augen, nicht aus dem Sinn

Sie kennen dieses Erlebnis vielleicht: Sie sind allein in der Fremde, in einer vollkommen unbekannten Gegend, von Menschen umgeben, mit denen Sie noch nie etwas zu tun hatten – kein vertrautes Gesicht, kein Wiedererkennungseffekt. Und Sie überlegen die ganze Zeit, auf welche Weise Sie wohl in dieses Phantomland geraten sind. Erst das Erwachen gibt die beruhigende Antwort: Alles war nur ein Traum. Mit dem Verschwinden des bösen Spuks kommen wieder die Konturen Ihres gewohnten Daseins zum Vorschein und damit die beruhigende Gewissheit, dass die vertraute Welt nicht infrage gestellt ist.

Den Menschen, deren Schicksal dieses Buch gewidmet ist, war diese Gewissheit nicht vergönnt. Auch sie sind erwacht, aber nicht aus einem Traum – es war ihr alltägliches Leben, das ihnen mit einem Mal fremd erschien. Sie alle stellten als Kinder oder Jugendliche eines Tages fest, dass sie eigentlich gar nicht in die Welt hineingehörten, die für sie gewohnt und selbstverständlich war. Sie begriffen, dass sie nicht die waren, die sie bis dahin zu sein glaubten. Ihr gesamtes Dasein mitsamt Eltern, Freunden, Gewohnheiten erwies sich als eine Maske vor ihrer eigentlichen Identität, die in Wahrheit einer anderen Lebenswirklichkeit zugehörte.

Und nicht nur das: Einige von ihnen mussten erkennen, dass vieles von dem, was für sie bis dahin von Bedeutung war, was ihnen beigebracht wurde und vorbestimmt war, feindlich gegen die Welt gerichtet war, in die sie einst hineingeboren worden waren, manchmal sogar gegen ihre leiblichen Eltern, von deren Existenz sie oft kaum etwas wussten.

Dieses Erwachen geschah selten abrupt. Meist erhielten die hier porträtierten Menschen erst allmählich, ausgelöst durch eine Mitteilung oder einen Zufall, eine Ahnung davon, dass mit ihnen etwas »nicht in Ordnung« war, ihr Lebensweg sich schon im Ursprung von dem ihrer Altersgefährten unterschied. Bis nach einem schmerzhaften Erkenntnisprozess alles infrage stand, was zuvor dem Anschein nach festen Bestand hatte. Jeder von ihnen musste damit zurechtkommen, dass das Fundament hohl war, auf dem seine Kindheit, seine Jugend scheinbar solide gründete: Der deutsch-national erzogene Junge, der beiläufig mitbekommt, dass er selbst ein gebürtiger Pole ist, somit eine jener Feindfiguren, die er als »slawische Untermenschen« zu verachten gelernt hatte. Der Ziehsohn linientreuer Stasi-Leute, der von eben jenem Regime Fürsorge erfährt, das seine leiblichen Eltern ins Gefängnis gebracht hat. Das Mädchen, das gut behütet im Vertrauen auf jene »Volksgemeinschaft« heranwächst, in deren Namen, wie sich später erwies, ihr Vater und ihr Bruder ohne jeden Schulderweis ermordet worden waren. Der antisemitisch indoktrinierte Hitlerjunge, der sich eines Tages damit konfrontiert sieht, dass er selbst Jude ist. Oder die patriotisch gesinnte Sowjetbürgerin, die erst spät begreift, dass der Staat, dem sie diente, sie einst aus dem Land ihrer Kindheit geraubt hat.

Diese und andere Geschichten haben sich so ereignet, wie sie hier beschrieben werden, sie sind durchwoben von Verwicklungen und unvorhersehbaren Wendungen. Die Betroffenen haben eine oft schier unglaubliche Odyssee durchlebt. Jeder Erfahrungsbericht steht für sich, hinter jedem Lebenslauf verbirgt sich ein einzigartiges, unverwechselbares Schicksal, zu unterschiedlichen Zeiten und unter verschiedenen politischen Rahmenbedingungen.

Und doch gibt es durchgängige Erkenntnisse und Erfahrungen, die diese Geschichten auf einen gemeinsamen Nenner bringen: Alle Betroffenen, mit Ausnahme von Kafina Sinskamp, die keine Erinnerung mehr hat, erlebten eine ausgesprochen harmonische, beinahe idyllische Kindheit. Doch sie wurden, bedingt durch Krieg oder ideologischen Zwang, abrupt aus ihrem ursprünglichen Dasein gerissen. Sie wurden nach Plan ausquartiert, abgeschoben, entführt, geraubt, adoptiert, umerzogen oder auf welche Weise auch immer ihrem Ursprung entfremdet – sie alle wurden im Wortsinn entwurzelt. Meist waren sie zu diesem Zeitpunkt noch zu klein, um das bewusst mitzubekommen.

Doch der Trennungsschmerz hat sie durch ihr Leben begleitet, auf mitunter abenteuerlichen Irrwegen, die sie von ihrer Heimstätte in meist entgegengesetzte Welten führten, ohne dass sie diesen Kontrast schon zu erfassen vermochten. Sie nahmen die Gegebenheiten hin, wuchsen auf in der Gewissheit, dass das, was sie täglich um sich herum erlebten, auch ihre ureigene Welt war. Erst mit zunehmender Reife wurde ihnen bewusst, dass sie unvereinbare Identitäten in ihrer Seele trugen. Sie begannen, sich in ihrem alltäglichen Dasein fremd zu fühlen und zugleich ihre Wurzeln zu erkennen, Nähe zu jenen Menschen zu empfinden, mit denen sie den Ursprung teilten. Sie spürten Anziehungskräfte, die oft unvereinbar waren. Sie begriffen allmählich jene Schizophrenie, die ihr zerrissenes Dasein auf Dauer bestimmte.

Doch es ist nicht *ihre* individuelle Schizophrenie. Es ist die Widersprüchlichkeit des 20. Jahrhunderts, in das sie hineingeboren wurden. Es waren die ideologischen Verwerfungen jener Zeit, die ihre Biografien gebrochen haben. Die Erfahrungen der Betroffenen spiegeln augenfällig die Zerrissenheit ihrer Epoche wider. Über die persönliche Tragik hinaus veranschaulicht jeder dieser Lebensläufe, welche Folgen es haben kann, wenn Menschen in Kategorien eingestuft, nach Wertigkeit sortiert, als formbarer Rohstoff betrachtet, nach Willkür verschoben, gelenkt und verbogen werden. In einer wirklich freien Gesellschaft wäre das Leben dieser Kinder wohl anders verlaufen, wären sie vor ähnlich tiefgreifenden Umwälzungen gefeit gewesen. Sie sind Opfer von Zwängen geworden, wie vor allem Herrschaftssysteme mit totalitärem Allmachtsanspruch sie hervorbringen. Wie so oft sind es die Kleinsten und Schwächsten, an deren Schicksal sich das Diktat der Weltanschauungen am gravierendsten manifestiert. Der Verlauf ihres Lebens ist wie ein Negativabzug dieser Erfahrung.

»Diese Jugend lernt ja nichts anderes als deutsch denken, deutsch handeln«, hatte etwa Hitler 1938 vor Funktionären und Würdenträgern seiner Partei verkündet. »Und wenn nun dieser

Knabe oder dieses Mädchen mit ihren zehn Jahren in unsere Organisation hineinkommen, (...) vom Jungvolk in die Hitlerjugend, (...) dann kommen sie in den Arbeitsdienst und werden dort sechs bis sieben Monate geschliffen (...). Und was dann (...) an Standesbewusstsein oder Standesdünkeln da oder dort noch vorhanden sein sollte, das übernimmt die Wehrmacht zur weiteren Behandlung auf zwei Jahre. Und (...) dann nehmen wir sie, damit sie auf keinen Fall rückfällig werden, sofort wieder in die SA, SS und so weiter auf. Und sie werden nicht mehr frei ihr ganzes Leben, und sie sind glücklich dabei.«

Deutlicher und zynischer hätte der oberste Ideologe des »Dritten Reiches« nicht auf den Nenner bringen können, woran Diktaturen den Wert ihrer Untertanen in erster Linie messen: an der Möglichkeit ihrer vollständigen Vereinnahmung. Nicht die Entfaltung des Einzelnen gilt es zu fördern, sondern seinen Nutzwert für die ideologisch definierten Zwecke des Regimes. Von klein auf soll der Nachwuchs systematisch durch einander ablösende Bearbeitungsinstanzen zum verlässlichen Träger der Staatsdoktrin geformt werden.

Diese Doktrin degradiert Menschen zur Verfügungsmasse in einem großangelegten Planspiel, dessen Regeln von Allmachts- und Expansionsutopien bestimmt sind. Die Hauptausprägungen dieser totalitären Herrschaftsform im 20. Jahrhundert waren Hitlers nationalsozialistisches Imperium (1933–1945), Stalins Sowjetreich (1929–1953) mitsamt seinen Nachfolgeregimen und Vasallenstaaten in Osteuropa (bis 1989) sowie Mao Tse-tungs kommunistisches Massenexperiment in China (1949–1976), dazu zahllose autoritäre Regime, Militärdiktaturen, hermetische Bünde oder Sektengebilde, die vergleichbaren Gesetzmäßigkeiten unterliegen. Diese ideologisch gesteuerten Großversuche am lebenden Objekt haben Millionen von Menschen mit ihren Verheißungen angezogen und bis zu ihrem jeweiligen Scheitern mindestens eben so viele ins Unglück gestürzt. Sie haben ihrem Jahrhundert den Stempel aufgedrückt – ohne für alle Zeiten Exklusivität beanspruchen zu können. Die zugrunde liegenden

Denkstrukturen und Wirkungsmechanismen sind auch heute noch aktuell.

Die weltanschaulichen Parolen mögen grundverschieden, manchmal konträr zueinander stehen, doch die Grundmuster gleichen sich. Vereinfacht gesagt: Eine nach vollkommener Kontrolle strebende Organisation setzt alles daran, einer von ihr selbst auserkorenen Kaste, Klasse, Rasse oder Nation Macht und Geltung zu verschaffen. Diesem Ziel sind alle verfügbaren Mittel untergeordnet: Propaganda, Repression, militärische Gewalt. Grundlage ist die Einteilung der bestehenden Welt in simple Gegensatzmuster, in Freund und Feind, Überlegene und Schwache, in Sieger und Verlierer. Die Suggestion der vermeintlichen eigenen Überlegenheit nährt sich aus der Herabsetzung der angeblichen Widersacher.

Die meisten Zeitgenossen, die in solch ein geschlossenes System hineinwachsen oder geraten, vermögen diese Zusammenhänge nur ansatzweise zu erkennen, da sie ein vorwiegend gefiltertes Bild der Wirklichkeit zu sehen bekommen. Zu stark wirkt die Narkose der Indoktrination, zu resistent sind sie selbst gegen intervenierende Einflüsse von außen und aus ihrem Inneren. Erst wenn der Zerfall jener Monolithen erlaubt, die weltanschauliche Käseglocke zu lüften, wird zumindest klarsichtigen Zeitgenossen das Ausmaß der destruktiven Kräfte und der Grad ihrer eigenen Verstrickung allmählich bewusst.

Doch ist es keineswegs das Anliegen dieses Buches, die Wesenszüge von Herrschaftssystemen zu erörtern. Es schildert zuallererst Schicksale von Menschen, die die Wendungen der Geschichte auf außergewöhnliche Weise durchlebt haben. Sie sind zu Grenzgängern, Rollenwechslern, Überläufern wider Willen geworden. Ohne ihr Zutun haben ihre Lebenswege die vorgegebenen Bahnen durchkreuzt, die festgefügten Schablonen der jeweiligen Gesellschaftssysteme durchbrochen. Gerade dadurch eröffnen ihre Geschichten ungewöhnliche Einblicke in das Wesen von Diktatur, Ideologie und Krieg. Jedes dieser Schicksale ist wie ein Zerrspiegel, in dem die totalitären Züge des 20. Jahrhunderts aufscheinen.

Ein Hitlerjunge, der sich plötzlich als Jude, somit als *das* personifizierte Feindbild, gebrandmarkt sieht, erleidet am eigenen Leib die Folgen jenes menschenverachtenden Denkens, das ihm doch so vertraut ist. Einem jungen DDR-Bürger, der im Stasi-Milieu großgeworden ist, erscheint seine gewohnte Umgebung fragwürdig, sobald er begreift, dass sein eigener Vater von demselben Regime in Haft gehalten wird.

Doch die Betroffenen empfanden diese Einblicke nicht als wertvolle Hilfe im Erkenntnisprozess. Für sie ist es zumeist eine überaus schmerzhafte Erfahrung. Sie mussten damit zurechtkommen, dass ihre *vertraute* Welt sich urplötzlich als trügerisch erwies, während sie zu ihrer *ursprünglichen* Familie kaum noch Bezüge herstellen konnten. Sie erlebten sich als hin- und hergerissen zwischen Dasein und Herkunft – häufig kaum zu vereinbarenden Polen. Diese Zerrissenheit machte vielen von ihnen erheblich zu schaffen. Doch je länger sie sich mit ihrer schizophrenen Lage beschäftigten, je länger die Frage nach ihren Wurzeln sie umtrieb und besonders nachdem im Laufe der Zeit häufig die Ursachen für ihre Zwangs-Entfremdung wegfielen, desto deutlicher wurde den meisten von ihnen bewusst, was sie eigentlich am meisten vermissten und suchten: ihr angestammtes Umfeld, den Hort ihrer frühen Kindheit, ihre leiblichen Eltern – vor allem die Mutter.

Es gibt kaum einen Befragten, trotz aller Kapriolen des Werdegangs, für den nicht die leibliche Mutter die zentrale Bezugsperson des Lebens geblieben ist. Das gilt auch oder gerade dann, wenn diese Frau ihnen zeitlebens unbekannt bleibt, wie ein Phantombild ohne Konturen. Nur wenige wie der gebürtige Pole Alojzy Twardecki hatten das Glück, nach ihrer Rückkehr mit der Mutter wieder ein inniges Verhältnis aufbauen zu können. Die norwegische Mutter von Werner von Reis wollte bis zu ihrem Tod nichts von ihrem Sohn wissen. Andere wie das »Wolfskind« Sieglinde Kenzler mussten erleben, wie die Mutter in ihren Armen starb. Wieder andere wie der »jüdische Hitlerjunge« Günther Lack oder die aus Deutschland verschleppte Kafina Sinskamp sind lebenslang auf der Suche geblieben. Wenigstens die Grabstätte oder auch nur ein Foto hätten sie vor ihrem eigenen Lebensende gern noch von ihr gesehen.

Denn es ist dies zugleich auch die Suche nach den eigenen Wurzeln. Aus allen Gesprächen ging deutlich hervor, welche zentrale Bedeutung im Leben die Ergründung der eigenen Identität hat. Wer bin ich? Was macht meine Eigenart aus? Welchen Menschen bin ich zugehörig? Diese Fragen stellen sich gerade dann mit besonderer Dringlichkeit, wenn Ideologen, Erzieher, Rassenstrategen mit allen Mitteln der Manipulation versucht haben, den Lebenslauf zu verbiegen. Zu diesem Bestreben totalitärer Systeme, die individuelle Biografie auszulöschen, um einen »neuen« Menschentypus zu schaffen, steht in augenfälligem Gegensatz der Drang des Einzelnen nach Erkenntnis: Wo komme ich her? Es ist die Schlüsselfrage jeder Existenz.

Die Konfrontation mit dieser ursprünglichen, teils nachträglich verschleierten Identität war dennoch für viele der Protagonisten problematisch. Auch deshalb, weil sie sich zum Zeitpunkt der Entdeckung meist ganz passabel in ihrem »zweiten« oder gar »dritten« Leben eingerichtet hatten – unabhängig von der Tatsache, dass sie unfreiwillig dort hineingeraten waren. Der Junge, der an seine polnische Heimat schon bald keinerlei Erinnerung mehr hatte, fühlte sich in seiner deutschen »Nazi«-Familie geborgen und baute insbesondere zu seiner deutschen Mutter eine intensive Beziehung auf. Auch der Sohn des DDR-Staatsfeindes empfand eine starke Bindung an seine Pflegeeltern, unabhängig davon, dass diese der Stasi zu Diensten waren.

Bezeichnend ist, dass keiner der Gesprächspartner heute noch oder wieder an seinem Geburtsort lebt. Die wechselhaften Ereignisse, denen die Betroffenen ausgesetzt waren, blieben nicht ohne Folgen. Es ist niemand unter ihnen, der auf einen geradlinigen Lebenslauf zurückblicken könnte. Zwar hat jeder am Ende auf beachtliche Weise seinen Weg gemacht, aber das war in den wenigsten Fällen die Route, die ihnen von Geburt an vorbestimmt gewesen wäre. Heraus kamen Lebenswege voller Brüche, Sprünge, Leerläufe. Die sie zurücklegten, mussten sich zurechtfinden, anpassen, immer wieder loslassen können. Heute noch haben sie zu kämpfen, zu leiden, zu verarbeiten – bis in ihre Träume hinein. Die Wunden sitzen tief, und ebenso die Zweifel an vielem, was Außenstehenden gewiss und selbstverständlich scheint.

Wie aktuelle psychologische Studien zeigen, reagieren Kinder auf die abrupte Trennung von ihren Bindungspersonen mit einer Mischung aus Angst, Wut, Ohnmacht und Trauer. Sie sehen sich betrogen um ihr Bedürfnis nach Schutz und Nähe. Doch dieses Verlustgefühl vermögen sie zunächst noch kaum einzuordnen und neigen daher dazu, es zu verdrängen. Die Folgen zeigen sich dann erst später. Sie können von übermäßiger Anpassung bis zu aggressiver Abwehr einer Kontaktaufnahme reichen.

Die Menschen, deren Geschichte in diesem Buch erzählt wird, haben alle gelernt, mit ihren Verlusten und Erfahrungen umzugehen. Aus der Auseinandersetzung mit ihrer Vergangenheit haben sie für sich Erkenntnisse gewonnen. Durch den Umgang mit vielen Wendungen und Verwerfungen in ihrem Leben wirken die Gesprächspartner gereift und auf ihre Art weise. Sie haben Erfahrung darin, das Geschehen aus unterschiedlichen Perspektiven abzuwägen, das Leben um sie herum aus einem besonderen Blickwinkel und mit geschärfter Wahrnehmung zu betrachten. Sie verharren nicht in vereinfachenden Denkschablonen. Gerade deshalb waren alle Gespräche, die für dieses Buch geführt wurden, eine echte Bereicherung.

Der Riss durch ihre Kindheit ist bis heute ihr Lebensthema, es beschäftigt sie, lässt sie noch immer nicht los. Doch drängen sie ihre Geschichte niemandem auf, streben nicht von sich aus in die Öffentlichkeit. Gleichwohl waren sie auf Anfrage alle umgehend bereit, in aller Offenheit und Ausführlichkeit über ihre Erlebnisse zu berichten. Viele Kontakte hatten sich im Lauf der Jahre durch meine Tätigkeit für die zeitgeschichtliche Senderedaktion des Zweiten Deutschen Fernsehens ergeben. Weitere Erlebnisberichte wurden eigens für dieses Buch recherchiert.

Die Auswahl der Einzelfälle geschah nicht empirisch, aber mit Bedacht. Sie folgte weitgehend subjektiven Maßstäben. Sie ist nicht repräsentativ, aber bezeichnend. Gerade weil es sich *nicht* um typische Lebensverläufe handelt, vermögen sie die Mechanismen der Demagogie und Lenkung von Menschen umso klarer sichtbar zu machen. Schicksale, die jene Problematik der Entwurzelung, der ideologischen Umetikettierung am anschaulichsten widerspiegeln, erhielten bei der Auswahl den Vorzug. Ein Auswahlkriterium war also die Nähe zur Lebenswirklichkeit und zum geschichtlichen Verständnis der Leser. In diesem Sinne haben sämtliche Kapitel einen direkten oder mittelbaren Bezug zur deutschen Geschichte.

Das bedeutet nun nicht im Umkehrschluss, dass sich die beschriebenen Phänomene auf eine bestimmte geschichtliche Epoche, auf ein spezifisches Land oder Regime reduzieren ließen. In der Tat sind Schicksale wie die beschriebenen universell und zeitlos. Sie werden sich zwar nie auf die gleiche Weise wiederholen, aber es wird zu allen Zeiten und an den verschiedensten Orten Menschen geben, die vergleichbaren Erfahrungen ausgesetzt sind. So wird aktuell von japanischen Kindern berichtet, die nach Nordkorea entführt und indoktriniert wurden, um vom Regime für Spionagezwecke nutzbar gemacht zu werden.

Dennoch geht die Beschreibung der einzelnen Fälle auch mit der Zuversicht einher, dass Lernfähigkeit vorhanden ist, dass sich die Menschheit allmählich vom Stanzen eindimensionaler Schablonen, von der Unterwerfung unter vermeintliche Heilslehren und deren Künder, entfernt.

Die Männer und Frauen jedenfalls, deren Schicksale in diesem Buch versammelt sind, stehen mit ihren Lebenserfahrungen für Toleranz und differenziertes Denken. Ihnen ist dieses Buch gewidmet. Alojzy Twardecki, Christian Dertinger, Marie Šupikova, Günther Lack, Werner von Reis, Kafina Sinskamp und Sieglinde Kenzler sowie ihren Angehörigen Malgorzata Ratajczak, Annette Lack und Irmgard Kühn möchte ich an erster Stelle für die ausführlichen und wertvollen Gespräche danken. Ich habe dabei durchwegs herzliche Aufnahme und freundliche Auskunftsbereitschaft erfahren. Ohne die Aufgeschlossenheit dieser Menschen wäre dieses Buch nie entstanden. Bedanken möchte ich mich gleichfalls bei den Kolleg/innen aus der ZDF-Redaktion, namentlich bei Annette von der Heyde, bei befreundeten Filmemacher/innen, Dokumentarist/innen, besonders Ingeborg Jacobs, Andrzej Klamt, Michael Renz, Jean-Christoph Caron, Anatolij Perschikow und Pascal Thibaut, sowie bei den Mitarbeiter/innen von Archiven, Forschungsinstituten und Dokumentationsstellen für ihre stets hilfreichen Einschätzungen, ganz besonders bei Dr. Georg Lilienthal von der Gedenkstätte Hadamar. Der Dank gilt auch den Lektorinnen des dtv, Dr. Andrea Wörle und Brigitte Hellmann, für die sachkundige Betreuung und Lektorierung und nicht zuletzt meiner Frau Ann-Christin Hornberger, die dieses Buchprojekt über Jahre geduldig mitgetragen hat.

1. Kapitel
Der verlorene Sohn

An diesem Tag springt Alfred Binderberger die Stufen zur elterlichen Wohnung noch flotter als sonst hinauf. Wie so oft, wenn er gut gelaunt ist, beflügelt sein Lieblingslied seine Schritte: »Muss i denn zum Städtele hinaus…« Ausgerechnet. Wieviel Wahrheit dieser Vers enthält, kann er da noch nicht ahnen. Er ist einfach nur gut gelaunt, weil er vom Deutschunterricht im Gymnasium die beste Note mit nach Hause bringt.

Für Alfred ist das eine besondere Auszeichnung. In seiner Wahrnehmung hat Deutsch einen guten Klang, in jeder Hinsicht. Er bekennt sich gern zum Stolz auf sein Vaterland, soweit man solche Kategorien als Elfjähriger schon erfassen kann. Sein Großvater, ein Deutschnationaler aus Überzeugung, den er sehr bewundert, hat ihm schon seit Kindertagen nationalistisches Gedankengut eingeimpft. Vielleicht etwas mehr, als es sich 1949, vier Jahre nach Kriegsende, mit den Idealen einer jungen Demokratie verträgt. Wie ein trotziges Bekenntnis flattert an Alfreds Fahrrad ein kleiner Wimpel in den antirepublikanischen Farben Schwarz-Weiß-Rot.

Doch an diesem Tag ist etwas anders. Das wird dem Jungen schlagartig bewusst, sobald er die Tür zu der kargen Zweizimmerwohnung öffnet. In gedrückter Stimmung sitzen sie da, der Vater, die Mutter, die Großeltern. Sie scheinen bereits auf ihn gewartet zu haben – aber nicht wegen seiner guten Schulzensur. Aus den Gesichtern der Erwachsenen spricht so etwas wie traurige Resignation. Selbst in den Augen des Großvaters, der sonst jede Gefühlsregung als Schwäche abzutun pflegt, stehen Tränen. Alfred zermartert sich den Kopf, was er in letzter Zeit angerichtet hat, das diese Bestürzung ausgelöst haben könnte, findet aber keine rechte Antwort.

»Du hast einen Brief bekommen«, sagt der Vater dann in die

betretene Stille hinein, »von deiner Mutter!« Alfred starrt seinen Vater an – und dann auf seine Mutter. Hier sitzt sie doch! Wieso sollte sie ihm schreiben? »Nicht von Mama«, fügt der Vater hinzu, »von deiner Mutter in Polen.«

Manchmal sind es wenige Worte, die eine Welt zum Einsturz bringen können. Der Junge will den Brief mit dem polnischen Absender gar nicht sehen. Und vergebens versucht er seine Ohren zu verschließen vor dem, was der Vater aus dem Brief vorliest, dass nämlich Alfred in Wirklichkeit der Sohn dieser unbekannten Briefschreiberin und bei ihr unter dem polnischen Namen Alojzy Twardecki aufgewachsen sei. Was hat er zu schaffen mit dem Land, für das man ihn jahrelang nur Verachtung gelehrt hat? Was will diese fremde Frau, die plötzlich seine Mutter sein soll, von ihm? Demonstrativ zerreißt er vor aller Augen ihr Foto, das dem Brief beigefügt war.

Doch die Fragen sind damit nicht aus der Welt. Wie Phantome aus einer lange verschütteten Vergangenheit lassen sie sich, erst einmal wachgerufen, nicht so einfach wieder verscheuchen. Das fremd-vertraute Foto geht Alfred nicht mehr aus dem Sinn. Nachts klaubt er die Schnipsel heimlich aus dem Papierkorb und setzt sie wieder zusammen. Aufmerksam mustert er die Porträtaufnahme und kann nicht leugnen, dass er eigene Züge darin wiederentdeckt. Die schwarzhaarige Frau strahlt eine zarte Schönheit aus. Wie das zerstückelte Foto so beginnt sich nun auch sein eigenes, zerrissenes Leben wieder schemenhaft zusammenzufügen. Fragmente der Erinnerung tauchen auf – aus jahrelanger Verbannung, Bilderfetzen aus frühester Kindheit, die immer rätselhaft geblieben sind: Die Schäferhunde der uniformierten Männer – wie Wölfe sind sie ihm im Gedächtnis geblieben. Die Hand der Mutter, an die er sich geklammert hatte. Die Angst, als er sie endgültig loslassen musste – und mit ihr seine Kindheit als kleiner polnischer Junge, dessen Welt bis dahin aus seiner polnischen Mutter bestand, seinem Spielzeug, den Pferden und anderen Tieren auf dem Hof der Großeltern, den Kinderliedern, Versen und dem Nachtgebet in seiner polnischen Muttersprache.

Als Alojzy im Frühjahr 1938 in dem kleinen Ort Rogoźno bei Posen, dem heutigen Poznań, zur Welt kam, schien das Familienglück noch ungetrübt. Der Vater war Oberst in der polnischen Armee. Die Großeltern hatten einen ertragreichen Gutshof. Der

Alojzys leibliche Mutter

Alojzys leiblicher Vater

Knabe mit seinen blonden Locken und den stahlblauen Augen war der Prinz an diesem Hof. Der Zufall wollte es, dass seine beiden Großmütter, väterlicher- wie mütterlicherseits, aus Deutschland stammten. Sie waren mit ihren polnischen Männern nach Polen gezogen und dort zu überzeugten Polinnen geworden. Doch blieb das Nachbarland gut angeschrieben in der Familie, und der kleine Alojzy war seit frühester Kindheit mit dem Klang der deutschen Sprache vertraut.

Als das großdeutsche Reich dann im Herbst 1939 zu ihnen kam, in Uni-Form der Wehrmacht Hitlers, war es mit dem beschaulichen Dasein vorbei. Alojzys Vater wurde als Erster aus der Familie vom Krieg heimgesucht. Nach der Mobilmachung kehrte er nie mehr zurück. Als Offizier in Gefangenschaft geraten, sei er von den Deutschen ermordet worden, so wollen es später heimgekehrte Kameraden in Erfahrung gebracht haben. Die ursprünglich polnische Region um Posen wurde als »Warthegau« dem deutschen Reichsgebiet zugeschlagen. Alojzys Großeltern wurden von ihrem Gutshof vertrieben. Seine Mutter, die sich als stolze Polin geweigert hatte, für die deutsche Staatsbürgerschaft zu optieren, musste Dienst im Hause eines deutschen Beamten tun und dort auch gelegentlich die Schläge der Hausherrin einstecken. Ihr kleiner Sohn, jetzt von den Großeltern betreut, war das Einzige, was ihr noch geblieben war. Doch sein anmutiges Erscheinungsbild wurde dem Knaben zum Verhängnis. Mit seiner Gestalt, Schädelform, Haar- und Augenfarbe passte er normgerecht in die Rassenschablonen der neuen Herren im Land. Ohne dass die Mutter es ahnte, war der Kleine im Gesundheitsamt der Besatzungsmacht unter dem Vorwand einer medizinischen Vorsorgeuntersuchung anatomisch begutachtet worden.

Es war der verwaltungstechnische Vollzug einer Wahnidee. Nach einem abstrusen Rassenschema wurden die Menschen auseinanderdividiert. Der Zufall der äußerlichen Erscheinungsform entschied über ihren Lebenswert. »Ich habe wirklich die Absicht, germanisches Blut in der ganzen Welt zu holen, zu rauben und zu stehlen«, hatte SS-Chef Heinrich Himmler schon 1938 vor Führern der SS-Standarte »Deutschland« prophezeit: »Alles gute Blut auf der Welt, alles germanische Blut, was nicht auf deutscher Seite ist, kann einmal unser Verderben sein. Es ist deswegen jeder Germane mit bestem Blut, den wir nach Deutschland holen und zu einem deutschbewussten Germanen machen, ein Kämpfer für uns, und auf der anderen Seite ist einer weniger.«

Nach dem deutschen Überfall auf Polen begannen zunächst eifrige Statthalter oder Fürsorgebeamte vor Ort, schließlich ein organisierter bürokratischer Apparat mit dem Vollzug dieses zynischen Plans. Objekt des organisierten Menschenfangs waren polnische Kinder, die eine »deutschblütige« Abstammung hatten oder denen eine solche unterstellt wurde. Simples Erkennungsmerkmal: blonde Haare, blaue Augen, gute körperliche Konstitution, Intelligenz. Ins Visier genommen wurden vorwiegend Zöglinge aus Waisenhäusern oder Pflegefamilien, aber auch Kinder, deren Väter oder Mütter in Gefangenschaft geraten, verwitwet waren oder bewusst gegen eine Aufnahme in die »deutsche Volksliste« optiert hatten.

Der kleine Alozy (links) mit seinem Cousin

Wer die Auslesekriterien der selbsternannten Herrenmenschen erfüllte, der sollte vom vorbestimmten Schicksal der »minderwertigen Slawenvölker« verschont bleiben. »Für die nicht-deutsche Bevölkerung des Ostens«, hatte Himmler 1940 verfügt, »darf es keine höhere Schule geben als die vierklassige Volksschule. Das Ziel dieser Volksschule hat lediglich zu sein: einfaches Rechnen bis höchstens 500, Schreiben des Namens, eine Lehre, dass es ein göttliches Gebot ist, den Deutschen gehorsam zu sein und ehrlich, fleißig und brav zu sein. Lesen halte ich nicht für erforderlich. Außer dieser Schule darf es im Osten überhaupt keine Schule geben. Wir wären wahnsinnig und würden unser eigenes Blut verraten, wenn wir dem Gegner einen fähigen Kopf aus unserem Blute ließen, der eines Tages dann gegen uns steht.« Als Ergebnis dieser gezielten Entmündigung, so malte es sich der »Reichskommissar für die Festigung des deutschen Volkstums« aus, werde die osteuropäische Bevölkerung »als führerloses Arbeitsvolk zur Verfügung stehen und Deutschland jährlich Wanderarbeiter und Arbeiter für besondere Arbeitsvorkommen (Straßen, Steinbrüche, Bauten) stellen; sie wird selbst (...) bei eigener Kulturlosigkeit unter der strengen, konsequenten und gerechten Leitung des deutschen Volkes berufen sein, an dessen ewigen Kulturtaten und Bauwerken mitzuarbeiten und diese, was die Menge der groben Arbeit anbelangt, erst zu ermöglichen.«

Im Ungeist der gleichen Menschenverachtung, mit der auf diese Weise die Bewohner des Nachbarlandes kollektiv zu »Untermenschen« herabgewürdigt wurden, war es umgekehrt einigen wenigen Kindern, die die Rassenfanatiker als »eindeutschungsfähig« qualifizierten, beschieden, als Kriegsbeute in Hitlers Reich verschleppt zu werden – zur »Auffrischung des germanischen Blutes.« »Die hierfür in Betracht kommenden Kinder«, so der Erlass des zuständigen »Rassenpolitischen Amtes«, »dürfen nicht über acht bis zehn Jahre alt sein, da in der Regel nur bis zu diesem Alter eine echte Umvolkung, das heißt Eindeutschung möglich erscheint. Die Kinder bekommen deutsche Namen.«

So betrachtete Himmlers Apparat die eroberten Gebiete als menschliches Rohstoffreservoir für den künftigen »Kampf um die Weltherrschaft«. Da die meisten Unterlagen bei Kriegsende vernichtet und Spuren gezielt verwischt worden sind, gibt es nur Schätzungen darüber, wie viele Kinder Opfer dieser »Umvolkungsaktion« wurden. Die historische Forschung geht davon aus, dass allein aus Polen, das von der Besatzungsmacht besonders systematisch vereinnahmt wurde, mehrere zehntausend Kinder »eingedeutscht« werden sollten. Ähnliche Raubzüge fanden auch in anderen Ländern des deutschen Besatzungsgebietes, etwa in der Tschechoslowakei, der Sowjetunion, in Jugoslawien, Rumänien, aber auch in Westeuropa, statt. Hinzu kamen Hunderttausende, die mit ihren Eltern oder als Jugendliche zur Zwangsarbeit in das Deutsche Reich verschleppt und dort ihrer Herkunft entfremdet wurden. Noch heute leben manche der geraubten Kinder in Deutschland und wissen nichts oder wollen nichts mehr von ihrer ursprünglichen Herkunft wissen. Sie hatten das Schicksal, mit ihrem äußerlichen Erscheinungsbild das Muster des staatlich organisierten Rassenfanatismus zu erfüllen, wie der kleine Alojzy. Aussehen, Intelligenz, Begabung: gerade jene Attribute, die dem blondgelockten Knaben Charme verliehen, bedeuteten nun sein Verbannungsurteil. Wie sollte eine Mutter so etwas ahnen?

Aber ein instinktives Gespür für die drohende Gefahr hatte die damals 30-jährige Malgorzata Twardecki schon, als am 23. September 1943 um fünf Uhr früh ein Beauftragter der SS in Begleitung deutscher Polizisten an ihre Wohnungstür pochte und sie anherrschte, ihren Jungen anzuziehen. »Ich mache das nicht«, erwiderte sie mit dem Mut der Verzweiflung, »ich weiß ja nicht, was ihr mit meinem Kind vorhabt!« Das Aufbegehren war zwecklos. Die junge Frau wurde mit ihrem noch schlaftrunkenen Sohn auf dem Arm in die Nacht hinausgezwungen. Im Amtsgericht ihrer Heimatstadt Rogoźno fand sie sich mit den Müttern von etwa zwölf anderen Kindern im Alter von vier bis zwölf Jahren wieder, unter ihnen auch Alojzys älterer Cousin Leon. Als Vorwand für die Verschleppungsaktion hatten sich die Vollzugsbeamten eine besonders hintersinnige Begründung ausgedacht. Da die Essensrationen im besetzten »Generalgouvernement« so karg bemessen seien, müssten diese Kinder in das »Reich« gebracht werden, um dort in einem »Kinderernährungslager« wieder aufgepäppelt zu werden. Nach außen hin wurde die Entführung als Fürsorgemaßnahme verschleiert.

Über Hintergründe nachzusinnen, blieb ohnehin keine Zeit. Die Kinder heulten und jammerten, als sie gezwungen waren, ihre Arme von denen der Mütter zu lösen, den Sicherheit spendenden Halt ihrer Hände loszulassen, den gewohnten fürsorglichen Blick aus den Augen zu verlieren. Von Wachmännern mit Schäferhunden wurden sie zu dem drei Kilometer entfernt gelegenen Bahnhof der Stadt getrieben. Ein katholischer Priester, den die Frauen in ihrer Not um Fürsprache ersuchten, schlug ihnen die Tür vor der Nase zu – aus Angst. Es gab keinen Beistand und keine Vernunft. Durch einen Zaun getrennt, mussten die Mütter hilflos mit ansehen, wie ihnen ihr Lebensglück entrissen wurde. Um sieben Uhr früh dampfte der Zug mit den Kindern in den Morgen, und die Frauen von Rogoźno blieben fassungslos zurück.

Auch Jahrzehnte später hat der Provinzbahnhof sein Erscheinungsbild nicht maßgeblich geändert. Aber die Kleinstadt, die ihn umgibt, trägt grundlegend andere Züge. Der Krieg, wechselnde politische Systeme und Wirtschaftskrisen haben im Ort unübersehbare Spuren hinterlassen. Dem flüchtigen Besucher drängt sich der Eindruck auf, als ob Rogoźno seit dem deutschen Überfall nicht wieder richtig zu seiner Eigenart zurückgefunden hat.

In der Mitte der Stadt ist Alojzys Mutter bis heute zu Hause. Bescheiden, aber zufrieden wohnt sie in einem Plattenbau mit staubigem Vorplatz und weitreichendem Ausblick vom Balkon. Es ist ihr wichtig, über die Wechselfälle des Lebens hinweg an ihren Wurzeln festgehalten zu haben. An den Wohnzimmerwänden hängen Fotos, die ihren Sohn in verschiedenen Altersstufen zeigen, und sie alle verkünden eine Botschaft: Er ist die Hauptperson in ihrem Leben.

»Das war der schlimmste Schmerz für mich, dass Hitler mir mein Kind genommen hat«, sagt die betagte Dame in gebrochenem, aber nur leicht akzentgefärbtem Deutsch. Es ist ihr Lebensthema. Aus ihren Gesichtszügen lässt sich noch immer die zarte Würde ablesen, wie sie die frühen Fotografien zeigen. Ihre Stimme klingt feinfühlig und resolut zugleich. Sie vermittelt eine Ahnung davon, mit welcher Beharrlichkeit die damals 30-Jährige den Kampf um ihren Jungen aufgenommen hat.

Schon bald nach der Abfahrt des Zuges im Herbst 1943 war für sie das Täuschungsmanöver offenbar: Die Razzia diente nicht der Kinderlandverschickung, sondern dem Kinderraub. Malgorzata Twardecki nahm ihren Mut zusammen und wurde beim deutschen Amtsgericht im Ort vorstellig. Doch statt einer Auskunft erhielt sie Schläge ins Gesicht. Erst von einem Mehllieferanten erfuhr sie, dass die Kinder in der Kreisstadt Kalisch, polnisch Kalisz, in einem früheren Kloster deportierter Nazarethschwestern untergebracht worden waren. Also machte sich Alojzys Mutter auf den Weg dorthin. Da ihr wie allen Polen die Benutzung der Eisenbahn ohne Ausnahmegenehmigung verwehrt war, legte sie die 160 Kilometer lange Strecke zu Fuß zurück, durch Regen und Kälte, mit Übernachtungspausen in Scheunen, Hütten oder im Freien. Als sie endlich nach einwöchigem strapaziösem Marsch in der Kreisstadt anlangte, musste sie von dem Hausmeister des »Gaukinderheims« erfahren, dass die Kinder gerade tags zuvor wieder abtransportiert worden seien. »Meine Eltern und Freunde haben mich damals am Leben erhalten«, beschreibt die Mutter in der Rückschau ihre damalige Lage. Drei Wochen wachte eine Kollegin Tag und Nacht bei der verzweifelten Frau, damit die sich nicht das Leben nahm. »Sie sagte zu mir: ›Du musst jetzt durchhalten, sonst hat dein Sohn keine Mama mehr!‹«

Die deutschen Betreuer unternahmen unterdessen alles, die Kinder ihrer polnischen Herkunft zu entfremden. Um ihre ursprüngliche Identität zu tilgen, bekamen die Kinder neue Namen und Lebenslegenden. In Kalisch hatte man eigens eine polizeiliche Meldestelle eingerichtet, die die Ankömmlinge als Findelkinder registrierte, während ein spezielles Standesamt in München Bescheinigungen über die angebliche deutsche Herkunft ausstellte. Alojzy verlor nun auch amtlich sein polnisches Leben und sollte fortan Alfred heißen. Für ihn und seinen Cousin Leon wurde der Nachname Hartmann, die deutsche Entsprechung ihres polnischen Namens Twardecki, ausgewählt. Mit allen Finessen moderner Psychologie trichterten die »Fürsorger« dem Jungen seine neue Identität ein, bis er schließlich selbst daran glaubte: Er sei in Wirklichkeit als Sohn eines deutschen SS-Obersturmbannführers auf die Welt gekommen. Seine Mutter sei bei seiner Geburt gestorben, sein Vater von »polnischen Banditen« ermordet worden und er als Waisenkind in ein Heim gekommen. Je ausgiebiger er diese Ammenmärchen zu hören bekam, desto mehr verblasste das Bild seiner leiblichen Mutter und seiner Kindheitstage in seiner kleinen Vorstellungswelt. Die Lebens-Lüge begann die eigene Erinnerung zu überlagern, bis in den Schlaf hinein: In einem der stets wiederkehrenden Träume sah Alfred sich als Leutnant der deutschen Wehrmacht aus einem

Schützengraben gegen Sowjetsoldaten stürmen und dann, mit dem Ausruf »Vorwärts für Deutschland!« auf den Lippen, tödlich getroffen zu Boden sinken. Damit schien er sich selbst in die Rolle des angedichteten Vaters zu versetzen. In einer anderen Version wurde der rote Mercedes des Vaters, der eine Uniform trug, vom Straßenrand aus beschossen. Der Wagen kippte um, er selbst flog auf die Straße und blieb liegen, bis er irgendwann Stimmen vernahm: »Der Junge lebt!« Es war ein neues Leben. Die Brücken zu seiner Herkunft begannen zu bröckeln. In der Einbildung des Kindes wandelte sich seine real geschehene Entführung in eine Flucht vor polnischen Partisanen, die vermeintlich seinen Vater auf dem Gewissen hatten.

Die alten, von wildem Wein umrankten Gemäuer des Klosters von Kalisch, das insgesamt etwa fünfzig bis sechzig Kinder beherbergte, waren nur eine Art Sortierstation für den Weitertransport. Wiederum mussten die Ankömmlinge zwischen zwei und zwölf Jahren eine Rassenprüfung durchlaufen. »Damit die Kinder, deren rassisches Erscheinungsbild auf nordische Eltern schließen lässt, dem Deutschtum wieder zugeführt werden können«, hieß es in einer Direktive des Reichsführers SS Heinrich Himmler, »ist es nötig, dass die in ehemaligen polnischen Waisenhäusern und bei polnischen Pflegeeltern befindlichen Kinder einem rassischen und psychologischen Ausleseverfahren unterzogen werden. Die als wertvolle Blutsträger für das Deutschtum erkannten Kinder sollen eingedeutscht werden.« Wieder prüften Menschenbeschauer im Auftrag des »Rasse- und Siedlungshauptamtes der SS« sie auf ihre »Eindeutschungsfähigkeit« und meinten, das am Aussehen und Auftreten ablesen zu können. Die Auserwählten mussten vor SS-Gutachtern in weißen Kitteln singen, zeichnen, Wünsche, Träume, Vorstellungen erzählen. Das Ergebnis der Untersuchung entschied über ihren weiteren Werdegang. Die älteren Jungen, unter ihnen Alojzys Cousin Leon, wurden in das Heim »Alpenland« im österreichischen Oberweis bei Gmunden am Traunsee geschickt, um dort nach den Normen der NS-Nachwuchsorganisation geformt zu werden. Wer den Ansprüchen des »nordischen« Idealtypus nicht genügte, wer Erbbelastungen oder Krankheiten aufwies, wurde aussortiert und wieder zurückgeschickt. Manche mussten Dienst in kinderreichen Familien verrichten. Andere gerieten gar in Arbeits- oder Vernichtungslager.

Alfred hingegen, der wie alle um ihn herum schon bald nicht mehr realisierte, dass er einmal Alojzy war, erhielt das höchste Gütesiegel. Damit war er für eine künftige Adoption in einer deutschen Familie auserkoren. Von Kalisch aus wurden die jüngeren Kinder, denen eine deutsche Zukunft vorbestimmt war, der Obhut des »Lebensborn«-Vereins übergeben. Diese SS-Unterorganisation mit dem poetischen Namen war Himmler unmittelbar unterstellt und hatte die Aufgabe, dessen abstruses Rassenprogramm zu unterstützen. In den Heimen des Vereins wurde von 1936 an zunächst im Deutschen Reich, während des Krieges dann in ganz Europa alles unternommen, um erbbiologisch erwünschtem Nachwuchs zum Leben zu verhelfen. Frauen von SS-Angehörigen, aber auch andere werdende Mütter, die in das Rassenschema passten – viele von ihnen von deutschen Soldaten geschwängert – fanden in den großzügig ausgestatteten Heimen Betreuung und Beistand. »Lebensborn«-Heime gab es über das gesamte deutsche Herrschaftsgebiet verteilt, neben Deutschland und Österreich auch in Frankreich, Norwegen, den Beneluxländern und Polen. Zu den Zöglingen gehörten auch die »eindeutschungsfähigen« Entführungsopfer aus den besetzten Ländern. Das Ziel der Transaktion, die Kinder möglichst zügig in die Hände deutscher Ersatzeltern weiterzuvermitteln, erwies sich jedoch als Fehlschlag. Es mangelte schlicht an geeigneten Interessenten. Die Vorstellung einer strengen Auswahl der Adoptiveltern erwies sich damit als illusorisch.

Für den kleinen Alfred Hartmann, nun schon Welten von seiner polnischen Kindheit entfernt, war das Heim »Pommern« bestimmt. Es lag in dem Kurort Bad Polzin, heute Polczyn-Zdroj, im Süden der pommerschen Ostseeküste. Das großzügig mit Glasfassaden ausgestattete frühere Kurhaus »Luisenbad« verfügte über 135 Betten, in den Fluren standen Kinderwagen. Neben den Waisenkindern waren auch ledige Mütter mit Säuglingen in dem Heim untergebracht. Etwa 15 »braune« Schwestern mit Hauben kümmerten sich um die wilde Schar.

Doch schulreife Kinder wie Alfred fühlten sich der Kindheit schon entwachsen. Ihr neues Dasein trug soldatische Züge. Statt Räuber und Gendarm spielten die Jungen Krieg. Einer mühte sich, den anderen im Kampf zu besiegen, anschließend gab es Orden aus Pappe. Sie paradierten und marschierten. Nur nachts unter der Decke kehrte die geraubte Kindheit zurück und man hörte aus manchen Betten unterdrücktes Schluchzen. Radioansprachen der NS-Größen gehörten schon für die Kleinsten zum Pflichtprogramm. Bei jeder Meldung von gewonnenen Schlachten der deutschen Wehrmacht wurde ein Extrastück Kuchen an die Kinder verteilt.

Zum Zuckerbrot kam die Peitsche. »Erziehung zur Härte« war auch hier die Devise. Wenn auf der Stube ein Junge als Bettnässer entlarvt wurde, bekamen alle Zimmergenossen zwölf Hiebe auf das blanke Hinterteil. Jeden Schlag mussten sie laut mitzählen. »›Alle für einen‹: Dieser Wahlspruch, und sei es auch nur im Sport, ist mir bis heute gründlich verleidet,« sagt Twardecki heute. »Wenn ich das höre, könnte ich noch immer auf die Palme gehen.« Drakonische Strafen setzte es auch für Kinder, die aus Versehen in ihr angestammtes polnisches Idiom verfielen.

Doch für den kleinen Alfred blieben harte Sühnen die Ausnahme. Seine Muttersprache und frühkindliche Sinneseindrücke hatten sich in die Tiefen des Unterbewusstseins abgesenkt. Dank seines »nordischen« Erscheinungsbildes und seiner aufgeweckten Art genoss der Junge eine Vorzugsbehandlung. Beim Morgenappell war häufig er dazu auserwählt, auf einen Stuhl zu steigen, um die deutsche Hymne und das Horst-Wessel-Lied anzustimmen. Wenn er gefragt wurde, was er später einmal werden wolle, kam die Antwort wie aus der Pistole geschossen: SS-Offizier – wie sein angeblicher Vater. Auch ein künftiger Einsatz bei der Luftwaffe galt unter den Jungen als erstrebenswert. Ein SS-

Arzt mit goldener Brille klopfte dem Möchtegern-Soldaten väterlich auf die Schulter und lobte: »Brav, du bist ein echter Deutscher.« Zur Belohnung gab's ein Bonbon.

Nach der Grundausbildung für künftige Hitlerjungen war es schließlich soweit: Eine verheißungsvolle Zukunft betrat das Kinderheim in Gestalt eines Luftwaffenobersten, an dessen Uniform – zur Bewunderung der Zöglinge – deutlich sichtbar das Eiserne Kreuz prangte. Begleitet von zwei eleganten Damen, bei denen es sich wohl um die Mutter oder Schwiegermutter und die Gattin handelte, suchte er den Kinderhort auf, um einen der Jungen zur Adoption auszuwählen. Er rief drei von ihnen zu sich, um sie eingehender in Augenschein zu nehmen. Nach mehrtägiger Begutachtung blieb nur noch Alfred übrig. Der Traum von einer richtigen Familie war in greifbare Nähe gerückt. Der Fliegeroffizier nahm den Jungen auf einen ausgedehnten Spaziergang mit und fragte ihn aus, was er vom Krieg, vom Soldatentum, von Adolf Hitler hielte. Während Alfred – wie es ihm beigebracht worden war – das Loblied auf den »Führer« anstimmte, schien sich die Stimmung des Besuchers indes merklich zu verdüstern. Am Ende erklärte er den Betreuern, dass er wohl doch erst nach Kriegsende ein Kind adoptieren werde. Jetzt müsse er bald wieder an die Ostfront zurück und sein Vorhaben daher auf später verschieben. Im Rückblick vermutet Twardecki, dass dieser Offizier möglicherweise dem Kreis der Verschwörer gegen Hitler zugetan war. Daher könnte er die Befürchtung gehegt haben, sich mit dem Adoptivkind gewissermaßen einen kleinen linientreuen Spitzel in die eigenen vier Wände zu holen. Alfred war natürlich reichlich niedergeschlagen. Denn nichts hätte er sich sehnlicher gewünscht, als einen dekorierten Offizier zum Vater zu bekommen.

Als dann der nächste Aspirant ins Heim kam, war Alfreds Enttäuschung entsprechend groß. Denn der trug weder SS-Uniform noch Orden oder Ehrenzeichen, sondern lediglich ein kleines Parteiabzeichen, das »Bonbon«, wie man es damals nannte, am Revers – unverkennbar ein Zivilist, ein Parteifunktionär der

NSDAP. Wieder nahm der unter den verfügbaren Kandidaten den blondgelockten Alfred in die engere Wahl. Erst nach der Rückkehr vom obligatorischen gemeinsamen Ausflug wagte der Junge ihn zu fragen, ob er denn auch einen militärischen Rang habe. Als der Mann sich darauf als Reserveoffizier des Ersten Weltkrieges zu erkennen gab, war Alfred zumindest ein wenig versöhnt. Und er bejahte die Frage des Fremden, ob er sein Sohn sein wolle.

Noch am selben Tag hieß es für Alfred Abschied nehmen vom Kinderheim in Bad Polzin und damit auch endgültig von seiner polnischen Kindheit. Wie ein äußeres Zeichen dafür musste er seine Kleidung, die ihm noch seine Mutter angelegt hatte, zurücklassen. »Die kaufen dir jetzt sowieso neue Sachen«, meinte die Oberschwester zum Abschied, »und hier können wir die Kleider noch gut für andere Kinder gebrauchen.«

Doch die Relikte der Vergangenheit kümmerten Alfred in diesem Moment nicht mehr. Das Glück schien wieder auf seiner Seite, als er im Mercedes des fremden Mannes seine Heimat hinter sich ließ, um all das wiederzugewinnen, was er schmerzlich vermisste: Eltern, Familie, ein neues Zuhause. Sein künftiger Vater, Theodor Binderberger, 1898 in Salzburg geboren, hatte trotz musischer Begabung und einem Studium der Malerei und Musik einen technischen Beruf ergriffen. Nach einer Tätigkeit als Maschinenbauingenieur bei Krupp wurde er von der Partei Hitlers, der er sich mit Überzeugung verschrieben hatte, zum »Hauptstellenleiter« der Gauverwaltung der »Deutschen Arbeitsfront« im Rheinland berufen. In dieser Funktion war er auch für die staatlich gelenkte Vermittlung von Arbeitskräften zuständig. Seine Frau bekleidete eine Funktion in der Zivilverwaltung der Luftwaffe. Von der wahren Herkunft ihres neuen Sohnes hatten die Pflegeeltern allem Anschein nach keine Ahnung. Auch sie hatten die Legende vom SS-Offizier Hartmann, der einem Überfall polnischer Partisanen zum Opfer gefallen sei, mit auf den Weg bekommen. Urkunden, die die wahre Identität Alfreds hätten preisgeben können, bekamen sie nicht zu Gesicht.

Ziel der Reise war das rheinische Städtchen Koblenz, wo die Binderbergers eine kleine Villa idyllisch mitten in einen früheren Weinberg gebaut hatten. Der Aufstieg zum künftigen Domizil, auf beiden Seiten von weißen Frühlingsblüten gesäumt, erschien dem Ankömmling damals wie der Eintritt ins Paradies. »Diesen Tag werde ich nie vergessen«, schwelgt Twardecki noch heute. »Ich dachte, ich wäre im Himmel und hörte die Engel singen.«

Der Weg über die Treppenstufen war von Herzklopfen begleitet und der Ungewissheit, wie seine künftige Mutter wohl aussehen werde. Doch dann wurde Alfred erst einmal von deren Vater, seinem neuen Großvater, in Empfang genommen. Seine Worte zur Begrüßung, nachdem er den Jungen von allen Seiten inspiziert hatte, holten ihn schnell wieder auf den Boden zurück: »Gut gewachsen! Ich glaube, du wirst ein guter Offizier!« Der Familienpatriarch hegte eine stramm deutsch-nationale Gesinnung und eine große Leidenschaft für soldatische Tugenden. Doch Alfred fühlte sich in diesem Moment nur bloßgestellt, taxiert, inspiziert wie bei einer militärischen Musterung. »Da ist mir alles vergangen«, erinnert er sich heute. »Obwohl ich einen Bärenhunger hatte, lehnte ich trotzig ab, als meine neue Großmutter fragte, ob ich was essen will.«

Wütend und enttäuscht verzog sich Alfred direkt nach oben ins Schlafzimmer, das er mit den Eltern teilte, und warf sich auf das Bett. So hatte er sich ein Familiendasein nicht ausgemalt. Doch mit Behutsamkeit verstand es der Pflegevater, die widerspenstige Scheu des Knaben zu lösen. Dieser Mann, den er gleich Papa nannte, war der erste Mensch seit dem Abschied von seiner Mutter, zu dem Alfred Vertrauen fasste.

Sein neues Paradies war für ihn zu Beginn noch eine fremde Welt. Aber als er am nächsten Morgen erwachte, fand er sich eng angeschmiegt an seine Pflegemutter. Er fühlte sich warm und geborgen, so als wäre er schon immer bei dieser Frau gewesen. Von diesem Moment an wusste er, dass er jetzt endlich wieder eine Mutter hatte. Vielleicht rührte die Vertrautheit mit Margarethe Binderberger auch daher, dass sie seiner leiblichen Mutter in vieler Hinsicht ähnlich war. Ihr Aussehen, ihre Gesichtszüge, ihr Wesen mochten in dem Jungen unbewusst Empfindungen aus seiner polnischen Kindheit wachgerufen haben. Selbst ihr Vorname entsprach, ins Deutsche übertragen, dem Namen seiner Mutter, auch die Schulausbildung der beiden Frauen war identisch. »Ich habe zwei große Lieben in meinem Leben«, sagt der Sohn heute, »meine Mutter in Polen und meine Mutter in Deutschland, mit der ich bis heute noch beinahe jeden Tag in Gedanken Zwiesprache halte, besonders wenn mich Probleme bedrücken.«

Über mangelnde Zuwendung konnte der neue Sohn des Hauses nicht klagen. Seine Eltern pflegten und umhegten ihn. Alfred war ein Wunschkind für sie, und so blieben für ihn keine Wünsche offen. Doch die Zeit war nicht geschaffen für Familienidylle. Der Krieg, der ihm schon sein erstes Kinderleben geraubt hatte, holte den Jungen nun auch in seinem neuen Dasein ein. Lange Zeit war Koblenz vom Bombenkrieg verschont geblieben. Die britischen und amerikanischen Bomberstaffeln flogen über die Verwaltungs- und Garnisonsstadt hinweg zu den Industriezentren des Reiches. Doch Mitte 1944 war es mit der Schonzeit vorbei. In immer kürzeren Abständen ging der Bombenhagel auch über Alfreds neuer Heimatstadt nieder. Die Altstadt und die Bahnverbindungen wurden mehrmals empfindlich getroffen. In der Folge evakuierten die Behörden den größeren Teil der Stadtbevölkerung. Auch Alfred wurde zusammen mit seiner Großmutter zeitweise zu Verwandten in Jena ausquartiert. Diese sogenannte »Kinderlandverschickung« brachte allerdings keine Erholung vom Krieg. Denn unweit der Optischen Zeiss-Werke geriet auch das Ausweichquartier in das Visier des Luftkriegs. Im Keller des Hauses lernte Alfred die Angst vor dem Pfeifen und Dröhnen der Bomben kennen. Das Gebäude, das den Evakuierten Zuflucht bieten sollte, erhielt einen Volltreffer, und die Schutzsuchenden mussten einige Zeit im Dunkeln ausharren, bis ein Bergungstrupp sie befreite. Erste Flüchtlingskonvois brachten die Kunde vom nahenden Niedergang. Die Rote Armee rückte näher. So mussten die Bombenflüchtlinge wieder den Heimweg antreten, der sich wegen der Luftangriffe und der desolaten Transportbedingungen über eine Woche lang hinzog.

Als sie schließlich wieder in Koblenz anlangten, war das Stadtleben dort weitgehend zum Erliegen gekommen. Von ursprünglich gut 90 000 Einwohnern blieben bis Kriegsende gerade noch 9000 Menschen in der Stadt zurück, wo sie die meiste Zeit in Schutzräumen zubringen mussten. Behörden, Verwaltungs- und Parteistellen waren zum größten Teil aus der Stadt in Sicherheit gebracht worden. Parteisoldat Binderberger wurde zum Kriegseinsatz in einer Flugabwehreinheit an den eilends errichteten Verteidigungsanlagen des »Westwalls« abkommandiert, das Kriegsende erlebte er in Bayern.

Alfreds Haupterzieher wurde nun der Großvater. Für Hitler und dessen Kriegsführung hatte der stramm preußisch gesinnte Mann nicht viel mehr als Verachtung übrig. Er konnte nicht begreifen, wie ein »Gefreiter« eine Armee führen sollte, was in seiner wilhelminischen Vorstellungswelt allen traditionellen Prinzipien widersprach. Doch an seiner Hochachtung für das Soldatentum hielt der Großvater fest. Und in diesem Sinne sollte auch der Enkel erzogen werden. So absolvierte Alfred unter Anleitung des alten Herrn von klein auf ein rigides Ertüchtigungspensum. Jeder Tag begann mit Freiübungen und Frühsport. Leichtathletik, Handball und Schießen standen ebenfalls auf der Tagesordnung.

Nicht nur sportliche Früchte trug das Erziehungsprogramm, auch das deutsch-nationale Weltbild des Großvaters färbte auf den Pflegeenkel ab. Am Ausbruch des Krieges, so lehrte der alte Herr den Jungen, seien die Polen selbst schuld. Sie hätten den Konflikt provoziert, weil sie mit ihrem Korridor die deutschen Ostgebiete und Danzig vom Reich abgeschnitten hätten. Alfred nahm das für bare Münze, weil er nichts anderes zu hören bekam. Für Kinder in diesem Alter sind die Erzählungen der Erwachsenen die Wirklichkeit. Wenn Alfred polnische Kriegsgefangene zu Gesicht bekam, die Kohlen- oder Obstlieferungen für den Haushalt heranschleppten, so hatte er für die »Polacken«, die »slawischen Untermenschen«, ganz selbstverständlich nur Herablassung übrig. Die Polen hätten schließlich nicht nur den Krieg auf dem Gewissen, so hatte man den Jungen glauben gemacht, sondern auch den vermeintlichen Mord an seinem angeblichen Vater.

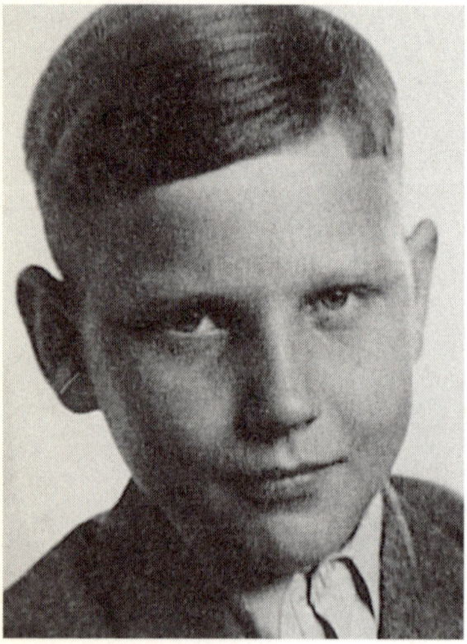

Alfred Binderberger

Einmal hatte die Flugabwehr in Koblenz feindliche Bombenflugzeuge getroffen. Den Piloten gelang es mit Schleudersitz und Fallschirmabsprung ihr Leben zu retten, aber nach ihrer Gefangennahme mussten sie stundenlang mit erhobenen Händen am Pranger stehen im Angesicht der bombengeplagten Zivilbevölkerung. Die Bomberpiloten gehörten als polnische Exilsoldaten der alliierten Luftwaffe an. Wie die anderen Passanten ließ auch Alfred sich dazu hinreißen, die Gefangenen zu beschimpfen, zu bespucken und mit Steinen zu bewerfen. Dass die Flieger in Wirklichkeit seine Landsleute waren, hätte seine damalige Vorstellungskraft weit überstiegen.

Alfred glaubte an das, was aus allen Propagandakanälen tönte. Wenn die Stimme der Nazi-Größen im »Volksempfänger« zu hören waren, dann lauschte er neben seiner Großmutter andächtig den Phrasen, die er noch nicht begreifen konnte. Hitlers Porträt in Öl hing auch bei ihnen zu Hause an der Wand. Für den Knaben stand fest, dass der »Führer« irgendwie ein genialer Staatsmann war, der sein Volk zum glorreichen »Endsieg« führen werde. Wie viele Halbwüchsige unter der Käseglocke der Indoktrination wollte auch Alfred auf keinen Fall den bevorstehenden »Endkampf« versäumen. Er wünschte sich sehnlich, selbst einmal als »Pimpf« der Hitlerjugend anzugehören und schrieb in dieser Angelegenheit nach seiner Aussage einmal sogar persönlich dem »Führer«.

Eines Abends belauschte er zu Hause ein Gespräch der Erwachsenen, in dem die Bemerkung fiel, dass »die Juden eines Tages zurückkommen würden«. Und er fragte sich: »Was ist das, ein Jude?« Bis heute plagt sich Alojzy Twardecki mit der Überlegung, was aus ihm geworden wäre, wenn Hitlers Reich damals nicht untergegangen wäre. Er ist überzeugt davon, dass er die Offizierslaufbahn eingeschlagen hätte, hält es für wahrscheinlich, dass er dafür die Uniform der Waffen-SS gewählt hätte. »Es hätte gut sein können, dass ich irgendwo im Osten einen Statthalter-Posten übernommen hätte«, räsoniert er im Rückblick. »Ich habe mir oft die Frage gestellt, was hättest du dann gemacht? Hättest du selbst dich an den Morden beteiligt? Wärst du ein Schreibtischtäter geworden? Ich kann nur hoffen, dass mein Charakter, mein humanitäres Empfinden mich davon abgehalten hätten. Aber ich kann nicht sagen, was in mich gefahren wäre, wenn ich in einer dieser nationalsozialistischen Erziehungsanstalten dressiert worden wäre. Ich kann bis heute keine eindeutige Antwort auf diese Frage finden.«

Die Gnade seiner jungen Jahre bewahrte ihn vor einer Täterlaufbahn. Doch in Mitleidenschaft zog der Krieg auch ihn. Angesichts der fortwährenden Bombenangriffe und der herannahenden 6. US-Armee musste er zusammen mit den verbliebenen Bewohnern des Koblenzer Stadtteils Horchheim in ein behelfsmäßiges Notquartier umsiedeln, das in einem stillgelegten Eisenbahntunnel eingerichtet worden war. In dem unterirdischen Gewölbe steckte auch ein Lazarettzug der Wehrmacht fest, der von einer gegenüber stationierten Artillerieeinheit der Alliierten an der Weiterfahrt gehindert wurde. Dieser Zug barg das ganze Elend des Krieges: Soldaten mit zerschossenen Gliedern, Verwundete, die um ihr Leben schrieen, Offiziere, die Zuflucht im Alkohol suchten, und immer wieder den kläglichen Tod in der Finsternis. Ein Hauptmann rekrutierte Halbwüchsige, die vor dem improvisierten Kasino Wache standen. Mit »Panzerschreck«-Waffen sollten sie den Ansturm der Alliierten noch aufhalten. Selbst der kleine Alfred, der allerdings immer ein paar Jahre älter wirkte, konnte zu seinem ganzen Stolz eine Uniformjacke, einen Helm und einen Karabiner ergattern. Als ein feindlicher Granateneinschlag einem der Jungs jedoch die Beine zerfetzte, war für ihn die Kindersoldatenherrlichkeit schlagartig verflogen.

Die Ankunft der Amerikaner setzte dem Wahnsinn ein Ende. Statt des vielbeschworenen »Endkampfs« setzte es ein paar Ohrfeigen für den siebenjährigen Möchtegern-Krieger, bevor ein dunkelhäutiger GI ihn wieder in die Obhut des Großvaters zurückgab. In Alfreds kindlichem Gemüt war der Frieden allerdings noch nicht angekommen. Nach all dem, was man ihm in den Jahren zuvor eingetrichtert hatte, vermochte er nicht wahrzuhaben, dass der ganze Spuk nun ein Ende haben sollte. So registrierte der Junge mit Empörung und Erstaunen, dass die eben noch jubelbereiten Zeitgenossen weiße Bettlaken aus ihren Fenstern hängten. »Das sind die Kommunisten«, tröstete er sich. Er fühlte sich betrogen um die Heldensaga, mit der die Propaganda seine Fantasie infiziert hatte. Die fremden Soldaten, die ihre neuen Hoheitszeichen auf den Ruinen des untergegangenen Hitler-Reiches hissten, waren für ihn keine Befreier, sondern Abgesandte einer feindlichen, unheimlichen Macht, die ihm seinen Kinderglauben nehmen wollte. Dieses Feindbild wurde auch im Hause Binderberger gern gepflegt. Erschwerend kam hinzu, dass die Familie gezwungen war, ihren feudalen Wohnsitz im Weinberg zu räumen, um einer alliierten Dienststelle Platz zu machen. Der Pflegevater durfte nach seiner Rückkehr wegen seiner Parteivergangenheit nur noch gering bezahlten Arbeiten nachgehen. Der Großvater wurde zeitweise in ein französisches Straflager gesperrt – stellvertretend für den rabiaten Enkel. In gewohnt burschikoser Art hatte Alfred sich ausgerechnet mit dem Sohn eines französischen Offiziers geprügelt, nachdem dieser ihn unfein »cochon allemand« (deutsches Schwein) tituliert hatte.

Die Berichte vom Nürnberger Kriegsverbrecherprozess, in dem 1946 die Hauptverantwortlichen des NS-Regimes zur Rechenschaft gezogen wurden, quittierte der Junge mit einem Gefühl von Schmach und Wut. Nicht wegen der dort zur Rede stehenden Verbrechen, deren Dimension noch jenseits seines Horizontes lag. Es erschien dem Zögling des NS-Systems als Ausdruck höchster Ungerechtigkeit, dass Hitlers Vasallen, eben noch als Vorbild gepriesen, nun, wie er meinte, der Rache der Sieger ausgeliefert waren. Mit Genugtuung nahm er dagegen die Meldung auf, dass der vormalige Wehrmachtschef Wilhelm Keitel das Schafott mit dem Ausruf »Alles für Deutschland!« betreten habe. »Der hat es allen gezeigt, wer wir wirklich sind, wir Deutschen«, beschreibt Twardecki seine Einstellung in jener Zeit. Dass diese Angeklagten mit daran beteiligt waren, ihn seiner Kindheit zu berauben, wäre ihm damals wohl nicht in seinen kühnsten Fantasien in den Sinn gekommen.

Auch später noch, als Alfred bereits das Koblenzer Realgymnasium besuchte, neigte er dazu, Wehrmacht und Waffen-SS gegen Anklagen in Schutz zu nehmen. Sein Pflegevater hatte ihm geschworen, dass die Verbrechen, die jetzt zur Anklage standen, in Wirklichkeit nie stattgefunden hätten. Und der Junge vertraute dem, was die Erwachsenen sagten.

In seiner Heimatstadt, die bis 1950 die rheinland-pfälzische Regierung beherbergte, erlebte er aus der Nähe die ersten Gehversuche der jungen Republik. 1948 legten die Ministerpräsidenten der elf westdeutschen Länder in der Koblenzer Gaststätte »Rittersturz« die Grundlagen für den Zusammenschluss der drei Westzonen zur Bundesrepublik, die dann ihren Regierungssitz im nahe gelegenen Bonn bezog. Als Bundespräsident Heuss die einstige Kaiser-Wilhelm-Statue am »Deutschen Eck« in einer Feierstunde zum Mahnmal der Deutschen Einheit erklärte, wurde auch Alfreds Schulklasse dorthin beordert – zur Genugtuung des patriotisch gesinnten Gymnasiasten, der politisch weiterhin unter dem Einfluss des deutsch-national denkenden Großvaters stand.

Auch wenn das Nachkriegsdasein für die fünfköpfige Familie viele Einschränkungen mit sich brachte, verstand Alfred es sich einzurichten. Das einzige Kind in der Familie fand Geborgenheit im Elternhaus, Ansporn beim Großvater, Anerkennung in der Schule. Für das Gymnasium errang er dank guter Zensuren auf Anhieb ein Stipendium, das den Familienetat spürbar entlastete.

Die Pflegeeltern Binderberger

In Geschichte und Deutsch brachte er gute Noten nach Hause, und es stand für ihn fest, später einmal Archäologe zu werden. Noch ahnte er nicht, dass seine jugendliche Wirklichkeit auf einem Trugbild beruhte.

In Polen hatte seine leibliche Mutter gleich nach Kriegsende die Nachforschungen nach ihrem verlorenen Sohn wieder aufgenommen. Ihre Anfragen an verschiedene Suchdienste, an Filialen des Roten Kreuzes in mehreren Ländern und an polnische Stellen in Deutschland führten zunächst zu keinem Ergebnis. Aber Malgorzata Twardecki gab sich nicht geschlagen. Sie spürte, dass ihr Sohn noch lebte und wollte ihn nicht verloren geben. Inzwischen war ihr Neffe Leon, der ebenfalls in das Deutsche

Reich verschleppt worden war, wieder in seine Heimat zurückgekehrt. Er wusste nichts über den Verbleib seines Cousins, konnte aber immerhin den entscheidenden Hinweis geben, dass Alojzy eine neue Identität und den Namen Alfred Hartmann erhalten hatte. Mit diesem Wissen gewappnet, erhielt sie nach eingehenden Nachforschungen schließlich den Hinweis auf die Familie Binderberger in Koblenz. Doch weder die deutsche Bundesregierung noch das zuständige Amtsgericht sahen sich in der Lage, der Mutter zu ihrem Recht zu verhelfen. Es fehlte der rechtsverbindliche Nachweis für die polnische Identität des deutschen Schülers aus Koblenz. Die NS-Behörden hatten gründliche Vertuschungsarbeit geleistet. Alojzy hatte nicht nur einen neuen Namen bekommen, Geburtsdatum und -ort waren verändert, Dokumente als Beleg der »Eindeutschung« getilgt worden, die verbliebenen Fotos, die ihn als Vierjährigen zeigten, besaßen nach beinahe einem Jahrzehnt nur noch wenig Aussagekraft. Mit dem, was der Mutter geblieben war – Bilder, Beteuerungen, Erinnerungen, Zeugenaussagen – konnte sie die Rechtsvorschriften nicht überwinden. In deutschen Amtsstuben gab es keinen kaukasischen Kreidekreis. Zudem hatten bundesdeutsche und westalliierte Stellen hohe Hürden für die Auflösung von Adoptionen errichtet. Im aufziehenden Kalten Krieg versuchten sie tunlichst zu vermeiden, ihre Schutzbefohlenen ohne Not »den Kommunisten im Osten« auszuliefern.

Auch die Briefe der polnischen Mutter an die Familie in Koblenz blieben ohne Antwort. »Die haben mein Kind vor mir versteckt«, schildert sie ihren Eindruck von damals und kann sich, über ein halbes Jahrhundert danach, ihrer Tränen nicht erwehren. Tatsächlich hatte Alfreds Pflegegroßvater, der das Familienglück bedroht sah und den einzigen Enkel nicht verlieren wollte, die Anfragen aus Polen anfangs heimlich abgefangen und auf der Empfangsbestätigung die Unterschrift seines Schwiegersohnes gefälscht. Erst als der alte Herr einmal nicht zu Hause war, sah sich auch Alfreds Pflegevater mit der bitteren Botschaft konfrontiert. Theodor Binderberger war immer davon ausgegangen,

Alfred sei ein Waisenkind, dessen deutsche Eltern während des Krieges ums Leben gekommen waren. Und nun hielt er die Behauptung in den Händen, dass der Junge in Wirklichkeit aus Polen stammen könnte. Eine ihm unbekannte Frau zeigte sich entschlossen, um seinen Sohn zu kämpfen. Er brachte es nicht fertig, das Bild der Wirklichkeit, das er sich in all den Jahren gezimmert hatte, mit einem Mal aufzugeben und damit auch Alfred, den Stolz der Familie. Doch konnte und wollte er dem Pflegesohn nicht verheimlichen, dass in Polen Ansprüche auf ihn erhoben wurden.

Aber davon wollte der Junge gar nichts wissen, als er frohgemut aus der Schule nach Hause kam. Wie sollte er auch? Wie konnte er ermessen, dass seine vertraute Identität eine einzige Lüge war? Wie sollte er sich von den falschen Etiketten lösen? Wie vermochte er es miteinander zu vereinbaren, zugleich Stolz auf sein Deutschtum, sein »deutsches« Aussehen, seine »deutschen« Fähigkeiten zu empfinden und jenen »slawischen Untermenschen« anzugehören, die er nur als Objekt der Hasspropaganda kannte? In der verschwommenen Vorstellungswelt des Kindes war Polen ein unheimliches Land mit Bären und Wölfen, dessen Bewohner, in Felle gekleidet, die sie nur einmal im Jahr wechseln, ein primitives Dasein fristeten und auf Öfen schliefen. Damit wollte er nichts zu schaffen haben. Heute nennt Twardecki es den »Himmler-Vorbehalt«, was er und seine Mitmenschen damals empfanden. Der Alfred kann doch kein Pole sein, grübelte die Großmutter allen Ernstes, mit seinem Charakter, seiner Bravour, seinem Ehrgeiz? Er lügt nicht, ist gelehrig und intelligent, wie sollte das zusammengehen?

So war der Brief ein tiefgreifender Schock für Alfred. Er weinte den ganzen Nachmittag und kam nicht darüber hinweg. Aber da war auch das Foto der Mutter, das er spontan zerrissen, dann aber heimlich wieder zusammengesetzt hatte. Es gab eine Verbindung, ein besonderes Band, das spürte Alfred tief in seinem Unterbewusstsein. Er sträubte sich trotzig gegen seine Herkunft, aber er merkte doch, dass sie Teil seines Lebens wurde.

Die Briefe waren nicht das einzige Mahnzeichen. Der Pflegevater nahm Alfred beiseite und vertraute ihm an, dass eine polnische Beauftragte der »Internationalen Repatriierungsorganisation« (IRO), die sich um die Rückführung Vermisster kümmerte, ihn unbedingt sprechen wolle. Sie waren sich einig, den Nachstellungen auszuweichen. Binderberger setzte auch deshalb auf Zeitgewinn, weil er hoffte, die während des Krieges vernachlässigten Adoptionsformalitäten noch zu einem unanfechtbaren Abschluss zu bringen. Tatsächlich stand die Dame bald darauf vor der Tür, und der Junge musste bange Stunden im Wäschekorb des Badezimmers verbringen, um nicht entdeckt zu werden. Dieses Versteck sollte noch häufiger sein zeitweiliges Refugium sein. Er fühlte sich von nun an verfolgt, beobachtet, einer fremden Macht ausgeliefert, die ihn offenbar mit Gewalt seinen Eltern zu entreißen versuchte. Seine Pflegeeltern warnten ihn vor jeglichem Kontakt mit Unbekannten – nicht ohne Grund. Als Alfred eines Tages mit dem Fahrrad auf dem Weg in die Schule war, hielt neben ihm abrupt ein Citroën an. Die Insassen sprangen heraus, zerrten ihn in den Wagen und begrüßten ihn mit den Worten: »Jetzt fährst du zu deiner Mutter nach Polen!« Doch bei einem Zwischenstopp an einer Kreuzung gelang dem verzweifelt sich wehrenden Jungen mit einem kühnen Hechtsprung die Flucht. Der Familienrat beschloss daraufhin, den Gesuchten für eine Weile in einem evangelischen Waisenhaus verborgen zu halten.

Das Versteckspiel wäre wohl noch eine Weile weitergegangen, wenn nicht eine entscheidende Wende eingetreten wäre. 1949 starb Alfreds geliebte Pflegemutter an einer schweren Krebserkrankung. Mit ihr verlor der Ziehsohn den stärksten emotionalen Halt seines zweiten Lebens in Koblenz. In seinem Herzen hatte sie den Platz der leiblichen Mutter eingenommen. Hinter dem Rücken der Familie ging Theodor Binderberger eine neue Ehe mit einer entfernten Cousine seiner verstorbenen Frau ein. Sie war bis dahin Alfreds Lieblingstante gewesen, aber nun wehrte er sich dagegen, dass sie an die Stelle der für ihn unersetzbaren Pflegemutter treten sollte. Reibereien mit den Stiefeltern, verschärft durch die beginnende Pubertät, und eine allmähliche Entfremdung vom stets respektierten Pflegevater waren die Folge.

In dieser Situation erreichte den Fünfzehnjährigen im Frühsommer 1953 eine Einladung seiner leiblichen Mutter zu einem Ferienaufenthalt in seiner polnischen Heimat. Noch kurz zuvor wäre es ihm nicht im Traum eingefallen, diese Offerte anzunehmen. Was sollte er auch in dem unbekannten, unheimlichen Land? Längst hatte der Großvater für den Enkel für die Sommerwochen einen Sprachaufenthalt bei seinem englischen Cousin arrangiert – zur Vorbereitung seines späteren Studiums in Großbritannien. Doch nun kam Alfred das Angebot aus Polen gerade recht, um die Erwachsenen vor den Kopf zu stoßen. »Ich fahr nicht nach England«, verkündete er vor versammelter Familie, aus purer Lust an der Provokation, »ich fahr nach Polen!«

Er rechnete mit Widerspruch – stieß aber auf Verständnis. Der Pflegevater, des heimischen Nervenkriegs überdrüssig, wollte dem 15-Jährigen die vermeintliche Selbstfindungsmöglichkeit nicht abschlagen, und versprach völlig unerwartet, ihm einen Reisepass zu beschaffen. Darauf war Alfred nicht gefasst. Als Gefangener seiner eigenen Forschheit konnte er jedoch nun nicht mehr zurück. Wie hatte der Großvater ihm fortwährend eingetrichtert: Ein deutscher Junge steht zu dem, was er sagt! Wohl oder übel musste er die Reise in das unbekannte Land antreten, versuchte sich aber das selbstverschuldete Reiseabenteuer mit der Aussicht auf baldige Rückkehr schönzureden. So bestieg der junge Mann im August 1953 den Zug nach Berlin, sein nagelneues Rennrad auf der Schulter, eine offizielle Einladung der polnischen Regierung in der Tasche. Auch dieses Mal konnte er nicht ahnen, dass es eine Reise ohne Rückkehr werden würde.

Nach seiner Ankunft im Berliner Bahnhof Zoo gegen Mitternacht machte er sich mit dem Rad auf den Weg zur polnischen Militärmission. Doch der Wachhabende vertröstete ihn dort angesichts der vorgerückten Stunde auf den nächsten Tag. Alfred setzte sich vor die Tür und begann mit seinem Reisevorhaben zu hadern. Gegen vier Uhr früh erschien plötzlich der Zweite Sekretär des Amtes, der von dem nächtlichen Besuch erfahren hatte, und veranstaltete vor seinen Leuten, die sich schlaftrunken aus den Fenstern beugten, erst einmal ein beträchtliches Donnerwetter: »Wie kann man diesen Jungen, auf den Polen wartet, hier so stehen lassen!« Schließlich war die Einreise von höchster Stelle erwünscht. Alfred wurde nun fürsorglich behandelt und empfand sich dennoch als Gefangener. Während der Antrag auf die Durchreise des Westbürgers durch die DDR bei den sowjetischen Behörden lag, durfte er die polnische Militärmission nicht verlassen. Nur wenige Wochen nach dem Volksaufstand des 17. Juni in Ostdeutschland war die Lage immer noch angespannt.

Erst nach gut einer Woche wurde dem Durchreisenden der Übergang über die Sektorengrenze gewährt. Im Berliner Ostbahnhof wartete ein komfortables Schlafwagenabteil erster Klasse auf ihn. Die Gastgeber wollten dem verlorenen Sohn die Rückkehr so angenehm wie möglich gestalten. Während der Zugfahrt malte Alfred sich die Begegnung mit der Frau aus, die so beharrlich darauf bestand, seine Mutter zu sein. Und er beschloss, gleich zur Begrüßung klarzustellen: »Ich bin nur hier, um den Irrtum aufzuklären, dass ich Ihr Sohn sei, und jetzt fahre ich wieder nach Hause, Adieu!« Er wollte sich gar nicht erst einlassen auf das Leben in diesem unbekannten Land, das so gar nichts mit seiner Welt zu tun hatte.

Dann stand er allein um ein Uhr morgens auf dem Bahnsteig im polnischen Posen. Kein Mensch war zu sehen, und er wollte schon beruhigt in den Rückreisezug steigen, als er aus der Ferne die deutschen Worte vernahm: »Das ist er!« Doch die Frau, die das sagte, hatte einen Mann an ihrer Seite, der Alfred fremd war. Also konnte es sich nicht um die Gastgeberin handeln. Oder sollte das schon wieder so ein Unbekannter sein, der sich in sein Leben mischen wollte? Alfred sagte den Spruch auf, den er sich zurechtgelegt hatte. Doch darauf erwiderte der neue Ehemann seiner Mutter nur lapidar: »Das werden wir dann schon sehen, jetzt fahren wir erst mal nach Hause.« »Mein Zuhause ist Koblenz«, erwiderte der Ankömmling schroff. Dabei sah er die schönen blauen Augen seiner Mutter, merkte, wie sie mit den Tränen kämpfte und sich zugleich um ein Lächeln bemühte. »Ich hatte mich so gefreut«, erinnert sie sich, »auch wenn ich etwas in Sorge war, weil er ja nun ein deutscher Junge war. Er hat mich nicht umarmt. Da musste ich mich sehr zusammennehmen und habe meine Tränen hinuntergeschluckt.« Instinktiv wusste sie, dass ihre einzige Chance in strikter Zurückhaltung lag. Hätte sie den widerstrebenden Jungen stürmisch in die Arme genommen, so hätte sie ihn vielleicht für immer verloren. Trotz demonstrativer Abwehr konnte der Sohn wider Willen nicht verkennen, was diese Frau in jenem Moment durchmachen musste. Und er brachte es nicht übers Herz, ihr gleich wieder den Rücken zu kehren. Mit einer Mischung aus Trotz und Ergebenheit stieg er mit in den Zug, der ihn in die Heimatstadt seiner Kindheit brachte.

Doch einer bedingungslosen Kapitulation kam dieses Zugeständnis keineswegs gleich. Das klarzustellen, fühlte sich der 15-Jährige umgehend bemüßigt. Es traf einen polnischen Offizier, der mit im Abteil war, einen Hauptmann, wie Alfred gleich an den vier Sternen auf der Schulterklappe erkannte. »Was ist das denn,« höhnte er laut auf Deutsch, »ein Nachtportier?« Als man ihm daraufhin zu verstehen gab, dass er es mit einem Offizier der polnischen Armee zu tun habe, deutete er auf einen Fleck an der Uniform und verkündete abschätzig: »Deutsche Offiziere sind nicht so dreckig!« Die Atmosphäre im Waggon wurde deutlich angespannter, sodass man um das weitere körperliche Wohlergehen des Jungen fürchten musste. Doch dann raunte sein Stiefvater in spe den Fahrgästen etwas zu, und ihre Empörung verwandelte sich in nachsichtige Milde.

Trotz aller Rücksicht kam Alfred sich vor wie in der Verbannung, in einem fremden Land, unter unbekannten Menschen, deren Sprache er nicht verstand. Und doch erfasste ihn auch unwillkürlich die Ahnung einer lange verblassten Vertrautheit.

Die erste Überraschung für ihn war, dass es in diesem Land feste Häuser aus Stein gab. Das fügte sich so gar nicht in das Zerrbild seiner Jugendjahre. Als sie das kleine, an manchen Stellen lädierte Häuschen der Mutter betraten, suchte der Besucher vergeblich nach dem Ofen, auf dem er sein Bettlager vermutet hatte. Sogar eine »echte deutsche Seife« hatten die Gasteltern für ihn bereitgelegt. Das Gastland war also doch nicht von solch finsterer Wildnis, wie er erwartet hatte.

Aber das Gelobte Land war Polen für Alfred damit noch lange nicht. Er konnte sich überhaupt nicht vorstellen, hier jemals so etwas wie Heimat zu finden. Für ihn war alles nur ein grandioses Missverständnis. In den nächsten Tagen fuhr er mit seiner Mutter zur Meldebehörde in der nahegelegenen Kreisstadt Obomiki. In der Annahme, eine befristete Aufenthaltsgenehmigung für die Dauer seiner Ferien zu beantragen, unterschrieb er dort ein Formular, dessen polnischen Inhalt er nicht entschlüsseln konnte. Selbst die Eintragung in der Namenszeile, Alojzy Twardecki, sagte ihm nichts. Ahnungslos hatte der Besucher mit seiner Unterschrift den Eintritt in sein drittes Leben besiegelt. In der Amtsstube wurde aus Alfred Binderberger wieder der polnische Staatsbürger Alojzy Twardecki, oder vielmehr: Nach dem Verständnis der polnischen Behörden hatte das Landeskind seine angeborene Nationalität nie verloren. Die gefälschte Identität und die Umbenennung des Kindes durch die NS-Ämter betrachteten sie, mit einigem Recht, als ungesetzlich und damit unwirksam. Mit seiner Signatur unter das Dokument hatte der Heimkehrer unwissentlich sein Einverständnis dazu erteilt. Sein bundesdeutscher Pass blieb in der Amtsschublade zur Verwahrung.

All das war dem Gast aus Koblenz in diesem Moment noch keineswegs bewusst. Er ging davon aus, dass er nach dem Sommerausflug bald wieder die Rückreise in sein deutsches Leben antreten würde. Doch davon konnte nun keine Rede mehr sein. Als polnischem Staatsbürger war Alojzy wie den meisten Landsleuten ohne Sondererlaubnis die Ausreise in das »kapitalistische Ausland« strikt verwehrt. Wie in der Falle saß er nun fest im fremden Vaterland – und das beinahe zwei Jahrzehnte lang. Nicht einmal zur Beerdigung seines deutschen Pflegevaters in den sechziger Jahren durfte er ausreisen, was ihn bis heute schmerzt. Der kommunistische Staat wollte das heimgeholte Landeskind unter keinen Umständen wieder ziehen lassen. Noch heute argwöhnt Twardecki mit leisem Grimm, dass er damals einer Art von Komplott seiner Mutter, seines neuen Stiefvaters und der polnischen Staatssicherheitsbehörde aufgesessen sei. Auf der anderen Seite wäre er ohne den behördlichen Nachdruck wohl kaum freiwillig aus der Heimat seiner Jugend in das Land seiner Väter umgesiedelt – und hätte somit nicht in seine angestammte Identität zurückgefunden und auch nicht in die liebende Fürsorge seiner Mutter, die nach dem Tod der Pflegemutter zum wichtigsten Halt seines Lebens wurde. »Ich bleibe bei dir«, hörte er sich eines Tages sagen, während ihn sein spontanes Mitgefühl im selben Moment schon wieder reute.

»Alojzy war wieder da«, sagt die Mutter und ein Leuchten geht noch heute über ihr Gesicht. »Das war für mich ein neues Leben, mein ganzes Glück. Es hat mich dabei nicht gestört, ob er Deutscher oder Pole ist. Das Wichtigste war, dass er wieder bei mir war.« Dieses Gefühl stieß in der Eingewöhnungszeit noch keineswegs auf Gegenliebe. »Zehn Jahre hat es gedauert, meinen Sohn zurückzugewinnen. Immerzu hatte Alojzy an allem was auszusetzen: ›Der Salat ist hier süß, den Pudding isst man bei euch warm! Diesen polnischen Fraß, den soll ich essen?‹« Seinen schon zuvor erprobten Hang zur Widerborstigkeit lebte der Halbwüchsige, im Sternzeichen Widder geboren, jetzt erst richtig aus – auch wenn er sich notgedrungen mit seinem neuen Dasein arrangieren musste.

Zu Hause in Koblenz vernahmen seine ehemaligen Mitschüler zu ihrem Erstaunen, dass Alfred aus den Sommerferien nicht mehr zurückgekehrt war. Er sei jetzt zu seinen leiblichen Eltern gezogen, wurde ihnen zwar lapidar mitgeteilt, kein Wort aber zu den näheren Umständen. Die fünfziger Jahre waren ein Jahrzehnt des Schweigens. Der Pflegevater Theodor Binderberger fragte in seinen Briefen mehrmals besorgt nach dem Verbleib des

Ziehsohns. Dann fügte er sich widerstrebend in das Geschehen, auf das er keinen Einfluss mehr hatte. Nach all den Querelen zwischen seiner neuen Frau und seinem Pflegesohn suchte er zu dieser Zeit vor allem nach Ruhe. »Hauptsache, dass Du glücklich und zufrieden bist«, schrieb er in einem Brief nach Polen und zerstörte damit Alfreds letzte Hoffnung, der Pflegevater würde um seine Rückkehr kämpfen. Auch die Großmutter räumte der polnischen Mama, mit der sie ein reger Briefkontakt und die Fürsorge für den heranwachsenden Jungen verband, das Vorrecht der Mutter ein. Nur der Großvater geriet völlig aus der Fassung, als er vom dauerhaften Weggang des Enkels erfuhr. Auf den Jungen hatte er nach dem Tod der Tochter all seine Liebe und seine Hoffnungen gelenkt. Wenn er diesen Ausgang vorhergesehen hätte, hätte er die Abreise des Enkels wohl um jeden Preis verhindert. So aber blieb nur ein Gefühl der Leere zurück.

Alojzy stand unterdessen erstmals am Grab seines leiblichen Großvaters, der ihn im Säuglingsalter noch gehegt hatte. »Das war das erste Mal, dass ich irgend so etwas wie Zuhause empfand«, sagt er heute, »als ich meinen angestammten Namen auf diesem Grabstein las. Damit hatte ich wieder Wurzeln. Von da an habe ich mich voller Neugier auf die lange Vorgeschichte meiner adligen, polnischen Familie gestürzt.«

Doch die Gegenwart blieb ein schwieriges Terrain. Nach den Sommerferien begann für ihn der Unterricht am örtlichen Gymnasium – ohne dass er sich auf Polnisch verständigen konnte. Dank seiner Sprachbegabung und einer frühkindlichen Vertrautheit mit seiner Muttersprache überstand er nach drei Monaten die erste Prüfung. Doch immerhin einen Vorsprung hatte der Import aus dem Wirtschaftswunderland in sein Pennälerdasein mitgebracht: Mit seinen schicken Westklamotten und ohne die üblichen Flüche auf den Lippen errang der exotische junge Mann, der überdies blendend aussah, bald die Gunst der weiblichen Schülerschaft. Das half ihm sicher auch über die Hürden der Integration.

Die Lehrzeit bescherte auch eine Reihe neuer Erkenntnisse. In der Aula des altehrwürdigen Gymnasiums von Rogoźno hingen die Porträts aller gekrönten Häupter Polens, sogar das Bildnis einer Frau war darunter. »Was, ihr habt hier sogar Könige gehabt?«, fragte Alojzy ehrlich verblüfft seine Klassenkameraden. Davon war im Koblenzer Unterricht nie die Rede gewesen. Das Wissen der Nachkriegskinder über das östliche Nachbarland speiste sich vielfach noch aus der Goebbels-Propaganda, und die Pädagogen der Adenauer-Zeit mühten sich wenig darum, diesen Kenntnisstand zu korrigieren. Zu seinem großen Erstaunen erfuhr Alojzy auch, dass Nobelpreisträger aus Polen stammten und Berühmtheiten wie Madame Curie oder Frédéric Chopin nicht in Frankreich, sondern hier geboren worden waren. Schrittweise begann er, sich seine Heimat zu erobern. Für ihn war es der Prozess einer fortgesetzten Ent-Täuschung.

Ein waschechter Pole wurde der Rückkehrer bei allem Kenntnisreichtum und aller Sprachgewandtheit in den Augen seiner Mitbürger jedoch nicht, bis heute nicht. Als im Juli 1954 das Endspiel der Fußballweltmeisterschaft übertragen wurde, fieberte der gesamte Ort selbstverständlich mit der sozialistischen Brudermannschaft aus Ungarn mit. Dann geschah das »Wunder von Bern«: Die deutsche Elf entschied das Match mit knapper Not für sich, und Alojzy war der Einzige, der in Jubel ausbrach. Beinahe hätte man ihn dafür massakriert, so jedenfalls mochte es in diesem Moment erschienen sein. Doch einschüchtern ließ sich der Immigrant noch immer nicht gern. Er liebte den Ruch der Renitenz. »Am 17. September 1939 überfiel die Sowjetunion Polen«, schrieb er in seinem Abituraufsatz lapidar. Auch in der Nach-Stalin-Ära galt das als unerhörte Provokation des großen Bruders in Moskau und brachte dem hochintelligenten Schüler die Note »ungenügend« ein. Der Traum vom Studium der Archäologie und Geschichte war damit ausgeträumt.

Mehr als er das nach außen zugestehen wollte, ging Alojzy seine Außenseiterrolle seelisch nah. Auch wenn er sich noch so sehr bemühte, er gehörte nie so richtig zum Kreis der Altersgefährten. »Ich war ein verlassenes Kind«, urteilt Twardecki heute. Seine erste Freundin erhielt Briefe, in denen zu lesen stand: »Kannst Du Dir nicht einen echten Polen wählen? Musst Du ausgerechnet einen Schwaben zum Freund haben?« Schwaben, das war das gängige Schimpfwort für Deutsche. Nun da er auf dem Weg war, seine polnische Identität zurückzugewinnen, galt er vielen, schon seines Aussehens wegen, als Deutscher – als Abkömmling aus jenem Staat, der dem polnischen Volk im Krieg so viel Leid zugefügt hatte. Die Schatten der Vergangenheit fielen lang.

Als er seinen Militärdienst antrat (absurderweise hatte ihm auch die Bundeswehr bis in seinen polnischen Aufenthaltsort einen Gestellungsbefehl nachgesandt), mutete die Ausbildung bisweilen wie ein Spießrutenlauf an. »Heil Hitler!« wurde dem Rekruten nachgerufen, er wurde beleidigt, geschnitten, einmal auch mit Steinen beworfen. Traf er bei der Schießübung ins Schwarze, wurde geargwöhnt, dass er im Westen zum Scharfschützen ausgebildet worden sei. Zielte er absichtlich daneben, bekam er zu hören: »Da sehen Sie mal, Twardecki, warum die Deutschen den Krieg verloren haben!« Alojzy lernte, was es hieß, anders zu sein, ein Feindbild zu verkörpern. Doch einige enge Freundschaften, versöhnliche Gesten und immer wieder die Liebe seiner Mutter halfen ihm über die schwere Zeit.

Während einer Prüfung an der Warschauer Hochschule für Planung und Statistik zischte eine Mathematikprofessorin dem gutgebauten blonden Studenten ins Gesicht: »Schauen Sie mich nicht so an mit Ihrem SS-Blick!« Was ihn in seiner Jugend noch mit Stolz erfüllt haben mochte, verursachte jetzt einen empfindlichen Schmerz. Merkten sie denn nicht, dass ihm der Zufall seines Aussehens schon genügend Leid eingetragen hatte? Aber dann erfuhr er, dass diese Frau, Spanierin jüdischer Herkunft, zahlreiche Angehörige durch die NS-Verbrechen verloren hatte. Und er begriff, dass Opfer und Verwerfungen in jener Zeit vielfältig waren.

Zum Schlüsselerlebnis wurde ein Besuch in Auschwitz. Als der Student in den Ausstellungsräumen des ehemaligen Vernichtungslagers die unzähligen Schuhe, Koffer, Haarbündel sah, die vom industrialisierten Massenmord Zeugnis gaben, hielt er es in der düsteren Baracke nicht mehr aus. Er musste hinaus ins Freie, die Tränen liefen ihm über das Gesicht. Erst jetzt wurde ihm allmählich die verbrecherische Dimension des Regimes bewusst, für das man ihn erzogen hatte, dem sein Pflegevater gedient hatte und dem er selbst noch bis in die Nachkriegszeit die Treue gehalten hatte. Intensiver als die meisten seiner westdeutschen Altersgefährten begann Alojzy nachzudenken über das Wesen jenes Unrechtssystems, das auch für sein Leben zum Fluch geworden war. Er fand heraus, mit welch mörderischer Gründlichkeit die fanatischen Vollstrecker der Rassenlehre vorgegangen waren, ganz anders als der Pflegevater immer versichert hatte. Und er gewann Klarheit darüber, dass die Vernichtung als »minderwertig« deklarierten Lebens einerseits und andererseits die Fürsorge für vorgeblich »wertvolle« Erbträger wie ihn selbst zwei Schneiden ein und desselben Schwertes waren. Die Mehrzahl seiner polnischen Landsleute war von der Besatzungsmacht gedemütigt und ausgebeutet, Millionen waren hier ermordet worden. Er selbst, einer aus ihrer Mitte, wäre dazu ausersehen und erzogen worden, sich auf die Seite der »Herrenmenschen« zu schlagen. Es war eine bittere, aber auch wirksame Lektion für ihn. Sie immunisierte Alojzy für alle Zeiten gegen die Blendwirkung von Ideologien und schlichten Weltbildern. Besonders gegen Vorurteile entwickelte er eine ausgeprägte Abneigung – gerade weil er sie selbst einmal mit Vorliebe gepflegt hatte. »Wenn jemand Nachteile erfährt, nur weil seine Nase eine bestimmte Form hat, da werde ich fuchsteufelswild«, sagt er. »In dieser Hinsicht bin ich vom Saulus zum Paulus geworden.«

Nach dem Studium und ersten Berufsjahren im staatlichen Außenhandel und der Presseagentur »Interpress« lockerte sich für ihn das strikte Verbannungsurteil. Als Chefredakteur der Fremdsprachenredaktion knüpfte er erste Kontakte zu deutschen Korrespondenten und war als zweiter Dolmetscher bei Willy Brandts berühmtem Versöhnungsbesuch 1970 in der polnischen Hauptstadt dabei. Im Zuge der Brandt'schen Ostpolitik hellte sich das

Klima zwischen beiden Ländern merklich auf, und Twardecki erhielt endlich einen Reisepass, der ihm auch den Zutritt zur Heimat seiner Jugend eröffnete. Zum ersten Mal nach zwei Jahrzehnten durfte er wieder am Rhein sitzen, einen Schoppen Wein genießen, den vertrauten rheinischen Zungenschlag hören.

Alojzy Twardecki mit seiner Mutter

»Du bist immer noch einer von uns«, sagten seine ehemaligen Klassenkameraden, die erstmals von seiner verwickelten Lebensgeschichte erfuhren, und klopften ihm aufmunternd auf die Schulter. Doch da täuschten sie sich. Alojzy oder auch Alfred war keiner Seite mehr einzugemeinden. »Ich habe zwei Vaterländer«, überlegt Alojzy Twardecki. »Ich bin ein Koblenzer Schängelchen, wie er im Buche steht. Ich sammle alles, was mit dieser Stadt zusammenhängt, wie verrückt. Ich bin ein Rheinländer aus Leidenschaft, da geht mir das Herz auf. Ich trinke gern Wein und selten Wodka. Aber zugleich bin ich natürlich Staatsbürger der Republik Polen, mit allem, was dazugehört. Ich bin ein polnischer Patriot.«

Doch damit redet er keinem Nationalismus das Wort. »Da sehe ich einen gewaltigen Unterschied. Ein Patriot sucht auf eigene Rechnung die Anerkennung anderer. Der Nationalist will sich auf Kosten anderer über sie erheben«, differenziert Twardecki. »Wenn ich zum Beispiel höre, wie jemand sagt, ich bin stolz, Pole, Deutscher oder Franzose zu sein, dann könnte ich Krämpfe kriegen. Ich kann doch nur stolz sein auf etwas, das ich selbst erreicht habe. Ich bin stolz auf das, was ich in meinem Leben zustande gebracht habe, aber nicht auf einen puren Zufall!«

Heute unterrichtet Alojzy Twardecki an der Warschauer Hochschule der Feuerwehr. Auf seinem Lehrplan steht auch Toleranz, als Konsequenz aus seinem eigenen Werdegang. Er möchte den jungen Studenten heraushelfen aus dem Labyrinth fest vorgeprägter Vorurteile und ist selbst das lebende Gegenargument. Allzu häufig hat er zu spüren bekommen, was es heißt, als Zielscheibe von Ressentiments herhalten zu müssen, von Passanten in Warschau als »Schwabe« und von Taxifahrern in Koblenz als »Polacke« beschimpft zu werden. Vor allem die immer noch oft herablassende Art der Deutschen gegenüber den Völkern Osteuropas geht ihm gehörig gegen den Strich.

Doch in Polen lässt er nichts auf seine einstigen Landsleute kommen. Stets ist der Grenzgänger bestrebt, sie in Schutz zu nehmen, die Deutschen vor den Polen und die Polen vor den Deutschen. In seinem Inneren ist er selbst ein Zwitterwesen geblieben. Seine Muttersprache spricht er längst wieder ohne Akzent, doch seine innere Stimme zählt weiter auf Deutsch. Telefonnummern kann er sich in polnischen Ziffern bis heute nicht merken. Er liebt die liberale Toleranz der Polen, aber wenn jemand unpünktlich kommt oder lügt, »da laufe ich Amok«, bekennt Twardecki, »da bin ich durch und durch Preuße.« Bei Fußballübertragungen ärgert sich der Sportfreund über die Überheblichkeit der bundesdeutschen Kicker, aber insgeheim wünscht er sich, dass sie gewinnen.

Über das, was im Nachbarland vor sich geht, ist er bestens im Bilde. Deutsche Zeitungen gehören zu seiner regelmäßigen Lektüre. Die Anteilnahme an dem Geschehen im Gastland seiner Jugend ist geblieben und immer noch die Sehnsucht nach dem, was andere Menschen ihr Zuhause nennen. Ganz und gar angekommen wirkt Alojzy bis heute nicht in seinem polnischen Leben. Jetzt, da seine drei Kinder ihrerseits ausgeflogen sind, in die USA, nach Frankreich und zu archäologischen Grabungen in der ganzen Welt, wird ihm dies vielleicht noch schmerzhafter bewusst. Seine leuchtend blauen Augen sind geblieben, doch die blonden Locken sind weiß geworden und durch einen Bürstenschnitt gebändigt, die mächtige Statur ist von einem schwierigen

Leben und von Krankheiten gezeichnet. Nur mit sichtlicher Kraftanstrengung kann sich der früher so durchtrainierte Mann heute vorwärtsbewegen. Wenn er auf die seelischen Folgen seines zwiegespaltenen Lebens zu sprechen kommt, fließt der sonst so muntere Redefluss erkennbar spärlicher. Mit unverblümter Offenheit erzählt er von Neurosen, von Erinnerungen, die ihn noch heute in seine Träume verfolgen, von Schlaflosigkeit, Nervosität und cholerischen Anfällen. Und aus seinen Worten klingt eine gewisse Bitterkeit darüber, dass ihn das Leben allzu oft auf die falsche Seite verschlagen hat – unter dem Diktat ganz unterschiedlicher Ideologien, denen doch gemeinsam war, dass sie Menschen als Verfügungsmasse betrachteten.

In diesem Sinn ist Alojzy Twardecki heilfroh, dass heute weder Rassenfanatiker noch Kalte Krieger darüber verfügen können, wo er am besten aufgehoben ist. »Die Europäische Union, zu der jetzt auch Polen gehört, ist die Rettung für mich«, sagt er mit spürbarer Erleichterung. »Jetzt brauche ich nicht mehr zu entscheiden, ob ich Deutscher oder Pole bin. Ich bin Europäer oder mehr noch: ein Weltbürger. Über die Enge von Nationalitäten, da bin ich wirklich hinweg.« Nach kurzer Überlegung fügt er hinzu: »Wie könnte ich Nationalist sein, da ich eine deutsche Mutter und eine Mutter in Polen habe? Nein, Scheuklappen habe ich keine mehr, das ist nach meinem Lebensweg ausgeschlossen.« Für einen Moment huscht ein Lächeln über das Gesicht des Rheinländers aus Warschau.

2. Kapitel

Das verlassene Kind

Bis zum 14. Januar 1953 hat Christian Dertinger einen anerkannten und angesehenen Minister zum Vater. Als er am Morgen darauf früh erwacht, ist er der Sohn eines Staatsfeindes. Und damit ist auch seine eigene kleine Welt von Grund auf erschüttert. Aber das ist dem Achtjährigen zu dieser frühen Stunde noch nicht bewusst. Er will einfach nur weiterschlafen. Wie meistens, wenn der Vater nicht da ist, liegt er im elterlichen Ehebett, neben seiner Mutter. Abwehrend zieht er die Bettdecke über den Kopf. Aber es hilft nichts, der Lärm ist zu groß und auch die Unruhe. Lautstark klingelt und klopft es durch die stille Villa. Feuer, Krieg, Erdbeben? Was mag der frühmorgendliche Sturm zu bedeuten haben?

»Was ist denn los?«, hört er seine Mutter durchs Fenster rufen und die barsche Antwort darauf: »Aufmachen! Deutsche Volkspolizei! Ist der Herr Minister zu Hause?« Die Schritte der Mutter entfernen sich zur Haustür. Nach einer ganzen Weile kehrt sie ins Schlafzimmer zurück, begleitet von einer blauuniformierten Polizistin, und knipst das Licht an. Jetzt sieht Christian, dass sie sich bereits ihren Pelzmantel übergezogen hat. Behutsam beugt sie sich über den Sohn, zeichnet ihm das Kreuzzeichen auf die Stirn. »Ich muss mal weg«, sagt sie mit bemüht tapferer Stimme, »aber ich bin sicher bald wieder zurück!« Dann ist sie fort – aus seinem Leben. »Machen Sie sich mal keine Sorgen«, hört er die Beamtin noch im Hinausgehen zu seiner Mutter sagen.

Christian verzieht sich nach oben in sein Kinderzimmer und sucht Trost bei seinem Dackel Waldi. An Schlaf ist nun nicht mehr zu denken. Die Mutter hat beim Abschied richtig verstört gewirkt, das war nicht zu übersehen. Und jetzt rumort es unten im Haus. Mit Waldi als Begleitschutz auf dem Arm tapst der Junge die Treppe hinunter – und kann kaum glauben, was er da sieht. Überall streifen fremde Leute durch die gute Stube der Familie, sie durchwühlen Vaters geheiligten Schreibtisch, räumen Kommode und Bücherregale aus. Die »Santa Maria«, der Modellnachbau von Christoph Columbus' Entdeckerschiff, liegt zerschmettert am Boden. »Was machen die da bloß?«, denkt er.

In diesem Moment erst nehmen ihn die morgendlichen Hausbesucher zur Kenntnis – und sind sichtlich verblüfft. »Wer ist denn das?« Ein übrig gebliebenes Kind in der Wohnung, damit hat wohl niemand gerechnet – so zielgerichtet und geplant das Vorgehen des Kommandos auch sonst anmutet. Christian hat Angst und fühlt sich ziemlich allein. Da löst sich einer aus der Gruppe der Eindringlinge und kommt mit einem freundlichen Lächeln auf ihn zu. »Wer bist'n du?«, fragt er freundlich. »Ich bin doch Christian«, kommt die vorsichtige Antwort. Dann nimmt der Junge seinen Mut zusammen: »Und wer bist du?« »Ich bin der Heinz.« In diesem Moment kommt der Mann dem verlassenen Kind wie ein Schutzengel vor.

»Keine Aufregung«, beruhigt ihn Heinz, der als einer der wenigen Zivilkleidung trägt, und ergänzt, wie aus einer spontanen Eingebung heraus: »Heute Abend fahren wir nach Pankow.« Pankow, das klingt vertraut, dort liegt die Dienstvilla des Vaters, in der Wohnsiedlung der DDR-Regierung am Majakowskiring. Christian ist da immer gern hingefahren. Es ist etwas Besonderes, dieses abgeschirmte Reich, zu dem gewöhnliche Sterbliche keinen Zutritt haben. Nun ist er fürs Erste beruhigt.

Doch um ihn herum nimmt die Unruhe nicht ab. Kistenweise schleppen die Beamten den Inhalt von Schreibtisch und Bücherschränken aus dem Haus. Christian wird erst einmal in sein Zimmer gesperrt. Aus dem Fenster sieht er, dass vor dem Haus mehrere Autos und ein schwarzer Kastenwagen abgestellt sind. Polizisten riegeln das Grundstück ab. Wenig später macht sich draußen eine Nachbarin bemerkbar, wohl um sich nach seinem Verbleib zu erkundigen, aber sie wird wieder verscheucht. Nur die Haushaltshilfe der Familie, Frau Busch, erhält Zutritt und den Auftrag, den Jungen zu versorgen. Sie packt seine Sachen in einen Karton, etwas Kleidung, Spielsachen und den Teddybär »Mischka«, den der Vater ihm aus Moskau mitgebracht hat. Irgendwann fällt auch noch der Strom aus, es wird dunkel im Haus. Bei Kerzenlicht sieht die ganze Szenerie noch unheimlicher und unwirklicher aus. Selbst Waldi ist so verstört, dass er in die Küche pinkelt. Im Rückblick vermutet Christian Dertinger, dass die Stromsperre seine mögliche Flucht verhindern sollte. Auch mit dem Abstand von Jahrzehnten sind dem Leipziger die Erlebnisse in jenen Stunden so präsent vor Augen, als hätten sie sich gestern ereignet. Dieser Tag der Ungewissheit und des Schweigens bewegt ihn sichtlich noch heute. Es war ein Tag, der wie ein Trennungsstrich durch Christians Kinderleben ging.

Jedenfalls ist der verlassene Sohn froh, als Heinz Rahnsch, 28 Jahre alt, Offizier im Ministerium für Staatssicherheit (Stasi), an jenem Abend wie versprochen eintrifft und ihn an die Hand nimmt. Voller Zutrauen in seinen Begleiter verlässt der Junge all das, was bisher sein Dasein bestimmte. Beinahe wäre sogar der geliebte Dackel noch auf der Strecke geblieben, der sich irgendwohin verkrochen hat. Aber großmütig sorgt Heinz dafür, dass das zappelnde und kläffende Tier noch aufgespürt wird. Nach einer längeren Tour im Dienstfahrzeug der Behörde durch das nächtliche Ost-Berlin treffen sie in Pankow ein.

Das Domizil des Vaters ist hell erleuchtet. Vier Wochen zuvor, am ersten Weihnachtsfeiertag, war Christian zuletzt hier gewesen. Er hatte daran teilhaben dürfen, wie der Vater seinen 50. Geburtstag in Glanz und Würde feierte. Das war aufregend. Sowjetische Militärs und chinesische Diplomaten in operettenhaften Uniformen stießen voller Respekt auf den Herrn Minister an. Sogar Otto Grotewohl, der erste Ministerpräsident der Deutschen Demokratischen Republik und dessen Stellvertreter, Otto Nuschke, Vorsitzender der Ost-CDU, gaben sich die Ehre. Christian durfte der erlauchten Runde ein Gedicht vortragen, das sein sieben Jahre älterer Bruder Rudolf ersonnen und seine Großmutter ihm beigebracht hatte. Er war stolz darauf, einen so bedeutenden Vater zu haben. »Er gehört zu jenen politischen Begabungen«, gratulierte Otto Nuschke dem Parteifreund im Parteiorgan ›Neue

Zeit‹ zum Geburtstag, »die klare Erkenntnis, haarscharfen Verstand und eine ungewöhnliche rednerische Begabung in sich vereinen. Georg Dertinger ist ein blutwarmer Gegenwartsmensch mit einem wahrhaft goldenen Herzen.« Im Glückwunschschreiben der Partei wurde diese Eloge sogar noch übertroffen: »Lieber Freund Dertinger«, hieß es darin, »wir möchten Ihnen aufrichtigen Dank aussprechen für alles, was Sie in den Jahren nach 1945 für die Christlich Demokratische Union, die Deutsche Demokratische Republik und unser ganzes Volk geleistet haben. Die Verdienste, die Sie als Außenminister der DDR, insbesondere durch den Abschluss des Vertrages über die Oder-Neiße-Friedensgrenze, sich erworben haben, gingen in die Geschichte ein.«

Es blieb eine kurze Geschichte – mit einer Verfallszeit von nicht einmal einem Monat. »Es gibt politische Talente«, schreibt Otto Nuschke nun in der ›Neuen Zeit‹, »die charakterlich an einem gewissen Punkte vollkommen versagen. Ein solcher Fall liegt bei Georg Dertinger vor.« Aus dem Parteifreund war ein Fall geworden. Ein tiefer Fall.

Als Christian an diesem Abend vor der Pankower Dienstvilla steht, kann er keinen von Vaters Gesinnungsgefährten und schon gar niemanden aus der Regierungsriege der DDR entdecken. Nur Polizisten mit Hunden haben sich um das Anwesen postiert. Immerhin findet Christian in der Küche der Amtswohnung seine beiden Geschwister wieder. Den 15-jährigen Rudolf hat man aus seinem Internat in Heiligenstadt hierher gebracht, Oktavie, 14 Jahre alt, eigens von einer Klassenfahrt im Harz herzitiert. Sie trinken ein paar Schlucke Wein aus Vaters Beständen und diskutieren mit einem Paar, das offenkundig in Diensten der Staatssicherheit steht und für die Versorgung, wohl aber auch für die Überwachung der Kinder zuständig ist. Die älteren Geschwister scheinen in Einzelheiten eingeweiht zu sein. Aber den kleinen Bruder nehmen sie nicht weiter ernst. Christian versteht sowieso nicht so richtig, wovon sie sprechen und was hier eigentlich vor sich geht. So bleibt er mit seiner Phantasie allein. Scheinbar will niemand ihm sagen, was geschehen ist. Wo sind seine Eltern, seine

Großmutter? Das Haus, sonst stets von der väterlichen Präsenz erfüllt, wirkt seltsam verwaist.

Und so ähnlich ist jetzt auch sein eigenes Befinden. Christian fühlt sich ziemlich verloren, ohne seine Großmutter, seine Mutter, seinen Vater. Dabei kennt er den Papa eigentlich eher flüchtig. In der Residenz der Familie im Süden Berlins war Georg Dertinger mehr Gast als Mitbewohner. Dienstgeschäfte, Reisen und sein exzessiver Lebensstil hielten den Minister auf Distanz zum Privathaus der Familie, das wegen der komplizierten Streckenführung im geteilten Berlin zudem mehr als eineinhalb Fahrstunden von seinem Arbeitsplatz entfernt lag. Allenfalls jedes dritte oder vierte Wochenende ließ sich der vielbeschäftigte Verhandlungsreisende bei seiner Familie blicken. Regierungskollegen hatten ihm schon nahegelegt, seine Angehörigen in die aufwendig renovierte Wohnung am Majakowskiring nachzuholen. Aber das wollte die Mutter nicht. Tiefkatholisch, wie sie war, fürchtete sie dort den verderblichen Einfluss des Regimes und den Verlust ihrer Eigenständigkeit. Auch Maria Dertinger war viel unterwegs und dementsprechend wenig zu Hause präsent. Die erste weibliche Absolventin des Architekturstudiengangs an der Technischen Hochschule Dresden war als Bauleiterin für das Bauamt Berlin-Mitte im Einsatz – und das war in den Wiederaufbaujahren in der DDR eine zeitraubende Tätigkeit. Gelegentlich durfte sie ihren Gatten auch auf den weniger bedeutenden Auslandsreisen begleiten.

Dennoch hatte Christian nie einen Mangel an familiärer Geborgenheit empfunden. Seine Großmutter, die er sehr verehrte, war immer für ihn da. Und auch seine Eltern, mochten sie auch oft abwesend sein, kümmerten sich doch hingebungsvoll um ihn. Seinen Vater hatte Christian eigentlich immer nur freundlich erlebt, als einen stattlichen Mann mit aufmunternder Ausstrahlung. Außerdem hatte der Diplomat für gewöhnlich immer etwas dabei, wenn er nach längerer Abwesenheit wieder auf der Bildfläche erschien: einen Teddybären, eine elektrische Eisenbahn und einmal sogar ein nagelneues Fahrrad, wie es nur ein mit Devisen und Verbindungen ausgestatteter Angehöriger der Nomenklatura aus westlichen Quellen zu beschaffen vermochte.

Als Christian seinen Vater kennenlernte, war er selbst schon drei Jahre alt. Er erinnert sich dunkel an das erste gemeinsame Zuhause, eine große Altbauwohnung in Berlin-Charlottenburg, an die Bolleröfen, deren Rohre zum Fenster hinaus gingen, aber nie richtig funktionierten und so die Zimmer verqualmten. Immerhin erlebte Christian dort zum ersten Mal, wie es sich anfühlt, als Familie zusammenzuleben. Seine ersten Lebensjahre hatte der Junge noch in der Obhut von Klosterschwestern in Hamburg verbracht, wohin es seine Mutter mit der Großmutter, dem Bruder und der Schwester auf der Flucht verschlagen hatte. Zusammen mit seinen beiden Geschwistern hatte ihn Maria Dertinger in ein katholisches Kinderheim zur Betreuung gegeben, als sie 1946 zu ihrem Mann nach Berlin vorausfuhr. Erst 1948 fand die Familie dort wieder zueinander.

Zu dieser Zeit agierte der Vater bereits als Generalsekretär der von ihm mitbegründeten »Christlich Demokratischen Union« (CDU) im sowjetischen Besatzungsgebiet. Da strebte die einstige Hauptstadt des zwiegespaltenen Landes schon in zwei entgegengesetzte politische Himmelsrichtungen auseinander. Während die Westmächte in ihren Besatzungszonen eine neue Währung einführten, riegelten die Sowjets West-Berlin von den Versorgungswegen ab. Und Georg Dertinger befand sich als Politiker mittendrin in diesem zentrifugalen Prozess. Er glaubte immer noch fest an das Ziel eines geeinten, neutralen Vaterlandes. Und er war überzeugt, dieses Vorhaben nur durch politische Fügsamkeit gegenüber der sowjetischen Besatzungsmacht und ihren Erfüllungsgehilfen in Pankow erreichen zu können. Ein in der Wolle gefärbter Sozialist wurde der schöngeistige Intellektuelle nie. Aber er passte sich an und blieb loyal – selbst als manche seiner Parteifreunde drangsaliert, verhaftet, verfemt wurden, als die Dogmatiker den Ton angaben, als seine Partei der vom Regime verfügten Einheitsliste einverleibt wurde. In der Öffentlichkeit kam über Dertingers Lippen kein Wort, das von der offiziellen

Linie des entstehenden ostdeutschen Staates abwich. Für die Sowjets und ihre Statthalter verkörperte der Politiker einen bildungsbürgerlich, national und christlich orientierten Typus, auf den sie in dieser Phase noch angewiesen waren, um nach außen den Anschein eines breiten gesellschaftlichen Bündnisses in Ostdeutschland aufrechtzuerhalten. Und so machten sie ihn im Oktober 1949 zum ersten Außenminister der neugegründeten DDR.

Familienurlaub auf Rügen 1951, v. l. n. r.: die Schwester Oktavie, die Großmutter, der Vater, Christian, die Mutter, der Bruder Rudolf

Für den Sohn war der Aufstieg des Vaters an die Spitze des Auswärtigen Amtes von einigen Vorzügen begleitet. Als »Ministergöre« konnte er sich größere Freiheiten herausnehmen als andere Kinder. Auf dem Ostberliner Flughafen durfte er Maschinen aus der Nähe bestaunen, die seine Freunde bestenfalls als Modellspielzeug kannten. Der Sonderzug des Vaters erschien ihm wie ein fahrbares Wunderland. Allerdings brachte der Prominentenstatus auch Einschränkungen mit sich: So scheiterte ein Ausflug mit dem Papa auf dem neuen Fahrrad daran, dass dessen Leibwächter nicht mit eigenen Diensträdern ausgestattet waren.

Als es dem Vater Ende 1948 geboten erschien, die Westberliner Wohnung aufzugeben, zog die Familie in den südlich von Berlin gelegenen Nobelvorort Kleinmachnow, nur fünfhundert Meter vom amerikanischen Sektor entfernt. Gegenüber der düsteren Charlottenburger Altbauwohnung wirkte das neue Einfamilienhaus auf Christian wie ein Paradies. Es gab einen großen Garten, Hausangestellte, Haustiere und immer viele Kinder in der Umgebung. Am liebsten tobte der Junge sowieso durch die Gegend, wenn auch Sport nicht gerade zu seinen Leidenschaften zählte. In einem ehemaligen Schulgebäude gegenüber dem Wohnhaus hatten sich sowjetische Besatzungsoffiziere einquartiert. Wenn sie zum Besuch beim Vater antraten, was relativ häufig geschah, waren sie ausgesprochen aufmerksam und hatten stets Süßigkeiten oder kleine Geschenke dabei.

Auch in Kleinmachnow genoss Christian eine profunde katholische Erziehung. Kein Tag ging ohne Nachtgebet zur Neige. Besonders die stets gegenwärtige Großmutter, eine strenggläubige Katholikin, die seit ihrer Heirat einen österreichischen Adelstitel trug, verstand es, mit frommen Geschichten und Gebeten bei ihm frühe religiöse Gefühle zu wecken. Doch die Sonntagsgottesdienste in einer dunklen, meist feucht-kalten Baracke gehören nicht unbedingt zu den Lieblingserinnerungen aus seiner Kindheit. »Der schönste Augenblick war für mich immer«, resümiert Christian Dertinger in der Rückbetrachtung, »wenn der Pfarrer am Ende das Messbuch zuklappte.« Der kleine Kirchenbesucher fand es zutiefst ungerecht, dass der Vater als Protestant von dieser ungemütlichen Veranstaltung verschont blieb. Dem Religionsunterricht in der Schule hingegen konnte er spannende Seiten abgewinnen. Allerdings nur bis 1951, denn da wurde das Fach Religion aus dem Lehrplan verbannt, und der Junge musste nun auch zur Katechese in die düstere Kirchenbaracke gehen.

Dem Nachwuchs der Republik verkündete das Regime eine andere Glaubenslehre. Christian störte sich daran nicht. Er trug gleichfalls gern, und durchaus mit Stolz, das weiße Hemd und das blaue Halstuch der »Jungen Pioniere«. Auch im staatlichen Jugendverband gab es Feierstunden, Ringelreihen und Lieder zu singen. Statt Bibelerzählungen bekamen die Kinder dort eben die Heldentaten der »ruhmreichen Sowjetarmee« zu hören. Einmal durfte Christian in Pionieruniform dem Vater nach einer eifrig beklatschten Rede auf dem Parteitag der Ost-CDU sogar feierlich einen Blumenstrauß überreichen.

Als Außenminister allerdings war der Wirkungskreis des Christdemokraten begrenzt. Lediglich einige Ostblock-Länder hatten die DDR in ihren frühen Jahren diplomatisch anerkannt. Und über jeden außenpolitischen Schritt wachte die große Brudermacht in Moskau; ohne ihren Segen war kein Federstrich unter ein diplomatisches Abkommen vorstellbar. Dennoch machte der Minister keine schlechte Figur im Amt, auch im Sinne seiner Auftraggeber. Gegen Widerstände, gerade in der eigenen Partei, setzte er die Anerkennung einer verbindlichen deutschen Ostgrenze zu Polen durch, markiert durch die Flüsse Oder und Neiße, und besiegelte die Vereinbarung in einem Vertrag mit dem östlichen Nachbarstaat. Die berühmt gewordene »Stalin-Note«, in der der sowjetische Imperator den Westmächten 1952 ein vereintes, aber bündnisneutrales Deutschland vorschlug, entsprach teils bis in den Wortlaut einer Vorlage, die Dertinger im Vorfeld dem Sowjetbotschafter in Ost-Berlin unterbreitet hatte.

Mit seinen gesamtdeutschen Planspielen stieß der Minister allerdings keineswegs nur auf Wohlgefallen in der Führungsriege der volkseigenen Einheitspartei. Sie betrachtete dessen Wiedervereinigungsphantasien als Störmanöver beim zügigen Aufbau des Sozialismus und misstraute dem verdächtig »bourgeoisen« Minister ohnehin. Aber Dertinger fühlte sich sicher. Hatte er doch stets das Ohr und zeitweise auch das Wohlwollen der sowjetischen Besatzungsmacht für seine deutschlandpolitischen Vorstellungen. Doch was der bürgerliche Staatsdiener zu wenig bedachte: Der Kurs konnte sich wenden, der politische Wind über Nacht wieder drehen – gerade im Stalinismus. Was gestern noch als Doktrin galt, konnte heute schon als konterrevolutionär gebrandmarkt werden. Wer heute noch als »verdienter Genosse« gewürdigt wurde, mochte morgen schon als »Staatsfeind und Spion« am Pranger stehen.

Eben das widerfuhr Georg Dertinger zu Beginn des Jahres 1953. Sobald sich die schützende Hand Moskaus über ihm zurückzog, schlug der Sicherheitsapparat der DDR-Staatsführung zu. Der Außenminister, der den Gralshütern der Staatslehre auch mit seiner Einforderung christlicher Grundwerte zunehmend lästig geworden war, war zum Abschuss freigegeben. Seine Partei hatte in der sich verfestigenden Diktatur ihre ursprüngliche Bedeutung eingebüßt. Georg Dertinger hatte ausgedient.

Deshalb war seine Dienstvilla in Pankow an diesem 15. Januar verwaist, als Christian und seine Geschwister dorthin in die Verbannung gingen. Doch das ahnten die Kinder noch nicht. Sie wussten auch nicht, dass ihr Vater hier um vier Uhr morgens verhaftet worden war, zusammen mit seiner Geliebten Ilse-Ruth Bubner, mit der er schon seit geraumer Zeit sein Leben teilte. Die Geschwister hatten auch keinen Schimmer davon, dass er in diesem Moment im Untersuchungsgefängnis der Staatssicherheit in Berlin-Hohenschönhausen mit dem Vorwurf des »Ehebruchs« unter Druck gesetzt wurde, obwohl die Verfolger weniger den Schürzenjäger im Visier hatten als vielmehr den Politiker, die öffentliche Person Georg Dertinger, dessen Verbrechen allein darin bestand, den Machthabern im Land nicht mehr von Nutzen zu sein. Die Kinder konnten auch nicht wissen, dass ihre Mutter und ihre Großmutter zur gleichen Zeit nur wenige Zellen weiter um göttlichen Beistand beteten.

An diesem Abend musste Christian ohne seine fromme Gutenacht-Geschichte zu Bett gehen – und so sollte es auch bleiben. Zu seinem Glück fand er in seinem neuen Quartier einen Gefährten, der nur wenig älter war als er und den er von früher kannte: Joachim, den Sohn von Vaters Haushälterin Frau Schubert, die ebenfalls in die Verhaftungswelle geraten war. Die beiden Jungen waren froh, sich gefunden zu haben. Denn in der zweckentfremdeten Villa kümmerte sich sonst niemand um sie. Zu festgelegten Zeiten stand zwar das Essen auf dem Tisch. Den Rest des Tages aber waren die beiden völlig auf sich allein gestellt.

Sie verzogen sich in die verwaiste Einliegerwohnung der Haushälterin, wo sie einen kleinen Vorrat an Zigarren und Zigaretten aufstöberten. Neben deren Auflösung in blauen Dunst bestand ihr Hauptzeitvertreib darin, dem Dackel Waldi und einer zugelaufenen Katze ein paar Kunststücke anzudressieren – allerdings ohne durchschlagenden Erfolg. Ein wenig Abwechslung brachte darüber hinaus ein Radioapparat, der für sie die einzige Verbindung zur Außenwelt darstellte. Denn ihr Aufenthaltsbereich war streng auf Haus und Garten beschränkt. Wachposten sorgten Tag und Nacht dafür, dass niemand das Gelände unbefugt verließ oder betrat. Das war aber auch schon die einzige Form der »Fürsorge«. Es gab keinen Unterricht, keine Betreuung, keine Erziehung. Die verordnete Untätigkeit wurde für die beiden Jungs bald schon Alltag. Offensichtlich wussten die zuständigen Behörden immer noch nicht so recht, was sie mit den Kindern anstellen sollten.

Für Christians Geschwister fiel die Entscheidung in der zweiten Februarhälfte. »Die gehen wieder auf ein Internat«, erklärte man dem Jüngsten, als er die Schwester und den Bruder eines Tages nicht mehr im Haus vorfand. Das »Internat« entpuppte sich später als Erziehungslager für Jugendliche. Unter dem verharmlosenden Namen »Jugendwerkhof« wurden in Bräunsdorf bei Karl-Marx-Stadt (heute wieder Chemnitz) kriminell gewordene oder verwahrloste Jugendliche, aber auch Kinder von Regimegegnern interniert, um sie im Sinne der Staatsideologie umzuerziehen. Dabei wurde nicht mit Strafen und Repressalien gespart. Während Oktavie nach 16 Monaten »Schutzhaft« wieder in die Freiheit entkam, wurde der ein Jahr ältere Rudolf in Karl-Marx-Stadt wegen »Spionage für den US-Geheimdienst« vor Gericht gestellt. Trotz der völlig aus der Luft gegriffenen Anklage lautete das Urteil für den 16-Jährigen auf drei Jahre Zuchthaus. Sein einziges »Vergehen« bestand darin, einen unliebsam gewordenen Politiker zum Vater zu haben. Diese absurde Sippenhaft traf auch Dertingers Frau Maria, die wegen »Mitwisserschaft und Beihilfe« zu acht Jahren Zuchthaus verurteilt wurde, ebenso wie Mitarbeiter, Parteifreunde, die Geliebte sowie die Ex-Geliebte des in Ungnade gefallenen Ministers. Selbst Christians Großmutter musste 19 Monate in Untersuchungshaft bleiben. Georg Dertinger selbst sollte zuerst wegen »Spionage« und »Sabotage« zum Tod, dann zu lebenslanger Haft verurteilt werden. Auf höchste Weisung wurde die Strafe schließlich auf 15 Jahre Zuchthaus vermindert.

Christian war nun als Einziger aus seiner Familie übrig, wenn auch nicht wirklich in Freiheit. Die Hoffnung, sich nach kurzer Zeit mit den anderen wieder im Elternhaus zusammenzufinden, hatte sich spätestens mit der Abholung seiner Geschwister zerschlagen. Christian war zum Waisenkind geworden, nicht betreut, aber rund um die Uhr bewacht. Als die Zigaretten aufgeraucht und die Haustiere der Kunststücke überdrüssig waren, drängte es die beiden Jungen nach irgendeiner Art von Abwechslung. Da fiel Christian plötzlich sein Onkel Karl ein, der im Westberliner Stadtteil Steglitz wohnte. Joachim, der in Pankow zu Hause war, wusste, dass Steglitz gar nicht so weit entfernt war, und er hatte auch schon eine Idee, wie man dorthin gelangen könnte. Es war die Zeit vor dem Mauerbau, in der die Sektorengrenzen in Berlin noch nicht unüberwindbar waren. So brüteten die beiden Knaben einen verwegenen Fluchtplan aus. In einem unbeobachteten Moment wuchteten sie den Dackel über den Zaun. Dieser Trick gab ihnen den Vorwand, mit dem Schrei »Waldi ist weg!« hinter dem Tier her und am verdutzten Wachposten vorbeizuspurten. Waren sie erst einmal aus dem umzäunten Grundstück heraus, so hofften die Ausreißer, würden sie sich schon auf eigene Faust nach Westberlin durchschlagen können. Nach fünfzig Metern endete der Fluchtversuch jedoch abrupt, mit einem kräftigen Griff am Genick und ein paar Ohrfeigen für jeden – und damit war auch jede Hoffnung auf Freiheit verflogen.

Einige Tage später musste Christian dann auch noch ohne seinen Gefährten Joachim auskommen, für den man offenbar eine Unterbringungsmöglichkeit bei seinem Vater gefunden hatte. Jetzt war der Internierte ganz auf sich allein gestellt. Die beiden Betreuer im Dienst der Stasi sorgten zwar weiterhin dafür, dass regelmäßig Mahlzeiten auf dem Tisch standen. Aber was in dem Jungen vorging, schien sie nicht zu interessieren. Sie versahen eben ihren Dienst, und Verschwiegenheit war Teil ihres Handwerks. Nur wenn der Fernsehapparat flimmerte, der im Haus zum Vorschein gekommen war, beteiligte sich auch das Stasi-Ehepaar stumm an der Betrachtung des damals noch exotisch anmutenden Testprogramms. So zogen die Monate ins Land. Was konnte es für einen Achtjährigen Schlimmeres geben, als eine kleine Ewigkeit lang ohne jede Abwechslung zu bleiben, ohne Freunde, ohne Eltern, ohne Spielsachen? In seiner Verzweiflung hatte Christian schon damit begonnen, einen Staubsauger, den er in einem Schrank vorgefunden hatte, zu zerlegen und ihn in ein Spielgerät umzufunktionieren. Altersgenossen mochten ihn beneiden, vom Schulunterricht verschont zu sein. Aber selbst in sein Klassenzimmer hätte Christian sich zurückgesehnt. Seit bald einem halben Jahr hatte er nicht ein Wort, nicht eine Zahl, nicht einen Sachverhalt neu dazugelernt. Sein Lehrstoff war Langeweile. Zu den wenigen Ablenkungen gehörte lediglich, dass in regelmäßigen Abständen ein Friseur ins Haus kam. Aber auf diese Kurzweil konnte Christian gut und gern verzichten, schor ihm der staatlich bestellte Barbier doch regelmäßig den Hinterkopf kahl, was dem Jungen überhaupt nicht gefiel.

Das Leben war anderswo, in einer Außenwelt, die mit jedem Tag weiter wegzurücken schien. Da war es schon eine Besonderheit, die Krönung der britischen Thronfolgerin Elizabeth am 2. Juni 1953 live am Radiogerät mitzuverfolgen.

Doch dann, gut zwei Wochen später, war die Außenwelt plötzlich ganz nah, hörbar, greifbar, direkt vor der eigenen Haustür. Eines schwülen Sommertags drangen Geräusche ins Haus, die nach Kettenrasseln und Autolärm klangen. Die Telefone schrillten durch die sonst so stille Villa. Christian sah seine »Betreuer«, den Hörer am Ohr, wild gestikulieren. Stasi-Leute kamen aufgeregt ins Haus und debattierten mit ihnen. Die Bewacher vor dem Haus trugen plötzlich Stahlhelme am Koppel. Eine nervöse Spannung lag in der Luft. Dann preschten gepanzerte Fahrzeuge über den Majakowskiring, an dem die Spitzengenossen der DDR ihre Residenzen hatten. Es war ein aufregender Tag, der den gewohnten Gleichklang durchbrach. Aber auch diesmal hatte der Junge keine Ahnung, was das alles zu bedeuten hatte. Als am Abend ein Sommergewitter losbrach, dachte er zuerst, dass sich damit die Aufregungen des Tages erklären ließen.

In Wirklichkeit war es jedoch ein *politisches* Unwetter, das sich an diesem 17. Juni 1953 entlud. Der Arbeiterprotest gegen die Normerhöhungen des Arbeiter-und-Bauernstaates hatte sich unerwartet zum offenen Aufstand gegen das Regime entwickelt. Nur die Drohgewalt sowjetischer Panzer rettete die SED-Führung, die sich nun gezwungen sah, dem aufgebrachten Volk für eine Weile mit begrenzten Zugeständnissen entgegenzukommen.

Diese Turbulenzen gaben wohl auch den Ausschlag dafür, Christians bizarren Hausarrest im Regierungsviertel zu beenden. Zwei Tage nach dem Beginn des Volksaufstands gab es erneut Unruhe im Haus. Ein Lastwagen durchfurchte mit seinen breiten Reifen den Vorgarten. Wie ein knappes halbes Jahr zuvor in Kleinmachnow, begannen die Eindringlinge die gesamte Villa systematisch auszuräumen. Kiste für Kiste verschwand die Habe des Ex-Ministers auf der Ladefläche. Und wieder war es Stasi-Offizier Heinz, der wie ein Retter auf den Plan trat. Freundlich wie immer nahm er sich des Jungen an, gab ihm neue Sachen zum Anziehen und kündigte an, ihn tags darauf abzuholen. Christian hatte zwar keine Ahnung, wohin diese Reise nun wieder gehen sollte, aber in jenem Moment wäre er Heinz wohl auch auf eine Berghütte in der Hohen Tatra gefolgt. Hauptsache, raus aus diesem Gefängnis der Ödnis und Trübsal! Irgendwohin, wo nicht jeder Tag mit der Hoffnung begann, dass er bald zu Ende sein möge. Diese letzte Nacht wurde für Christian die schönste in seinem feudalen Gefängnis.

Am nächsten Morgen fuhr er im Stasi-Dienstwagen wieder zurück in Richtung Süden. Die Route führte in nicht allzu weiter Entfernung an jenem Stasi-Gefängnis vorbei, in dem Christians Eltern fortwährend verhört wurden, und auch an jenem »Ministerium für Auswärtige Angelegenheiten«, dem sein Vater noch vor einem halben Jahr vorgestanden hatte. Doch für Christian waren das nur noch verschwommene Begriffe, die für ihn ihre Bedeutung verloren hatten. Wie bei Kindern in seinem Alter eben möglich, verstand er es, sich rasch auf neue Gegebenheiten umzustellen.

Besonders, wenn sie erfreulich sind. Die Evakuierungsfahrt endete am Müggelsee im Südosten von Berlin, wo Christian mit seinen Begleitern eine idyllisch gelegene Villa direkt am Ufer bezog. Dort konnte er sich wie im Urlaub fühlen. Nicht nur weil der Sommer zum Baden einlud und es vor dem Haus Segelboote zu bestaunen gab. Endlich hatte er wieder das Gefühl, dass man sich seiner annahm. Allerdings blieb die Sommerfrische am See nur eine Zwischenstation, bis sich die Aufregung um den Volksaufstand wieder gelegt hatte. Ende Juli kündigte Heinz den nächsten Ortswechsel an: »Morgen machen wir eine schöne Reise, nach Schönebeck, wo ich zu Hause bin, und dort wartet dann eine nette Überraschung auf dich.« Von einer Stadt dieses Namens hatte Christian noch nie gehört, aber er vertraute seinem Begleiter. »Überraschung«, das klang gut, und der Junge malte sich aus, dass er wohl schon bald seine Familie wiedersehen würde.

Die erste Überraschung gab es am Morgen, als der Stasi-Mann vor der Sommerresidenz vorfuhr. Dieses Mal kam er nicht mit einem klapprigen Dienstwagen aus der DDR-Fabrikation EMW, sondern mit einem nagelneuen Straßenkreuzer der Westmarke Ford, der seine Weltläufigkeit symbolträchtig in einem glänzenden Globus am Kühlergrill vor sich hertrug. Mit diesem Schlitten ließen sich die anderen Fahrzeuge unterwegs wunderbar überholen. Das gefiel dem jungen Passagier auf dem Rücksitz, und so kam er gar nicht erst auf den Gedanken, dass er in diesem Moment schlichtweg entführt wurde.

Trotz der Motorleistung des Straßenkreuzers zog sich die Fahrt in Richtung Westen über unzählige Autobahnkilometer bis zum späten Nachmittag hin. Am Zielort in Schönebeck, einer 56000 Einwohner zählenden Industriestadt an der Elbe südlich von Magdeburg, wurde der Ankömmling allerdings nicht von vertrauten Familienangehörigen in Empfang genommen, sondern von einer dicken, freundlichen Frau, die er noch nie gesehen hatte. Dessen ungeachtet zog die füllige Empfangsdame den Jungen mit solcher Inbrunst an sich, dass sein Gesicht vollkommen in ihrem weichen Busen verschwand. Dazu schluchzte sie und brachte vor Rührung kaum ein Wort heraus. Doch Heinz sprang ein und präsentierte die Frau als »meine und jetzt auch deine Tante Lieschen«. Christian war enttäuscht. Die Umarmung seiner Großmutter wäre ihm lieber gewesen. Gleich darauf stellte sich heraus, dass zu Tante Lieschen auch noch Onkel Albert gehörte. Im ersten Stock des älteren Mietshauses, in den eine knarzende und nach Bohnerwachs riechende Holztreppe hinaufführte, stand der neue Stiefvater in der Wohnungstür schon zum Empfang bereit und lächelte verlegen. Hier also sollte Christians zweites Leben beginnen.

Zum Auftakt schlug die Stunde der »Wahrheit«. Über all die Monate war Christian immer nur vertröstet worden. Nun sollte er erstmals erfahren, was wirklich geschehen war. Das Wort führte der Stasi-Offizier. Vorsichtig ausholend erläuterte er dem Knaben, wie sehr sich Onkel und Tante über seine Ankunft freuten, da sie selbst ihren Sohn im verbrecherischen Hitlerkrieg verloren hätten und nun keine eigenen Kinder mehr bekommen könnten. Daher würden sie ihn gern wie einen eigenen Sohn bei sich aufnehmen. Nun verhalte es sich eben so, bereitete er den Jungen schonend vor, dass der »böse Krieg« nicht nur den Eltern die Kinder, sondern manchmal auch Kindern die Eltern genommen habe. Er selbst, Christian, mit Geburtsnamen Müller, sei so ein Waisenkind des Krieges. Seine leiblichen Eltern seien bei einem Bombenangriff ums Leben gekommen, als Einziger aus seiner Familie habe er als Baby im Kinderwagen die Einschläge überlebt. Nach dem Krieg hätten die Dertingers ihn an Kindes statt angenommen.

Der Junge verstand nicht so recht, was das alles zu bedeuten hatte. Er konnte ja nicht durchschauen, dass Heinz ihn mit diesem psychologischen Schachzug von seiner Familie zu entfremden versuchte. »Wer bin ich denn nun? Wie heiß ich denn? Bekomme ich jetzt den Namen von Tante Lieschen?«, fragte er etwas ratlos. »Christian heißt du weiterhin, aber nicht mehr Dertinger, sondern Müller, wie damals bei deiner Geburt«, log der Betreuer. Nun war Christian endgültig verwirrt. Was war denn mit seinen Eltern, seiner Oma, seinen Geschwistern? »Ja, das ist ein schlimmes Thema«, holte Heinz in seiner dialektisch geschulten Erklärsprache aus. »Wir Kommunisten wollten nach dem Hitlerkrieg ein neues und schönes Land aufbauen, ohne Krieg und Ruinen, ohne Armut, aber auch ohne die Reichen und Kriegstreiber. Bei dieser Aufgabe sollten und sollen alle mitmachen. Trotzdem gibt es weiterhin Menschen, die das Alte behalten wollen und deshalb alles unternehmen, um den Fortschritt aufzuhalten. So war es leider auch mit deinen Pflegeeltern. Dein Pflegevater hat sich als Verbrecher erwiesen. Er ist ein Kriegstreiber und wollte den friedlichen Aufbau der DDR behindern. Deine Pflegemutter und deine Pflegeoma haben ihm dabei geholfen. Aber wir Kommunisten haben gut aufgepasst. Wer gegen uns arbeitet, wird bestraft, und so mussten wir auch deine Pflegeeltern einsperren, bevor sie noch mehr Unheil anrichten konnten.«

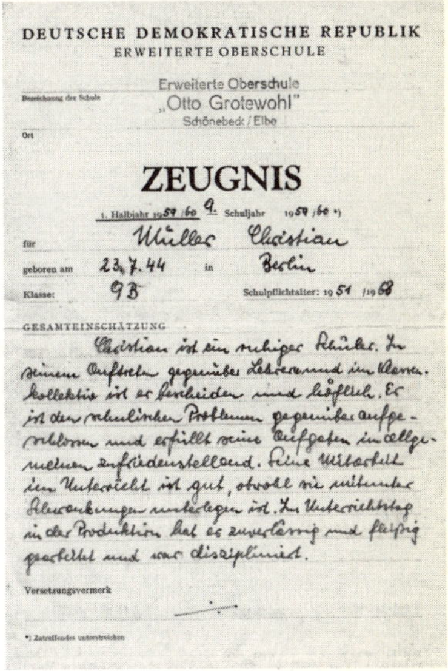
DEUTSCHE DEMOKRATISCHE REPUBLIK
ERWEITERTE OBERSCHULE

Bezeichnung der Schule: Erweiterte Oberschule „Otto Grotewohl"
Ort: Schönebeck / Elbe

ZEUGNIS

1. Halbjahr 1959/60 9. Schuljahr 1959/60 *)

für Müller Christian

geboren am 23.7.44 in Berlin

Klasse: 9B Schulpflichtalter: 1951/1968

GESAMTEINSCHÄTZUNG

Christian ist ein ruhiger Schüler. In seinem Auftreten gegenüber Lehrern und im Klassenkollektiv ist er bescheiden und höflich. Er ist den schulischen Problemen gegenüber aufgeschlossen und erfüllt seine Aufgaben im allgemeinen zufriedenstellend. Seine Mitarbeit im Unterricht ist gut, obwohl sie mitunter Schwankungen unterlegen ist. Im Unterrichtstag in der Produktion hat er zuverlässig und fleißig gearbeitet und war diszipliniert.

Versetzungsvermerk

*) Zutreffendes unterstreichen

Zeugnis der EOS für Christian Müller, 9. Schuljahr, 1959/60

Christian war reichlich verblüfft. Er hatte mit vielem gerechnet, aber nicht damit. Als einen Verbrecher konnte er sich seinen Vater gewiss nicht vorstellen. Andererseits: Krieg – dieser Begriff sagte Christian etwas. Er wusste zumindest so viel, dass Krieg etwas ganz Schlimmes war, das niemals mehr wiederkehren durfte. Wenn also sein Vater tatsächlich so einen Krieg herbeiführen wollte, dann, so versuchte der Junge sich einzureden, musste es wohl richtig gewesen sein, etwas dagegen zu unternehmen. Und warum sollte es nicht so gewesen sein? Christian hatte keinen Anlass, dem fürsorglichen Heinz zu misstrauen.

Viel wichtiger war für ihn sowieso, dass er jetzt nach einem halben Jahr Hausarrest wieder auf freiem Fuß war, so etwas Ähnliches wie eine Familie hatte und jemanden, der zuhörte, wenn er etwas loswerden wollte. Die Zuwendung der Großmutter konnte ihm gewiss niemand ersetzen, doch Tante Lieschens lange brachliegende Mutterliebe fühlte sich gut an. »Ich habe mich den Pflegeeltern in die Arme geworfen«, beschreibt Christian Dertinger heute sein damaliges Empfinden, »ich wollte einfach endlich wieder irgendwo zu Hause sein.«

Wie sich bald herausstellte, war es ein recht behagliches Zuhause. Die Pflegemutter stand beherzt mit beiden Beinen im Leben, umgeben von einer ausgesprochen kinderreichen Großfamilie. Allein Tante Lieschen hatte sieben Geschwister, die ihrerseits zahlreichen Nachwuchs hatten. Gerade jetzt im Sommer fand Christian bald Anschluss. Kaum behelligt von den Erwachsenen, konnten sich die Kleinen im Freien tummeln. Die herrliche Elblandschaft war ein einziger Abenteuerspielplatz, der Fluss lud zum Planschen und Baden ein, überall fanden sich Gefährten und jede Menge Tiere zum Spielen. Bald gehörte Christian wie selbstverständlich mit dazu. Der Adoptivsohn bekam sogar zwei eigene Hunde. Er hatte das wiedergewonnen, was er lange vermissen musste: Freunde, Freiheit, Anerkennung.

Im September war es mit dem Ferienvergnügen vorbei. Mit der Schule begann für Christian Müller der Alltag in seinem zweiten Leben. Erst jetzt, da er ein Gespür dafür hatte, stellte der Klassenneuling fest, wie viele Kriegswaisen und Flüchtlingskinder unter seinen Schulkameraden waren. Christian fühlte sich fast ein wenig entlastet: Wenn so viele andere Kinder im Krieg ihre Eltern und ihr Zuhause verloren hatten, dann relativierte sich auch sein eigenes Schicksal. Offenkundig war es nicht sein persönliches Defizit, ohne leibliche Eltern zu leben, sondern ein durchaus verbreitetes Phänomen. Die anderen Kinder schienen sich damit abgefunden zu haben, so suchte er, es ihnen gleichzutun. Was er zu tragen hatte, war nicht schön, aber eben auch nicht zu ändern. Langsam schien er aus seinem einstigen Leben herauszuwachsen, wie aus Kleidern, die zu klein geworden sind.

Nur ein Souvenir verband ihn noch mit seinem früheren Dasein, und darauf war er mächtig stolz. Heinz war es gelungen, das glänzende West-Fahrrad aus Kleinmachnow aufzutreiben und herbeizuschaffen. Im Kreis seiner Altersgenossen erhöhte das schicke Gefährt Christians Ansehen erheblich.

Auch ohne derartige Anlässe kam Heinz Rahnsch regelmäßig zu Besuch. Als Tante Lieschens Neffe gehörte er zur Familie. Und überdies hatte der Stasi-Offizier für Christian die Vormundschaft übernommen. Er war es schließlich, der sich des vergessenen Kindes auf eigene Faust angenommen hatte. Das hieß jedoch keineswegs, dass Rahnsch an seinen vorgesetzten Dienststellen vorbei oder gar gegen deren Willen gehandelt hätte. Zwangsadoptionen von Dissidentenkindern waren durchaus im Sinne des Staatsapparates. Später wurde dies unter Volksbildungsministerin Margot Honecker zur gängigen, wenngleich offiziell bestrittenen Praxis in der DDR. Regimegegnern, »Republikflüchtlingen« oder auch Bürgern, die schlicht den Gang zur Wahlurne verweigert hatten, wurden ihre Sprösslinge zwangsweise weggenommen. Unter neuer Identität, unauffindbar für ihre leiblichen Eltern, wuchsen nach Schätzungen Tausende dieser Kinder in linientreuen Familien auf. Vielfach entdeckten sie erst nach der Wende 1989, dass sie in Wirklichkeit von Eltern abstammten, die ihr Staat zu Feinden erklärt hatte. Sie selbst waren häufig im Glauben an das Regime erzogen worden, das in Wirklichkeit ihr Familienglück zerstört hatte.

Tante Lieschens Brüder waren allesamt überzeugte Kommunisten. Vom Gründungsjahr 1950 an waren sie durchwegs in irgendeiner Form für den Staatssicherheitsdienst tätig; der eine leitete die Stasi-Dependance von Schönebeck, der andere war Stasi-Chef in Magdeburg, der dritte überwachte das örtliche Traktorenwerk. Auch die Söhne, unter ihnen Heinz, verpflichteten sich der »Firma«. So nimmt es nicht wunder, dass Christian eine Laufbahn in Stasi-Diensten als üblichen Broterwerb betrachtete. Er kannte es nicht anders, als dass männliche Verwandte den parteiamtlichen Jargon benutzten, über ihre Tätigkeit vieldeutig schwiegen und ihn als »Komsomolzen« ansprachen. Auch ihm selbst schien dieser Lebensweg folgerichtig vorgezeichnet.

Einig war sich die Verwandtschaft darin, das neue Familienmitglied zu einem aufrechten Kommunisten zu formen. Für dieses Ziel reichte es nicht, den »Jungen Pionieren« anzugehören, auch die Kenntnis von Kampfliedern oder das Fernbleiben von der Kirche genügte nicht. Zur Grundausstattung gehörte schon eine dezidiert religionsfeindliche Haltung. Denn die Kirche, so bekam Christian zu hören, unterstütze die alten Nazis und die neuen Kriegstreiber, allen voran den westdeutschen Kanzler Adenauer. Das Adoptivkind erlernte den Zusammenhang: Weil seine »Pflegeeltern« diesem religiösen Wahn verfallen waren, waren sie zu Kriegstreibern und Verbrechern geworden. Also galt es, jene gefährlichen Bräuche auf jeden Fall zu meiden. Christian spürte während dieser Überlegungen, wie sehr das Bild seiner Eltern in seiner Erinnerung bereits verblasst war. Wenn ihn manchmal wehmütige Gefühle befielen, dann dachte er besonders an seine Geschwister und seine geliebte Großmutter. Wenig Sehnsucht hingegen verspürte er nach den düster-kühlen Sonntagsgottesdiensten in der Kleinmachnower Kirchenbaracke. In dieser Hinsicht war dem Neunjährigen der Atheismus sehr willkommen.

An die Stelle der frommen Gutenacht-Geschichten seiner Großmutter traten nun die spannenden Erlebnisse, die Onkel Albert aus seinem bewegten Kommunistenleben zu erzählen hatte: Wie er sich damals, Anfang der dreißiger Jahre, mit den Nazis und den Sozis Straßenschlachten geliefert hatte, wie er 1933 von Hitlers Schergen in Haft genommen wurde, wie er nach der Entlassung aus dem Konzentrationslager 1937 im Untergrund gegen das Regime gearbeitet und schließlich 1945 an der Seite der sowjetischen Befreier nach Schönebeck heimgekehrt war. Christian lauschte den Erzählungen mit Begeisterung, so wie jeder Junge seines Alters gern packende Geschichten hört.

Als Albert Maslowski wenige Jahre später überraschend an den Folgen eines Schlaganfalls starb, erlebte Christian zum ersten Mal bewusst, was der Verlust eines nahestehenden Menschen bedeutet. Der Pflegevater, der vom Alter her sein Großvater hätte sein können, war ihm ans Herz gewachsen. Doch in Tante Lieschens

Großfamilie war kein Raum für Trübsal und Einsamkeit. Als Onkel Albert in die Erde gesenkt wurde, stimmte die versammelte Sippschaft die »Internationale« an. Und bald schon übernahm ein »Onkel Emil« die Stelle des Verblichenen. Christian bekam eine neue Bezugsperson.

Tante Lieschen und Onkel Emil

So wuchs der Junge in Schönebeck heran, als hätte er schon immer dort gelebt. Keiner wäre auf die Idee verfallen, ihn als Außenstehenden zu betrachten. Christian war nicht der Einzige, den Krieg und Flucht hierherverschlagen hatten, und er war jetzt angekommen.

Doch nach zwei Jahren seines Aufenthalts drang zum ersten Mal wieder ein Schimmer seines früheren Lebens in die neue Welt. Seine Großmutter hatte seit ihrer Entlassung im Juli 1954 alle Hebel in Bewegung gesetzt, um die Familie wieder zusammenzusammeln. Die Bittgesuche, die Helene von Neuenstein an Politiker, Bischöfe, ja selbst an Walter Ulbricht, den mächtigsten Mann im Staat, gerichtet hatte, fanden zwar kein Gehör, erbrachten aber immerhin die aktuelle Adresse des vermissten Enkels. Dorthin entsandte die resolute Dame Christians Bruder Rudolf, nachdem der im Sommer 1956 aus dem Zuchthaus freigekommen war. Doch der wachsame Hüter Heinz hatte Vorsorge getroffen. Er nahm Christian beiseite und warnte ihn vor den Nachstellungen seiner früheren »Pflege«-Familie und den Legenden, die sie ihm auftischen würden. »Du weißt, wer du in Wirklichkeit bist«, schärfte er seinem Schützling ein. »Lass dir von denen nichts einreden!«

Der Appell zeigte Wirkung. Christian freute sich aufrichtig, seinen großen Bruder nach dreijähriger Trennung wiederzusehen. Er hörte ihm gern zu, spürte eine gewisse Vertrautheit – aber Vertrauen fasste er nicht. Auch Rudolf war vorsichtig genug, keine allzu vertraulichen Töne anzuschlagen. Ein früherer Versuch der Mutter, aus dem Gefängnis heraus Christians Rückholung zu erreichen, war schon einmal von den mächtigen Armen der Stasi-Krake abgewehrt worden. Nun gab es aber immerhin das erste Lebenszeichen des Jüngsten. Ein Kontakt war hergestellt, das Terrain erkundet.

In einem zweiten Anlauf machte sich dann die Großmutter noch im selben Jahr persönlich auf den weiten Weg. Seit ihrer Haftentlassung hatte sie in Annaberg-Buchholz im Erzgebirge Quartier bezogen. Wiederum instruierten die Betreuer Christian sorgsam vor dem Besuch, um ihn in seiner Standfestigkeit zu stärken. »Das ist eine betagte Frau«, erklärten sie ihm, »die möchte dich an ihrem Lebensabend noch einmal zu Gesicht bekommen.« Diesen Liebesdienst dürfe er der alten Dame nicht verwehren, solle sich aber ausreichend gefestigt zeigen, um möglichen Abwerbeversuchen zu widerstehen.

Doch die Versuchung hielt sich in Grenzen. Helene von Neuenstein war schon vor dem Gespräch so unter Druck gesetzt worden, dass sie gar nicht danach trachtete, Christian seiner neuen Umgebung zu entfremden. Sie brachte ihm einen Werkzeugkasten als Geschenk mit und beschränkte sich auf das bescheidene Glücksgefühl, den Enkel nach über drei Jahren wohlbehalten vorzufinden. Auch Christian hatte seine Zuneigung zur geliebten Oma nicht eingebüßt. Aber es waren Gefühlsregungen, die nichts zu tun hatten mit seinem gegenwärtigen Dasein. Der Besuch der alten Dame erwies sich als netter Nachmittag im Eiscafé, nicht viel mehr. Christian absolvierte seinen Auftritt so zufriedenstellend im Sinne seiner Instrukteure, dass sie ihm sogar einen Gegenbesuch bei seiner Großmutter gewährten. Sie hielten den Zwölfjährigen inzwischen für ideologisch ausreichend gefestigt, um den »Klassenstandpunkt« auch eigenständig zu vertreten.

So befand Christian sich zu Weihnachten 1956 im Zug Richtung Annaberg-Buchholz, auf Stippvisite in sein früheres Leben. In der Wohnung der Großmutter, die einem Flüchtlingsquartier glich, traf er auch noch einmal seine Geschwister. Wieder erfasste ihn dieses schizophrene Empfinden, in ihrer Gesellschaft vertraut und vollkommen fremd zugleich zu sein. Er mochte sich vorkommen wie jemand, der plötzlich zu erkennen glaubt, dass seine Familienangehörigen einer Sekte angehören und merkwürdige Theorien zu verbreiten beginnen. Rudolf und Oktavie berichteten nun deutlich offener und ausführlicher, was dem Vater, der Mutter und den Anwesenden wirklich widerfahren war. Und tatsächlich geriet der Jüngste für einen Moment ins Grübeln. Wenn all das nun doch die Wahrheit war und nicht die Räuberpistole einer verschwörerischen Sippschaft? Wenn sich die Ereignisse wirklich so zugetragen hatten? Was dann, sinnierte er. Dann wäre ja Tante Lieschen diejenige, die ein falsches Spiel betreibt! Und das durfte nicht sein! Er durfte auf keinen Fall seine gegenwärtige Mutter infrage stellen. Das war sein Leben, seine neu geschaffene Existenz, und die wollte er um keinen Preis verlieren. Christian widerstand allen Anfechtungen und verabschiedete sich wieder von der Welt der Kindheit. Seine Geschwister sollte er über drei Jahrzehnte lang nicht wiedersehen. Nach den Erfahrungen, die sie mit dem Polizeistaat gemacht hatten, flohen Rudolf und Oktavie Dertinger im Februar 1957 in den Westen. In Christians Augen bestätigte dies nur das Bild, das man ihm vorgegaukelt hatte. Ohne Kenntnis ihrer Beweggründe sah er in den älteren Geschwistern vor allem »Verräter«, die selbstsüchtig ihr Land und ihre Familie im Stich gelassen hatten.

Christian im Alter von zwölf Jahren mit seinem West-Fahrrad; dieses Foto erhielt seine Mutter im Gefängnis in Halberstadt 1956

Diese Familie, so schien es, hatte die Macht über ihn endgültig verloren. In seinem Inneren hatte er mit seinem Leben als Christian Dertinger abgeschlossen. Alle Kontaktbemühungen seiner Großmutter konnten dies nicht mehr ändern. Wenn ein Brief aus Annaberg eintraf, schickte er manchmal eine Karte zurück – eine Pflichtübung; gezeichnet: Christian Müller. Mit diesem Namen verband er jetzt familiäre Gefühle. Voller Überzeugung ging er zu den »Jungen Pionieren« – und nicht in den Gottesdienst. Selbstverständlich absolvierte er die Jugendweihe – und nicht die Erstkommunion. In der Schule strengte er sich an, weil Heinz der Ansicht war, dass das Abitur für seinen künftigen Werdegang von großer Bedeutung sein würde.

Sollten immer noch Zweifel geblieben sein an seiner amtlich verfügten Identität, so wurden diese an Christians 14. Geburtstag im Sommer 1958 getilgt. Denn zu diesem Stichtag war er berechtigt, einen Personalausweis zu beantragen. Dafür benötigte der »Kriegswaise« einen Nachweis seiner Herkunft. Für Heinz und seine »Firma« kein Problem. Nur wenige Tage später fand Christian in der Post aus Berlin seine vermeintliche Originalgeburtsurkunde vor. Nun hatte er es schwarz auf weiß, mit einem Stempel besiegelt. Name: Christian Müller, geboren am 23. Juli 1944, Geburtsort: Berlin. Das amtliche Dokument – in Wirklichkeit eine Wertarbeit der Stasi-eigenen Fälscherwerkstatt – war für ihn wie das Echtheitszertifikat zu seinem zweiten Leben.

Dieses unterschied sich indes nicht so aufregend von dem seiner Altersgenossen. Christian hatte seine Freunde, pflückte vorsichtig die ersten zarten Pflänzchen der Liebe und verlor sie auch wieder aus den Händen. In den Ferien fuhr er mit der gesamten Verwandtschaft Tante Lieschens zur Sommerfrische, meist in die nähere Umgebung. Auch mit der Klasse unternahm Christian Ausflüge. Doch sein Lieblingsplatz blieb das Elbufer vor der Haustür. Die kindliche Hingabe für die Aktivitäten der »Jungen Pioniere« wich einem gewissen jugendlichen Pragmatismus. Der Mitläufer lernte zu unterscheiden zwischen den Pflichtübungen, die es zu bewältigen galt, etwa dem alljährlichen Aufmarsch zum 1. Mai, und jenen Freizeitbeschäftigungen, die wirklich Spaß machten. Voller Enthusiasmus fuhr Christian beinahe jedes Wochenende mit dem Fahrrad nach Zackmünde, um in der »Gesellschaft für Sport und Technik« die Kunst des Segelflugs zu erlernen. Im Schwebeflug durch die Lüfte fand Christian sein kleines Freiheitsgefühl.

Ein Meister wurde der Jugendliche auch im Volkssport der DDR-Gesellschaft: dem mehrgleisigen Fahren. Während man bei jeder öffentlichen Gelegenheit Abscheu über die Dekadenz der restaurativen Adenauer-Gesellschaft zum Ausdruck zu bringen hatte, amüsierte man sich insgeheim ganz gern in den großen Lichtspielhäusern Westberlins, sobald sich eine Möglichkeit fand.

Zu Hause standen die Werke der weltanschaulichen »Klassiker«, allen voran Karl Marx, im Regal. Aber auf die Bibeln der Staatsdoktrin verschwendete der Junge keinen Blick, er vertiefte sich lieber in die Abenteuer von »Lederstrumpf«.

Dabei identifizierte er sich durchaus leidenschaftlich mit »seiner« Republik. Er freute sich über jede Medaille, die ein ostdeutscher Sportler errang, empfand Stolz und Genugtuung, wenn etwa in Dresden ein Passagierflugzeug mit Düsenantrieb entwickelt oder wieder ein neues Stahlwerk eingeweiht wurde. Natürlich blieb der Westen auf den meisten Gebieten überlegen. Was etwa Jeans oder flotte Autos anging, so konnte auf diesem Sektor die volkseigene Produktion nicht so recht mithalten. So verbohrt war Christian nicht, um das nicht zuzugeben. Aber er betrachtete den Vorsprung des Westens eher als Ansporn, dem Fortschritt nachzueifern, denn als Anreiz zur Flucht. Im Gegenteil: Er vermochte einfach nicht zu begreifen, wieso Ende der fünfziger Jahre ostdeutsche Bauern zu Hunderttausenden das Land in Richtung Westen verließen, nun, da sie das Privileg angeboten bekamen, in die staatliche Genossenschaft, die LPG, einzutreten! Wenigstens in Christians Kinderglauben existierte es noch, das »Arbeiter-und-Bauern-Paradies«.

Der Schüler hatte nicht das Gefühl, dass ihm irgendetwas fehlte in seinem Leben. Im Herbst 1959 wechselte er auf die Erweiterte Oberschule, wo er als »Vollwaise« fortan von einem fürstlichen staatlichen Stipendium in Höhe von sechzig Mark im Monat zehren durfte. »Wenn das so weitergegangen wäre«, sagt Christian Dertinger heute, »wäre ich mit Sicherheit Genosse geworden. Ich hätte eine typische angepasste DDR-Laufbahn eingeschlagen.« Nach dem Abitur, so hatte der Vormund für ihn beschlossen, sollte Christian nach Moskau gehen, um dort ein Hochschulstudium zu absolvieren.

Doch aus der linientreuen Kaderkarriere wurde nichts. Und es war ausgerechnet der väterliche Freund Heinz Rahnsch, der die Abkehr einleitete. Es geschah am 16. November 1960, einem Samstag. Wie damals noch üblich, fand an diesem Tag Unterricht statt, und Christian war gerade im Aufbruch zur Schule begriffen, als Heinz überraschend zu Besuch kam. Dass irgendetwas Außergewöhnliches geschehen war, ließ sich auf den ersten Blick erkennen. »Wir müssen mal miteinander reden«, sagte Heinz und zog Christian ins Zimmer. Sogar seine Stimme klang anders als sonst, geschäftsmäßiger. Die kumpelhafte Freundlichkeit war verflogen. Aufmerksam geworden, traten auch die Tante und der Onkel hinzu. Dann folgten drei kurze Sätze von verheerender Sprengwirkung. Sie sollten das Leben der drei Beteiligten grundlegend erschüttern: »Deine Mutter ist aus dem Gefängnis. Sie verlangt dich zurück. Du musst nach Annaberg!« Keine Vorwarnung, keine vorsichtige Hinführung, keine Erklärung. Ohne jeden Versuch, das Geschehene zu beschönigen, trug der Stasi-Offizier seine Botschaft vor – wie eine lästige Pflichtübung. Christian traf sie wie ein elektrischer Schlag, es wurde ihm schummrig vor Augen. »Mutter« hatte Heinz gesagt. Der Junge sah Tante Lieschen an, die schlagartig erbleichte und sich auf das Sofa setzen musste. Sie starrte mit entsetztem Gesichtsausdruck Onkel Emil an, der aber nur verständnislos vor sich hin grinste. Seine Pflegetante konnte mit der Bemerkung nicht gemeint gewesen sein, sie war ja mindestens genauso perplex wie der betroffene Sohn. Also blieb nur die so bezeichnete »Adoptivmutter« Maria Dertinger, die doch, wie es immer hieß, schlimmer »Verbrechen« bezichtigt wurde. Wieso sollte diese Frau nun auf einmal wieder seine Mutter sein? Mühsam versuchte Christian, seine Ratlosigkeit in Worte zu fassen, worauf Heinz nur formelhaft wiederholte: »Ja, du musst nach Annaberg, so sind nun mal die Gesetze.«

Darauf hatten die Tränen keinen Halt mehr, bei ihm nicht und auch nicht bei seinen Pflegeeltern. Sie schwemmten die Worte weg, soviel hat Christian Dertinger heute noch klar im Gedächtnis. Was danach geschah, daran kann er sich nicht mehr erinnern. Der Film ist an dieser Stelle gerissen, und er zweifelt heute daran, ob er damals das Geschehen überhaupt bei vollem Bewusstsein erlebte. Es war, als ob ihn ein Blackout befallen hätte, ein Koma im Wachzustand. Er weiß auch nicht, auf welche Weise er sich von Tante Lieschen verabschiedet hat, als die zwei Stasi-Männer am nächsten Tag kamen, um ihn abzuholen. Der Abschied von der mütterlichen Betreuerin, die ihm so viel bedeutet hatte, ist ebenso aus seiner Erinnerung getilgt wie die Fahrt fort von dem Ort, der seine Heimat geworden war. Verschwommen sieht er sich auf dem Rücksitz eines Stasi-Dienstfahrzeuges sitzen, eine Welt hinter sich zurücklassend, die sein Leben war – sein zweites Leben.

Die Erinnerung setzt erst wieder ein, als er sich in Annaberg-Buchholz in der Wohnung seiner Großmutter wiederfand. Plötzlich stand Christian dieser fremden Frau gegenüber, die sich unvermittelt auf ihn stürzte, ihn an sich zog und mit all ihrer in acht Jahren Trennung aufgestauten Mutterliebe umfing. Natürlich erkannte er die Mutter wieder, aber sie war ihm vollkommen fremd. Eine große, elegante Dame mit dunklen Haaren hatte sich damals aus seinem Leben verabschiedet, und nun stand ihm eine kleine, grauhaarige, beinahe pummlige Frau gegenüber, die ihn an ihr Mutterherz drückte. Er fühlte sich überrumpelt, einem fremden Willen unterworfen.

Christian war froh, wenigstens die vertraute Großmutter in seiner Nähe zu wissen. So spürte er etwas Beständigkeit auf dem schwankenden Boden. Der Wiedersehensschock wurde auch nicht abgemildert, als die Mutter zu sprechen begann. Sie verlor sich in einen eigentümlichen Monolog, sagte sich von ihrer adligen Herkunft los, redete der staatlichen Enteignungspolitik das Wort und zeigte sich überzeugt, dass im Westen der Faschismus auf dem Vormarsch sei. Acht Jahre Zuchthausaufenthalt waren nicht ohne Wirkung geblieben. Maria Dertinger hatte in der Haft Kommunistinnen kennen und bewundern gelernt, die auf ihre Weise tiefgläubig waren. Möglicherweise hatte deren Gedankengut auf sie abgefärbt. Vielleicht meinte die Mutter auch, sie müsse vor dem von der Stasi betreuten Sohn ihre Regimetreue unter Beweis stellen. Auf jeden Fall war die Wirkung ihrer Worte fatal. Christian verstand die Welt nicht mehr. Er fühlte sich wie in einem absurden Schauspiel mit falsch besetzten Rollen. »Heute denke ich mir«, resümiert Christian Dertinger im Rückblick, »hätte die Stasi mich in schonsamer Form auf diese Begegnung vorbereitet und mir die Chance gegeben, mich vorher in würdiger Form von meinen Pflegeeltern zu verabschieden, so hätte sich mein Verhältnis zu meiner Mutter und der DDR besser entwickelt.« So aber schaltete der Junge wie im Reflex auf Abwehr.

Wie ein Reisender, der auf dem falschen Bahnsteig vergeblich auf den Anschlusszug wartet, blieb er da, in seinem dritten Leben. Beinahe symbolhaft nächtigte der 16-Jährige in seinem provisorischen Quartier erst einmal auf einer Matratze. Er vermied jede Diskussion, um wenigstens Ruhe zu haben im Sturm seiner widerstreitenden Gedanken. Das Geschehen um sich ließ er teilnahmslos über sich ergehen.

Einmal noch, zu Ostern 1961, gelang ihm ein kurzer Ausreißer in sein vormaliges Leben. Aber er fand die Welt dort schon zerstört, als wäre mit seiner Abreise alles zusammengebrochen. Tante Lieschen hätte er beinahe nicht wiedererkannt. Sie war nur noch ein Häufchen Elend, von schwerer Krankheit gezeichnet. Unter Tränen klammerte sie sich an ihn. Sie starb kurz nach dieser letzten Begegnung. Onkel Emil nahm sich bald darauf das Leben. Wie Christian selbst waren die beiden alten Leute der Stasi-Legende vom elternlosen Kriegswaisen Christian Müller aufgesessen und sahen sich nun ihres Lebensinhalts beraubt. Christian Dertinger ist heute überzeugt davon, dass es die Enttäuschung war, an der sie letztlich zerbrachen. Der organisierte Betrug, mehr noch an seinen Pflegeeltern als an ihm selbst, ist für den einstigen Ziehsohn bis heute der wundeste Punkt seiner Lebensgeschichte geblieben.

Nach dieser erschütternden Begegnung konnte er nicht einfach wieder zurück in sein Annaberger Exil. Seine Welt war aus den Fugen geraten. Christian suchte Zuflucht im turbulenten Inselleben Westberlins, wo er frühere Freunde der Eltern kannte. Noch trennte keine Mauer die DDR-Bürger vom Vorposten der westlichen Welt. Auf den ersten Blick präsentierte sich dem Zaungast der »Klassenfeind« ganz anders, als Lehrer, Betreuer und Propaganda immer glauben gemacht hatten: Die Menschen in Westberlin schienen nicht so drückend unter Ausbeutung und Arbeitslosigkeit zu leiden, sondern tranken Coca-Cola, amüsierten sich in Kneipen und sahen sich die Produkte der amerikanischen Traumfabrik auf riesigen Leinwänden an. Aus dem Radio drangen Nachrichten, die alles auf den Kopf stellten, was bis dahin Gültigkeit hatte. In diesem Freiraum fand Christian endlich Zeit, seine Gedanken zu sortieren. Er hatte große Lust, einfach im Westen zu bleiben, es seinen Geschwistern gleichzutun. Von seinem Staat, den er in Gestalt von Heinz und seiner »Firma« kennengelernt hatte, fühlte er sich ohnehin verraten.

Aber es gab eine Kraft, die stärker war. Der Grenzgänger musste immer wieder an die Großmutter denken, die ihm fehlte, an die Mutter, deren ambivalente Situation er zu begreifen begann und an den Vater im Gefängnis, den er jetzt nicht im Stich lassen durfte. So verschob er seine Auswanderungspläne und zog nach Annaberg. Ein Vierteljahr später, im August 1961, senkte sich der Eiserne Vorhang auf Dauer und verwehrte unwiderruflich den Zugang zum Westen.

Christian musste sich nun auf sein neues Leben in alter Identität einlassen, und er hielt an diesem Vorsatz fest. Die Stasi hatte es im Hintergrund so arrangiert, dass er umstandslos in die Annaberger Oberschule wechseln konnte. Plötzlich fand sich wie durch ein Wunder auch seine ursprüngliche Geburtsurkunde wieder. Sie dokumentierte, schwarz auf weiß, die Lügen und Legenden der Behörde. Allmählich wurde dem jungen Mann bewusst, dass das Zerrbild, das er von seiner leiblichen Familie erhalten hatte, nichts weiter als ein Propagandakonstrukt war. Er nahm sich vor, Frieden mit seinen Nächsten zu schließen, auch wenn sich das Gefühl der Fremdheit nicht so einfach überwinden ließ. Doch er sah ein, dass er Mutter und Großmutter ihr ohnehin schwieriges Dasein nicht noch schwerer machen durfte. Als Zeichen des guten Willens begleitete er die beiden sonntags in die Kirche, wo nach seiner damaligen Vorstellung ein anachronistischer Kult stattfand. Doch zu seiner Überraschung stellte Christian fest, dass in dieser Gemeinde eine Atmosphäre herrschte, die ihn auf Anhieb ansprach. Es war ein Geist, der dem vorherrschenden Meinungsdruck widerstand. In seinem enttäuschten Glauben an die Staatsreligion fühlte Christian sich nun an diesem Ort aufgehoben. Zum ersten Mal seit langer Zeit hatte er das sichere Empfinden, auf der richtigen Seite zu stehen. Der verlorene Kirchen-Sohn wurde Ministrant, er vertiefte sich in die Kirchengeschichte und übernahm die Leitung einer katholischen Jugendgruppe.

Christian Dertinger war für das Regime verloren. Das spürte er nirgends so stark wie bei der Wiederbegegnung mit seinem Vater. Als er dem großgewachsenen Häftling in der Besucherzelle des Zuchthauses von Bautzen Mitte 1961 zum ersten Mal seit seiner Kindheit wieder gegenüberstand, war alles auf Anhieb vertraut, so als wäre ihre gemeinsame Welt nie zerstört worden. Das Haar des Vaters war grauer geworden, die Figur noch etwas schlanker, aber das Strahlen in den blauen Augen, die gewinnende Art, die freundliche Gelassenheit: all das wirkte wie ein wohlvertrauter Gruß aus der Kindheit. Der Besucher fand keinen gebrochenen Menschen vor. Demütigung, Folter, Erpressungen der frühen Haftzeit waren dem prominenten Strafgefangenen nicht anzumerken. Trotz strengen Verbots fiel der Sohn dem Vater um den Hals. Die Jahre des existenziellen Umbruchs waren überbrückt. Christian erzählte von der Schule, dem Abitur, seinen Studienplänen, von Freunden und Verwandten, sie verstanden sich, als lägen nicht Welten zwischen ihnen. Der Vater, in früheren Jahren eher

Gast als Begleiter, wurde nun für den Jungen zum Anker. »Ich hatte meinen Vater wiedergewonnen und schämte mich, dass ich daran je Zweifel gehabt hatte«, sagt Christian Dertinger heute. »In diesem Moment erst war ich in meinem dritten Leben angekommen.«

Es war ein Leben in engen Grenzen. Nach dem Mauerbau hatten die Bürger der DDR keine Wahl mehr. Auch Christian Dertinger arrangierte sich mit dem System. Aber er passte sich nicht an – nicht mehr, das war vorbei. Er zog es vor, über die Stränge zu schlagen. Mit ausgesuchtem Vergnügen verbreitete er vor versammelter Klasse Botschaften aus dem verbotenen Westsender RIAS. Als die staatliche Jugendorganisation FDJ die Anordnung erteilte, Antennen, die für den Westempfang geeignet waren, von den Dächern zu montieren, weigerte er sich, dabei mitzutun. Auch Raufereien mit FDJ-Aktivisten gehörten zum Rebellenprogramm. Noch vor Einführung der Wehrpflicht erging in der Schule die Aufforderung, sich für drei Jahre »freiwillig« zur Nationalen Volksarmee zu melden. Der Einzige aus dem Klassenverband, der dieser Einladung nicht Folge leistete, war Christian Dertinger. Er hatte seinen Ruf weg. Gravierende Nachteile blieben ihm jedoch erspart. Unerkannt aber unverkennbar hielt die Stasi weiterhin ihre schützende Hand über ihn – sehr darauf bedacht, jedes Aufsehen zu vermeiden.

Aber auch ohne die Patronage der Überwachungsbehörde verstand es der Renegat, seinen Weg durch die realsozialistischen Klippen zu finden. Auf die Frage im Abituraufsatz »Wer ist ein guter Deutscher?« verwies er auf den Dichter Heinrich Heine, der zwar nicht gefragt war, aber als unangreifbar galt. Durch die heiklen Prüfungsfragen zur »sozialistischen Moral und Ethik« in Staatsbürgerkunde lotste ihn ein wohlmeinender Musiklehrer. Christian lieferte an Zugeständnissen, was notwendig war, aber er suchte bevorzugt nach Nischen in der kollektivierten Gesellschaft. So entschied er sich für das Theologiestudium an der Universität Halle. Die katholische Studentengemeinde bot ihm einen beinahe staatsfreien Kosmos. Der Dienst in der Volksarmee blieb dem angehenden Priester ohne aufwendige Prozedur erspart, im kleinen Kreis war Raum für offene Gespräche, im Fernsehzimmer der Studentengemeinde fand er Programme von »drüben« und in ihrer Bibliothek Bücher aus dem Westen.

2. v. links: Christians Vater, Georg Dertinger, ganz rechts: die Mutter, Marie Dertinger, davor: die Großmutter, Hella von Neuenstein, 1967

Im Refugium der Bücher lernte er auch die Zahnmedizinstudentin Cornelia kennen und verliebte sich in sie. Damit war seine Pilgerreise in das katholische Priesteramt schon wieder beendet, womit Dertinger sich den geballten Unmut seiner frommen Mutter zuzog. Doch zum ersten Mal hatte er vollkommen eigenständig über sein Leben entschieden. Nicht mehr der Staat, die Stasi, die Eltern, die Kirche oder Konventionen lenkten seine Schritte, sondern sein eigenes Orientierungsgefühl und die Anziehungskraft der Liebe.

Als der Vater 1964 nach über elf Jahren aus der Haft entlassen wurde, fand die Familie unter dessen ausgleichendem Patronat ihre Eintracht wieder. Christian heiratete Cornelia, die werdende Mutter seines ersten Sohnes. Mit Frau und Kind zog er zusammen mit den Eltern und der Großmutter in eine geräumige Altbauwohnung in Leipzig, die der Vater ergattert hatte. Von der Theologischen Fakultät wechselte er an die Hochschule für Bauwesen, seine Frau studierte Kunstwissenschaft.

Nach all den Trennungen und Zerwürfnissen waren die Dertingers wieder vereint – aber in der auf Einheitlichkeit getrimmten Republik isoliert. Name und Fotos des Vaters waren längst aus allen Büchern getilgt, in der amtlichen Geschichtsdarstellung hatte es einen Außenminister Georg Dertinger nie gegeben. Selbst in den Dokumenten des Auswärtigen Amtes existierte der frühere Amtschef nicht mehr. Die Stasi hatte gründliche Arbeit geleistet. Dertingers Wohnung war verwanzt, die Nachbarn aus dem Haus standen in Diensten der »Firma«. Besuche, Kontakte, Briefe der Familie: nichts blieb unbeobachtet, ungehört, ungelesen. Jede private Feier fand ihren Niederschlag in den Ordnern der Überwachungsbehörde. Auf den Listen der Staatsorgane waren die Dertingers als »negative feindliche Elemente« registriert. Im Fall einer politischen Krise wären sie umgehend interniert worden.

Christian Dertinger, der nach seinem Studium eine Stelle als Programmierer fand, hatte keine Aussichten, jemals eine Chefposition zu erlangen oder auch nur eine Aktennotiz oder Mitteilung zu Gesicht zu bekommen, die als Verschlusssache deklariert war. Die Zugehörigkeit zur Betriebskampfgruppe lehnte er ebenso ab wie die Anwerbungsversuche der Stasi. Trotz aller Nachstellungen verließ die Familie ihr Land nicht, durchaus zur Verwunderung der Behörden. Die Devise des Patriarchen, eine Ausreise käme einer Räumung der mühsam erkämpften Positionen gleich, war der Maßstab, auch für den Sohn. Christian Dertinger richtete sich in seinem DDR-Dasein ein, er hatte seine Gemeinde, seine Familie und seinen Vater wieder. Mit dem kaltgestellten Politiker, der in seiner Haftzeit ebenfalls zum katholischen Glauben gefunden hatte, verband ihn bis zu dessen frühem Tod im Jahr 1968 eine Seelenverwandtschaft, wie er sie bis dahin nicht gekannt hatte. Dem Vermächtnis seines Vaters fühlt sich Christian Dertinger bis heute verpflichtet. Von ihm hat er auch die Wesensart geerbt, der Freude den Vorzug zu geben vor dem Schmerz, mit Zuversicht die Welt zu betrachten und nicht zu klagen. Er gehört dem Propsteichor der örtlichen Trinitatis-Gemeinde an. Heute ist er froh darüber, dass er 1989 in Leipzig unmittelbar dabei sein durfte, als die DDR zu Grabe getragen wurde. Er ist dankbar, dass er an seinem Schicksal nicht zerbrochen ist. »Ich fühle mich nicht meiner Kindheit beraubt«, sagt er mit leiser Stimme, »ich hatte eine schöne Kindheit an zwei ganz verschiedenen Orten. Aber irgendwie ist meine Jugend doch aus den Fugen geraten.« Schmerzhafte Narben sind geblieben. Das ruinierte Leben des Vaters, der Verrat an Tante Lieschen und Onkel Emil, der Betrug des Stasi-Offiziers Heinz, dem er so viel Vertrauen geschenkt hatte. Bis heute wäre es für Christian Dertinger eine unerträgliche Vorstellung, seinem einstigen »Retter« noch einmal über den Weg zu laufen. Was dann geschehen würde, möchte sich der sonst so gutmütige Mann lieber nicht ausmalen. Ebenso wenig möchte er den Gedanken ausspinnen, wie es wäre, heute immer noch Christian Müller zu sein.

3. Kapitel
Das geraubte Mädchen

Wenn man der energischen älteren Dame an dem Hang so zusieht, könnte man für einen kurzen Moment in Zweifel geraten über ihren Wirklichkeitssinn. Mit ausholenden Handbewegungen zeichnet sie ein ganzes Dorf auf die grüne Wiese. Hier unser Haus, dort der Bäcker, da drüben der Gemischtwarenladen, die Schule, das Rathaus, die Kirche …

Doch da ist absolut nichts, was an ein Dorf auch nur erinnern würde: keine Ruine, kein Mauerstück, nicht ein Stein. Die wiesengrüne Senke ist ein anmutiges Stück Natur, aber erkennbar keine Stätte menschlicher Siedlungstätigkeit. Unverdrossen setzt Marie Šupikova ihre Phantom-Führung fort. »Hier auf diesem Hügel«, sagt die grauhaarige Dame und zeigt mit entschlossener Geste auf einen Hang unterhalb eines Rosenbeets, »sind wir im Winter Schlitten gefahren. Dort unten in der Talsohle haben wir im Sommer gebadet.« An der bezeichneten Stelle ist nichts zu erkennen, keine Spur von Wasser, nur dichtes Gras, das über die Geschichte gewachsen ist.

Noch nicht einmal der Dorfteich ist geblieben. Er musste den Schutt der Häuser schlucken, die hier tatsächlich einmal standen. Im Sommer 1942 wurden sie samt und sonders abgerissen. Das ganze Dorf wurde buchstäblich dem Erdboden gleichgemacht, mit deutscher Gründlichkeit jede Spur menschlichen Lebens getilgt – und damit auch Marie Šupikovas Kindheit. Kein Haus, keine Straße, kein Baum geben heute noch Zeugnis davon. Weder ihre Eltern noch den Bruder noch die allermeisten ihrer Freunde hat sie aus dieser Zeit behalten. Sogar sie selbst sollte nicht mehr die bleiben, die sie einmal war – und beinahe wäre das auch gelungen.

Nach dem Willen der damaligen Besatzungsherren hätte Marie im Alter von zehn Jahren mit dem Elternhaus, der Familie, den

Freundinnen auch ihr tschechisches Leben verloren und sie würde wohl heute noch unter dem Namen Ingeborg Schiller in einer deutschen Stadt leben – ohne Ahnung ihrer ursprünglichen Herkunft, mit der sie nur noch vage Erinnerungen verbinden. »In meinem Kopf wird das immer weiterleben«, sagt sie heute. Sie wurde ihrer Kindheit beraubt, und gerade deshalb kommt sie davon nicht los.

Es war eine glückliche Kindheit in dem tschechischen Dorf Lidice, 20 Kilometer westlich von Prag. Die 1932 geborene Marie Doležalova, so ihr Mädchenname, hatte stets andere Kinder und jede Menge Tiere um sich. In der Dorfschule, über deren Eingangstor die Worte »Die Schule – mein Glück« prangten, gab es zwei Klassen für alle Dorfkinder. Ihr Leben spielte sich meist unter freiem Himmel in einem Radius von wenigen Kilometern ab, die Kinder hüteten Enten oder Gänse, spielten Fangen, badeten im Sommer, fuhren Schlitten oder Schlittschuh im Winter – auf dem Teich, der heute trockengelegt ist.

Maries einziger, fünf Jahre älterer Bruder Josef machte eine Maurerlehre. Während der Vater, wie die meisten Männer aus dem 500-Seelen-Dorf, seine Schichten im Stahlwerk der nächstgelegenen Kreisstadt Kladno schob, während die Mutter den Bauern bei der Ernte half, wuchs die kleine Marie die meiste Zeit in der Obhut ihrer Großmutter auf – eine Märchen-Oma, wie sie in das Bild einer ungetrübten Kindheit passt.

Auf dem Dorfplatz stand ein Denkmal des tschechischen Religionsrebellen Jan Hus. Jeden Sonntag hielt der evangelische Pfarrer, der nebenbei eine Bienenzucht pflegte, in der Dorfschule den Gottesdienst ab. Die mehrheitlich kommunistisch orientierten Ortsbewohner nahmen daran teil, und auch ihre Feiertage begingen sie mit kirchlichem Segen. Nach der Schicht arbeiteten die meisten Stahlwerker noch auf dem Feld, zogen etwas Getreide und Gemüse, hielten ein paar Tiere für den Eigenbedarf. Wenngleich niemand reich dabei wurde, so kannten die Kinder keinen Hunger – auch als mit den deutschen Besatzern Lebensmittelmarken Einzug hielten.

Im März 1939 hatte Hitlers Reich wider Versprechungen und Völkerrecht die »Resttschechei« annektiert, das Rumpfstück, das nach Besetzung und Abtrennung großer Teile der demokratischen Republik bis dahin noch unabhängig war. Marie erinnert

Marie (oberste Reihe, 3. v. l.) mit ihrer Schulklasse in Lidice, 1. Juni 1942

sich, dass sich für ein paar Tage deutsche Soldaten im Dorf aufhielten. Sonst änderte sich nicht viel im Leben des Mädchens, außer dass jetzt in der Schule der Deutschunterricht verpflichtend war und auf dem Lehrplan auch die deutsche Hymne und Hitlers Lebenslauf standen.

Dass ihr Opa eines Tages plötzlich nicht mehr da war, nahm Marie nicht als tragisches Ereignis wahr. Die Erwachsenen trübten ihr Kindergemüt nicht mit Berichten von der Einkerkerung des vormaligen kommunistischen Bürgermeisters von Lidice. Nach einiger Zeit kehrte er als gebrochener Mann aus den Folterkellern der Gestapo zurück. Gegenüber den Kindern und den Nachbarn verlor er kein Wort darüber, was ihm widerfahren war. Marie hat nur verschwommene Erinnerungen an den alten Mann behalten, der bald darauf starb.

Dass auch über das ganze Land das Urteil schon gesprochen war, vermochte sich niemand auszumalen. Dass die »Herrenmenschen« Pläne hegten, am Ende des Krieges die tschechoslowakische Bevölkerung in ihrem »rassisch wertvollen« Teil dem deutschen Volk einzugemeinden, die »minderwertigen Slawen« auszusiedeln, zu Arbeitssklaven herabzumindern oder in Massen zu ermorden, davon drang keine Kunde in den kleinen Arbeiterort. Wer sich gelegentlich in der Hauptstadt aufhielt, konnte dort Wehrmachts- und SS-Soldaten über das altehrwürdige Kopfsteinpflaster paradieren sehen. Seit 1941 residierte auf dem Prager Burgberg Hradschin als eigentlich starker Mann Hitlers Polizeichef Reinhard Heydrich. Von Lidice schien dies alles Welten entfernt. Die Männer des Ortes spielten Fußball, musizierten im Blasorchester und fanden sich hinterher in der Dorfschenke zusammen – wie es schon immer war, hier und anderswo in der Welt.

Jahrzehnte später steht Marie Šupikova an der Stelle, wo einmal ihr Elternhaus war. Der Besucher findet davon nicht mehr die geringste Spur, aber das präzise Gedächtnis der Fremdenführerin hilft über Zeiten und Verwüstungen hinweg. »Hier war unser Garten, in dem wir ein paar Haustiere und etwas Geflügel hielten, dort oben war das Zimmer, in dem ich schlief«, sagt sie in ihrem Deutsch, das bei aller Mühsal der Wortfindung noch immer geschliffen klingt. Seit Jahren begleitet die Tschechin Besucher aus aller Welt, Touristen, Schulklassen, Geschichtsinteressierte, durch das Ödland, das von ihrem Heimatort geblieben ist. Oft sind es Gäste aus dem früheren Land der Täter, und sie empfängt sie in einem Geist der Versöhnung, der für sie über jeder persönlichen Verbitterung steht. Ausdauernd bemüht sie sich, den Zuhörern ihre unbegreifliche Geschichte begreifbar zu machen und den verschwundenen Ort noch einmal vor Augen zu führen: »Unser Haus war das erste Gebäude am Ortseingang. Direkt an unserer Haustür vorbei führte damals die Hauptstraße nach dem Nachbarort Bustehrad in Richtung Prag.«

Auf diesem Weg kam in der Nacht des 9. Juni 1942 das Unheil über das Dorf. Und als erstes traf es das nächstgelegene Haus am

Ostrand der Ortschaft. Gegen 23 Uhr pochte es lautstark an der Pforte der Doležals. Die neunjährige Tochter des Hauses hatte zu diesem Zeitpunkt schon geschlafen und vernahm jetzt schlaftrunken, wie deutsche Gestapobeamte und Schutzpolizisten die Familie antrieben, sich schnell anzuziehen und mitzukommen. Minuten später eilten die fünf Hausbewohner, die Eltern, die Großmutter und die beiden Kinder, unter Polizeibewachung zum Hof des Bauern Horàk, unten in der Talsenke. Außer Wertsachen durften sie nichts mitnehmen. Aber wer wäre schon auf die Idee gekommen, dass sie ihr Zuhause, jetzt Kommandostelle für den Polizeieinsatz, niemals wiedersehen würden? Und schon gar nicht hätten sie das nächtliche Treiben mit einem Ereignis in Verbindung bringen können, das sich zwei Wochen zuvor in der nahegelegenen Hauptstadt zugetragen hatte.

Marie Šupikova in der Gedenkstätte Lidice, 2005

Am 27. Mai 1942 hatten Jan Kubis und Josef Gabcik, die zusammen mit 28 anderen Agenten der tschechoslowakischen Exilregierung heimlich über der Heimat abgesprungen waren, einen Anschlag auf Reinhard Heydrich verübt. Nach einer Woche starb die Symbolfigur der deutschen Besatzungsmacht an den Folgen der Handgranatenexplosion. Das war die größtmögliche Kampfansage an das NS-Regime. Der SS-Obergruppenführer war der ranghöchste Funktionsträger des »Dritten Reiches«, der je Opfer eines Attentats geworden ist. In der Logik des Führer-Staats verlangte der »Meuchelmord« nach gnadenloser Vergeltung. »Unter den befohlenen 10 000 Geiseln ist in erster Linie die gesamte oppositionelle tschechische Intelligenz zu verhaften«, ordnete SS-Chef Heinrich Himmler noch am Tag des Anschlags an. »Von den

Hauptgegnern aus dieser tschechischen Intelligenz sind heute Nacht bereits die ersten hundert wichtigsten zu erschießen.« Heydrichs Amtsnachfolger Hans Hermann Frank konnte Hitler dann davon überzeugen, statt des befohlenen Rundumschlags gezielt verdächtigte Täter, Helfer, Mitwisser und deren Familien hinzurichten. In der Folge lief eine der größten Fahndungsaktionen der Geschichte an. Im gesamten »Protektorat« galt der Ausnahmezustand. Ein striktes Ausgehverbot zwang die Menschen zwischen 21 und 6 Uhr in ihre Häuser, das öffentliche Leben kam zeitweise zum Erliegen. Nur Wehrmachts- und Polizeistreifen waren auf den Straßen zu sehen. 10 Millionen Kronen Belohnung waren für sachdienliche Denunziationen ausgesetzt. Uniformierte durchkämmten im weiteren Umkreis des Tatorts Haus für Haus – und fanden nichts. Die Attentäter waren wie vom Erdboden verschluckt. Erst Wochen später sollten sie durch Verrat in ihrem Versteck in der Krypta einer Prager Kirche aufgespürt und anschließend ermordet werden – wie über 1300 Menschen, die der Repressionswelle insgesamt zum Opfer fielen.

Doch zunächst blieben Fahndungserfolge aus, und die Polizeichefs mühten sich unter diesem Druck, jeden vermeintlichen Anhaltspunkt zu einem Beweis zurechtzubiegen. So geriet auch eine Frau in das Fahndungsnetz, die einen Brief erhalten hatte – von einem der Attentäter, wie die Ermittler irrtümlich annahmen. Diese Zeugin setzte die Polizei auf die Fährte von Josef Horák und Josef Stribrný aus Lidice, die sich 1939 nach Großbritannien abgesetzt hatten und, wie man annahm, dort in der tschechoslowakischen Exilarmee dienten. Doch ein Verhör von deren Verwandten nach Gestapo-Art erbrachte ebenso wenig Aufschluss über das Attentat wie eine groß angelegte Durchsuchung von Lidice. Ungeachtet der dürftigen Beweislage konstruierten die verantwortlichen Dienststellen »einwandfreie Hinweise«, dass die Bevölkerung von Lidice dem »infrage kommenden Täterkreis Unterstützung und Hilfe« gewährt habe – eine pure Erfindung, aber von oben erwartet. Denn Hitlers Regime sah sich jetzt in der Not, ein öffentlichkeitswirksames Exempel zu statuieren und die Blamage der Besatzungsmacht wettzumachen. Am Tag, als Heydrichs Sarg in Berlin mit großem Pomp zu Grabe getragen wurde, entschied sich die Reichsführung in Absprache mit örtlichen Vollzugsbeamten für die Verlegenheitslösung: Mangels anderer pro-

Lidice vor dem 10. Juni 1942

pagandistisch verwertbarer Fahndungsergebnisse wurde Lidice zum Hort des tschechoslowakischen Widerstandes stilisiert und mit all seinen Bewohnern und seiner gewachsenen Existenz der Rachsucht des Regimes preisgegeben.

Am Abend des 9. Juni nahm der zuständige Polizeichef in Prag aus Berlin das Todesurteil für Lidice entgegen: »Alle männlichen Erwachsenen sind zu erschießen, alle Frauen in ein Konzentrationslager zu überstellen, die Kinder zu sammeln und, soweit eindeutschungsfähig, an SS-Familien ins Reich zu geben. Der Rest wird einer anderen Erziehung zugeführt. Die Ortschaft ist niederzubrennen und dem Erdboden gleichzumachen.«

So irrational diese Weisung war, so sorgfältig, rasch und gründlich setzten sie die Dienststellen vor Ort in die Tat um. Schutzpolizisten, die dann in der Nacht von Wehrmachtssoldaten abgelöst wurden, riegelten gegen 22 Uhr die Ortschaft hermetisch ab und sorgten dafür, dass nur noch Bewohner hinein-, aber niemand mehr aus Lidice hinausgelangen konnte. Unterdessen untersuchten Polizisten Haus für Haus, registrierten sorgfältig die requirierten Güter und trieben die Bewohner zusammen. »Zieht euch schnell an und nehmt Essen für drei Tage mit«, gaben die Einsatzkräfte den konsternierten Bewohnern zu verstehen. »Ihr kommt in die Schule zum Verhör. Nehmt alle Wertsachen, Gold, Geld und Sparkassenbücher mit. Alles andere müsst ihr dalassen. Es wird damit nichts geschehen.« Die Opfer des nächtlichen Überfalls fügten sich, noch schien sich die Polizeiaktion im Rahmen der üblich gewordenen Repressionen zu bewegen.

Von all diesen Hintergründen hatten Marie und ihre Familienangehörigen nicht die geringste Ahnung, während sie die ganze Nacht auf dem Hof des Bauern Horák stehend zubringen mussten. Sie sahen nur, wie immer mehr Männer und Jugendliche aus der Nachbarschaft in die Keller und Ställe des Anwesens getrieben wurden. Am frühen Morgen wurde Maries Familie vom Vater getrennt. Dass er wie alle männlichen Dorfbewohner ab 15 Jahren nur noch kurze Zeit zu leben hatte, so weit reichte ihre Vorstellungskraft nicht. Die Betroffenen hielten den ganzen Überfall zunächst bestenfalls für einen fatalen Irrtum – was er in gewisser Weise ja auch tatsächlich war.

Nach flüchtigem Abschied vom Vater musste sich die Neunjährige zusammen mit Mutter, Großmutter und Bruder in das Schulgebäude begeben. Hier waren inzwischen auch die anderen Frauen und Kinder des Ortes zusammengetrieben worden. Gleich am Eingang des zweistöckigen Gebäudes sammelten Gestapobeamte alle Wertsachen ein – unter dem Vorwand, sie aufzubewahren. In den Klassenräumen bot sich ein Bild heilloser Konfusion. Mütter, die einige wenige Habseligkeiten bei sich trugen, versuchten ihre übernächtigten Kinder zu beruhigen. Erschöpfte Frauen brachen in Tränen aus. Im Treppenhaus lagen umgestürzte Kinderwagen und wild verstreute Spielsachen.

Im Morgengrauen trieben Gendarmen mit entsicherten Pistolen die Frauen und Kinder auf bereitstehende Lastwagen. »Es war schrecklich«, erinnert sich Marie Šupikova, »wir haben alle geheult. Unsere Mama war nervös, und die Deutschen schrien nur: ›Raus, raus!‹« Heraus aus der Schule, aus ihrem Wohnort, aus allem, was bis dahin ihr Leben bestimmte, unwiederbringlich. Nach 20 Minuten endete die Fahrt in der Kreisstadt Kladno. In der Turnhalle des dortigen Realgymnasiums erhielten die 300 nichtsahnenden Vertriebenen eine provisorische Bleibe zugewiesen. Ein wenig Stroh auf dem kahlen Boden, eine Kleinigkeit zu essen und zu trinken, das war auch schon alles. Es gab keine Betreuung, kein Mitleid, kein Wort der Erklärung. Nur den Kindern wurde etwas Aufmerksamkeit zuteil. In alphabetischer Reihenfolge wurden sie mit ihren Müttern in ein Klassenzimmer gerufen und dort nach Familien-, Sozialverhältnissen, Krankheiten und möglichen deutschen Vorfahren ausgefragt, die Haar- und Augenfarbe wurde verzeichnet, die Schädelform vermessen.

Was keine der Betroffenen wissen konnte: Die merkwürdige Musterung diente dem Zweck, unter den internierten Kindern diejenigen auszusondern, bei denen die Nationalsozialisten in ihrem Wahn »germanisches« Erbgut zu erkennen glaubten. Blonde Haare, blaue Augen, »nordische« Schädelform oder gesunde Statur galten als Merkmale dafür. Die Auserkorenen sollten laut Weisung vorgesetzter Dienststellen vom Schicksal der übrigen Opfer verschont bleiben. Doch die Vorauswahl ergab nur drei Musterfälle nach dem Schema. Marie war nicht darunter.

Nach drei Tagen trostloser Ungewissheit betraten Gestapo-Offiziere die Halle. Einer von ihnen schoss mit der Dienstwaffe in die Decke, um sich Respekt zu verschaffen. Dann gab er mit schneidenden Worten eine Erklärung ab: »Ihr wisst, was in Lidice geschehen ist. Dafür werdet ihr eine Weile in ein Lager müssen. Da der Weg dorthin aber lang und beschwerlich ist, werden die Kinder schon einmal in einem Bus vorausgebracht.« Statt der erwarteten Aufklärung – eine neue Lüge. Dann wurden die Kinder, wiederum nach dem Alphabet, aufgefordert, in uniformierter Begleitung den Turnsaal zu verlassen.

Doch die Aufgerufenen fürchteten sich vor den fremden Soldaten und flüchteten weinend in die Arme der Mütter: »Mami, Mami, gib mich nicht her!« Die Frauen, instinktiv um die Gefahr wissend, weigerten sich, ihre Schützlinge freizugeben. Da ihre List offenkundig nicht verfing, gingen die Gestapoleute zu offener Gewalt über. Sie drohten, Widerspenstige zu erschießen, und feuerten zur Bekräftigung in die Decke. Die kurze Schrecksekunde nutzten sie aus, um die Kinder aus den Armen der Mütter zu reißen.

Deutlicher hätte die Gewalt dieses Verbrechens nicht vorgeführt werden können. »Das war der fürchterlichste Moment im Leben dieser Frauen«, sagt Marie Šupikova, die damals hilflos daneben stand. »Die Kinder waren das Einzige, was ihnen noch geblieben war, und jetzt waren sie gezwungen, das Liebste herzugeben, das sie hatten. Mit Worten ist das nicht zu beschreiben.«

Um das Misstrauen etwas zu mindern, versprachen die Beamten, dass Mütter von weniger als zwölf Monate alten Säuglingen die Kindergruppe begleiten durften. Aber auch das war blanker Betrug. Einige Zeit später wurden diesen Frauen ihre Sprösslinge ebenfalls entrissen, um sie anschließend in ein Prager Heim zu verschleppen. Selbst die schwangeren Frauen, die bis zur Entbindung noch in örtlichen Kliniken verbleiben konnten, mussten ihre Babys nach der Geburt hergeben.

Am Abend wurden zuerst die Frauen und Mädchen über 16 Jahre auf Lastwagen weggebracht, jeweils von vier schwerbewaffneten SS-Männern oder Polizisten eskortiert. Ziel ihrer Deportation war das Frauen-Konzentrationslager Ravensbrück bei Berlin. Dort, so hatte man ihnen eingeredet, würden sie sich mit ihren Männern und Kindern wieder zusammenfinden. »Die Gesichter der Frauen, die keine Ahnung davon hatten, was mit ihren Männern und Jugendlichen geschehen war, und die gerade von ihren Kindern Abschied genommen hatten, waren blass, aber gefasst. Mit stumpfem Blick starrten sie vor sich hin«, beobachtete ein Augenzeuge aus dem Verborgenen. Den Anwohnern war es bei Strafe verboten worden, aus dem Fenster zuzusehen.

Die zurückgebliebenen Kinder wurden noch einmal penibel registriert und in verschiedene Gruppen aufgeteilt. Dabei stellte sich heraus, dass zwei der Jungen knapp älter als 15 Jahre waren, unter ihnen auch Maries Bruder Josef, dessen Geburtstag erst zwei Monate zurücklag. Diese acht Wochen entschieden über sein Leben. Nach den bürokratischen Vorgaben der Vollzugsbeamten waren alle männlichen Bewohner von Lidice mit dem 15. Geburtstag als Stichdatum zum Tod verurteilt. Zusammen mit den Männern aus Lidice, die als Nachtschichtarbeiter der ersten Razzia entkommen waren, und mit den Angehörigen der beiden schon früher verhafteten Familien wurde Maries Bruder am 16. Juni in Prag erschossen.

Der Verfolgungsapparat arbeitete mit tödlicher Perfektion. Insgesamt fielen über 200 Bewohner von Lidice den Massenerschießungen zum Opfer. Einen Grund hatte den Männern niemand genannt, bevor sie gefasst in den unfassbaren Tod gingen.

Schon am Tag nach dem Massaker machten sich die Einsatzkommandos daran, alle Gebäude im Dorf systematisch niederzubrennen. Pioniersoldaten sprengten mit routiniertem Können die verbliebenen Ruinen. Männer des »Reichsarbeitsdienstes« trugen die verkohlten Reste danach in wochenlanger Kleinarbeit ab, bis kein Stein mehr übrig blieb. Der Ort war vollkommen vom Erdboden verschwunden, sein Name aus der Landkarte getilgt. Das gleiche Schicksal ereilte den nahegelegenen Weiler Lezàky und dessen Bewohner, die ebenfalls in den – unbegründeten – Verdacht der Beihilfe zum Attentat geraten waren.

Das Fanal der Besatzungsbehörden zeigte Wirkung – wenn auch nicht unbedingt im beabsichtigten Sinn. Weltweit erregte die Auslöschung des Ortes und seiner männlichen Bewohner Aufsehen. Lidice wurde zum Symbol nationalsozialistischer Gewaltherrschaft. Neue Siedlungen in aller Welt gaben sich aus Verbundenheit den Namen des verschwundenen Dorfes; Aufrufe, Filme, Bücher prangerten das Verbrechen an. Auf alliierten Panzern, Bomben oder auf den Transparenten der Aufständischen prangte das Wort »Lidice« wie ein Schlachtruf. Doch der weltweiten Aufmerksamkeit entzogen blieb bis heute, was mit den Kindern geschah.

Sie selbst begriffen am allerwenigsten, was all das zu bedeuten hatte und was man mit ihnen vorhatte. Die neunjährige Marie wusste nur, dass sie jetzt allein dastand, da auch ihr Bruder weggebracht worden war. Mit Ausnahme der drei Auserlesenen, die zur »Eindeutschung« freigegeben waren, wurden die 88 Kinder aus Lidice in zwei Bussen zu einem nahegelegenen Bahnhof gebracht. Um den Hals trugen sie Pappschilder, auf denen Name und Erkennungsnummer verzeichnet waren. Der Zug fuhr die ganze Nacht und den folgenden Tag hindurch, bis er im polnischen Łódź eintraf, das die Deutschen Litzmannstadt nannten. Die Ankunft und weitere Bestimmung der tschechischen Kinder war der örtlichen »Übersiedlungszentrale« bereits angekündigt worden: »Kinder wurden überprüft, ob sie tauglich sind oder nicht. Die Untauglichen werden Ihnen überliefert werden und sollen über Ihr polnisches Lager weitergeschickt werden«, hieß es in dem Telegramm aus Prag. »Die Kinder bringen nichts mit, nur das, was sie anhaben. Eine Sonderpflege ist nicht erforderlich.«

Ruinen des zerstörten Ortes Lidice; im Juli 1942 wurden die Überreste gesprengt und von Angehörigen des Reichsarbeitsdienstes geräumt.

Was das bedeutete, bekamen die betroffenen Kinder, die zwischen 13 Monaten und 15 Jahren alt waren, auf Anhieb zu spüren. In der ersten Etage einer leerstehenden Textilfabrik mussten sie auf dem blanken Betonboden vor sich hin vegetieren. Manche von ihnen hatten kaum noch Kleider am Leib. Morgens und abends ein wenig Brot, Margarine und dünnen Kaffee, am Mittag einen Teller Suppe mit oft verdorbenen Kartoffelresten: das war die einzige Zuwendung, die die Kinder erfuhren. Aus Verzweiflung begannen manche, das Verpackungspapier der Margarine anzukauen. Krankheiten wie Lungenentzündung oder Durchfall machten die Runde. »Wir hatten großen Hunger, wir konnten uns nicht waschen, wir trugen noch immer nur das, was wir anhatten, als wir aus dem Haus gejagt wurden – und bekamen Läuse«, erinnert sich Marie Šupikova. »Am schlimmsten aber erging es den ganz Kleinen. Das waren Kinder im Alter von 13, 14 Monaten, die noch nicht einmal richtig sprechen oder laufen konnten. Wir konnten ihnen die Mutter nicht ersetzen, wir hatten ja selbst nichts.«

Während die Augenzeugin die Zustände in dem damaligen Elendsquartier in Erinnerung ruft, ist zu spüren, dass es weniger das eigene Leid ist als dieses Gefühl der Hilflosigkeit, das ihr bis heute nachgeht. Zeit ihres Lebens trägt sie das Bild jener verzweifelt schreienden Kleinkinder mit sich, die ihrem Schicksal überlassen waren und die unschuldiger nicht hätten sein können. Nur kleine, heimlich gewährte Aufmerksamkeiten von jüdischen Mitgefangenen aus Polen, die ebenfalls in dem Gebäude untergebracht waren, halfen den Kindern, die schwere Zeit zu überstehen. Allmählich dämmerte zumindest den älteren von ihnen, dass sie jetzt wohl dauerhaft ohne Eltern und Familie bleiben würden.

Noch einmal wurden die Ankömmlinge gründlich begutachtet, offenbar in dem Bestreben, doch mehr als nur drei der Kinder der deutschen »Volksgemeinschaft« nutzbar zu machen. Erneut vermaßen »Rassenpfleger« Größe, Gewicht und Kopfform der Kleinen, notierten und fotografierten Gesicht, Haar- und Augenfarbe. Eine promovierte Psychologin nahm die Kandidaten in Augenschein. Nach vielen Tagen der erzwungenen Untätigkeit erhielten die Alleingelassenen endlich wieder Besuch. Marie Šupikova erinnert sich an die grünen Uniformen, die schweren Stiefel der Gestapo-Männer – und an den Zeigestab in ihrer Hand. Damit wiesen sie auf einzelne der auf dem Fußboden kauernden Kinder, die immer noch die Pappschilder um den Hals trugen. Es war diese kleine Geste, die über Leben und Tod entscheiden sollte. Sieben Kindern im Alter von fünf bis elf Jahren, einem Jungen und sechs Mädchen, galt das lebensrettende Zeichen mit dem Stab. Dazu hieß es nur knapp: »Du« und »Du« und »Du« … Auch Marie war diesmal darunter. Bis heute zeigt sie sich beinahe verwundert darüber. »Ich hatte braune Haare und blaugrüne Augen, ich entsprach überhaupt nicht dem Idealbild eines deutschen Mädels. Es waren purer Zufall und Glück, dass ich überlebt habe.«

Tatsächlich geschah die Auswahl mehr oder weniger nach Willkür. Selbst zwischen Geschwistern aus ein und derselben Familie sollte mitunter die Trennungslinie von Leben und Tod verlaufen. Erst die Tränen und Bitten zweier älterer Schwestern brachten die Peiniger dazu, auch deren achtjährigen Bruder zu verschonen.

Über das weitere Schicksal der 81 verbliebenen Kinder stand die Entscheidung indes noch aus. »Wir bitten Sie (…) um eine unverzügliche Nachricht, was mit den Kindern geschehen soll«, mahnte der offenkundig überforderte SS-Beauftragte der »Umwandererzentrale Litzmannstadt« am 17. Juni in einem Telegramm an die Berliner Zentrale. In den folgenden Tagen musste er seine Anfrage noch zweimal wiederholen – bis er offenbar den endgültigen Bescheid zugestellt bekam, der allerdings nicht erhalten geblieben ist.

Das Einzige, was die Kinder erfuhren, war die Aufforderung an die Schreibkundigen, Kartengrüße an Verwandte in die Heimat zu senden. »Einen herzlichen Gruß aus Polen schickt Jaruska«, heißt es auf einer Karte vom 1. Juli 1942, »Tante, weißt Du nichts über Mama und Papa? Über Papa weiß ich seit 3 Monaten nichts mehr und über Mama seit 16 Tagen. Unser Besitz ist das, was wir anhaben und deswegen bitte ich Dich, ob Du so gut wärest und wenn es möglich wäre, mir etwas schicken würdest.« Es folgen bescheidene Wünsche wie Essen, Kleidung, Briefpapier, Nadel und

Zwirn, für die sich die Kartenschreiberin indes sogleich entschuldigte. Ein Postbeamter, bei der Bahn angestellt, fand die Karten am 5. Juli und leitete sie an ihre Adressaten weiter. Zu dieser Zeit waren die Absender aller Wahrscheinlichkeit nach schon tot.

Die erhalten gebliebenen Dokumente und die Aussagen von Augenzeugen lassen nur den Schluss zu, dass die Odyssee der Kinder aus Lidice Anfang Juli 1942 im Vernichtungslager Chełmno, zu Deutsch Kulmhof, ihr Ende fand. Gleich nach ihrer Ankunft, so der übliche Ablauf, wurden die Kleinen in die mobilen Todeskammern gelotst, wo sie binnen Minuten vom hineingeleiteten Gas erstickt wurden.

Diese Kolonne der elternlosen Kinder, der Dreikäsehochs, der Knirpse und Halbwüchsigen, der Dorfkameraden, Freundinnen und Spielgefährten ihrer Kindheit, die Arm in Arm, nichtsahnend, nur mit Unterwäsche bekleidet, Seife und Handtuch in der Hand, in ihr Verderben gingen, bis sie sich hinter schweren Toren unentrinnbar eingepfercht fanden und ihnen längstens noch acht Minuten zu leben blieben: Diese Vorstellung ist es, die Marie Šupikova bis heute nicht ruhen lässt. »Warum mussten diese Kinder sterben?«, fragt sie und ihre Hand zittert dabei. »Was haben sie getan? Warum mussten sie ihr junges Leben in der Gaskammer beenden? Niemand hat uns das je erklärt.«

Damals schon gar nicht. Keiner wusste, welches Urteil über sie gefällt war. Die Kinder hatten sich beim Abschied nur gefreut, dass nun ein Ende der schrecklichen Internierung im Fabrikgebäude absehbar war. Die sieben Auserwählten, so nahmen sie an, sollten schon vorzeitig in die Heimat zurückgeschickt werden. So hatten sie sich umarmt, einander ein letztes Mal zugewinkt und Grüße an die Familien zu Hause ausgetauscht in der Erwartung, sich dort bald wiederzusehen. Eine bleierne Traurigkeit lag über dem Abschied.

Danach waren im polnischen Hort aus dem ganzen Dorf nur noch sieben Kinder übrig. Sie hofften, jetzt endlich ihre Eltern zu Gesicht zu bekommen, aber keiner der Aufseher verlor ein Wort darüber, was man mit ihnen vorhatte, was mit ihren Angehörigen und Freunden geschehen war, aus welchem Grund sie überhaupt hier waren. Immerhin war für sie die schlimmste Qual vorüber. Im nächsten Quartier, einem ehemaligen Kloster im Stadtzentrum von Łódź, warteten immerhin Holzbetten mit Strohsäcken, neue Kleider, Duschen, besseres Essen und eine polnische Pflegerin auf sie. Es war ein Unterschied wie zwischen Tag und Nacht, wie zwischen slawischen »Untermenschen« und deutschen »Volksgenossen«, zwischen Todesurteil und Lebensrecht.

Und mit diesem Umzug endete auch ihre tschechische Kindheit. Ihr neues Leben begann in einem »Gaukinderheim« in Pastuchów, das unter dem deutschen Namen Puschkau zum annektierten »Warthegau« gehörte. Beinahe symbolträchtig sollten die Neuankömmlinge zu Beginn die Spuren ihrer früheren Existenz gänzlich abstreifen. »Nach der Ankunft mussten wir uns nackt ausziehen«, erzählt Marie Šupikova. »Auf hölzernen Pritschen warteten wir, was weiter passiert. Wir haben uns sehr geschämt. Von den Bettwanzen aus Łódź waren wir ganz wund. Dann hat man uns im Flur auf einen Stuhl gesetzt, ein Pulver auf den Kopf geschüttet und uns aus Krepppapier so eine Kappe gemacht. Nach zwei Tagen haben sie uns den Kopfputz wieder abgenommen, uns gründlich den Kopf gewaschen und die Läuse ausgekämmt, die uns so plagten. Dann durften wir baden und neue graue Kleider anziehen, die Mädchen bekamen auch Schürzen. Für uns war das Wichtigste die Wärme, das Essen und dass wir wieder baden konnten.« Ohne den paradoxen Widersinn noch zu erfassen, wurden die kleinen tschechischen Kinder von spontaner Zuneigung für jene Macht erfüllt, die ihnen ihr Lebensglück geraubt hatte.

In dem Heim, einem villenartigen Gebäude inmitten eines idyllischen Parks, waren auch deutsche und polnische Zöglinge untergebracht. Aber die Herkunft war jetzt sowieso ohne Belang, trotz gelegentlicher Schmähungen durch einheimische Altersgefährten. Unter Anleitung der deutschen Betreuerinnen sollten die neuen Heimkinder die Sprache der Besatzungsmacht lernen, und mehr als das: Sie sollten nicht nur deutsch reden, sondern möglichst auch deutsch denken, deutsch fühlen, deutsche Manieren lernen, was immer darunter zu verstehen war.

»Wenn ich nach vielen Jahren darüber nachdenke,« sagt Marie Šupikova, »so fällt mir auf, dass sie Kinder von jenem Alter ausgewählt haben, in dem diese noch formbar sind, in dem man sie noch manipulieren und ihren Charakter in die gewünschte Richtung ändern kann. Sie haben uns richtiggehend umerzogen.«

Tschechisch zu sprechen war unter Strafe verboten. Wenn jemand dennoch einmal in seine gewohnte Sprache verfiel, gab es Ohrfeigen oder auch mal einen Steharrest, eine Nacht lang mit nackten Füßen auf dem kaltem Boden des Flurs. Aber auch ohne Züchtigung verflüchtigte sich die Muttersprache mangels Gebrauch und tschechischer Bücher, löste sich auf wie die anderen Gewohnheiten, Vorlieben, Eigenarten der Herkunft. Marie war bald kaum mehr von deutschen Alterskameradinnen zu unterscheiden.

Gemeinsam mit anderen Heimkindern machten sich die Mädchen jeden Morgen auf den einstündigen Fußweg zur deutschen Schule im benachbarten Unterberg. Dort bekamen sie neben Sprache und Lehrstoff auch das ABC des Nationalsozialismus eingetrichtert. Unter neuen Vorzeichen knüpften sie an ihr amputiertes Leben an, das nebelhaft hinter dem Schock der Trennung und dem Schleier des Vergessens lag. Am Rande des Parks gab es eine Eisbahn, auf der sie wie früher im Winter Schlittschuh liefen. Weihnachten und Ostern wurden wieder gefeiert, nur eben in der Art des neuen Heimatlandes. Kleine Theaterstücke beflügelten die Phantasie. Die Heimkinder sangen viel, harmlose Kinderweisen, Scherzgesänge, aber auch Lieder, die von der Überlegenheitsmanie des Volkes kündeten, dem sie nun angehören sollten. Jeden Morgen stand Frühsport auf dem Programm, am Nachmittag Arbeiten im Park oder Kurse im Nähen, Stricken und anderen hauswirtschaftlichen Fertigkeiten. Wie alle echten »Mädel« ihres Alters sollten sie für ihre künftige Rolle als Frau und Mutter an der »Heimatfront« gewappnet sein. Gelegentlich drang in ihre heile Welt eine diffuse Ahnung des Krieges irgendwo da draußen. »Über dem Reichsgebiet befinden sich feindliche Bomberverbände im Anflug«: Marie Šupikova vermag noch heute aus dem Gedächtnis aufzusagen, was damals aus dem »Volksempfänger« tönte.

Eines Tages trafen aus Prag auch zwei der Kinder ein, die schon in Kladno zur »Eindeutschung« aussortiert worden waren. Dem dritten Mädchen war auf einer der Wegstationen aus unerfindlichen Gründen das lebensrettende Prädikat wieder aberkannt worden, und sie wurde mit den anderen Kindern aus Lidice mutmaßlich in den Tod geschickt.

Nun erhielt Marie auch zum ersten Mal eine offizielle Mitteilung über den Verbleib ihrer Eltern. Sie seien beide nicht mehr am Leben, hieß es, so lapidar wie gelogen. Für die Zehnjährige war die Eröffnung ein Schock, das Ende aller Hoffnungen – zugleich aber eine Starthilfe für ihr zukünftiges Leben. Jetzt, da jede Aussicht auf eine Rückkehr in die verblasste Welt ihrer Kindheit zunichte war, konnte sie sich nur noch nach vorn orientieren. Wie den anderen Heimbewohnern war ihr nicht entgangen, dass immer wieder kinderlose Paare zu Besuch in der Anlage weilten und Ausschau nach geeignetem Nachwuchs hielten. So war den Zöglingen bald klar, dass ihnen bestimmt war, von deutschen Eltern adoptiert zu werden, und dass dies der einzig mögliche Ausweg aus ihrem Waisendasein war.

Eines Tages im Sommer 1943 wurde auch Marie in das Büro der Heimleiterin, Frau Höpfner, gerufen. Ein älteres Ehepaar, Alfred und Ilse Schiller aus der nahegelegenen Stadt Posen, beide um die 60 Jahre alt, warteten dort bereits. Das Mädchen erhielt die seltsame Aufforderung, im Zimmer auf und ab zu gehen. Wahrscheinlich wollten sich die Besucher davon überzeugen, dass ihre Wunschkandidatin auch ja nicht auf krummen Beinen daherkam. Nach erfolgreichem Schaulauf durfte Marie wieder gehen.

Bei ihrem nächsten Besuch nahmen die Schillers das Mädchen mit zum Spaziergang im Park. Sie gaben ihr eine belegte Semmel zu essen, erklärten ihr, dass ihre eigenen drei Kinder schon verstorben seien und sie gern neues Leben ins Haus holen wollten. Eingehend erkundigten sie sich nach dem Lernpensum der Schülerin. Das Ergebnis der Inspektion war offenbar zufriedenstellend. Jedenfalls erklärte Frau Höpfner nach dem dritten oder vierten Besuch des Ehepaares, dass dieses gewillt sei, Marie zu sich zu nehmen. Nach einem Jahr in verschiedenen Asylen war die Heimbewohnerin froh, wieder ein eigenständiges Kinderleben, eigene Kleider, ein eigenes Zimmer und vor allem eine Familie zu bekommen. Allein schon die Aussicht, nicht mehr nach Willkür geschlagen zu werden, war für sie eine Verheißung.

Im Juli 1943 wurde Marie auf dem Posener Bahnhof von ihren Adoptiveltern in Empfang genommen. Sie verfügten in der Hindenburgstraße über eine geräumige Vierzimmerwohnung in dem Haus, in dem Alfred Schiller auch einen kleinen Schreibwaren- und Souvenirladen unterhielt. In seinem Arbeitszimmer, das der Adoptivtochter fortan als Schlafkammer diente, lagen auf dem Bett zwei Kleider, eine Schürze, und davor stand auf dem Fußboden ein nagelneues Paar Schuhe bereit. Ihre Ohrringe, die ihre leibliche Mutter noch an den Kontrollen der SS vorbei aus dem Haus geschmuggelt hatte, gleichsam ein Bindeglied in ihr früheres Leben, tauschte die Stiefmutter gegen ein neues Paar aus.

Und dann musste Marie auch noch das letzte Relikt hergeben, das sie mit ihrer tschechischen Kindheit verband: ihren Namen. Fortan sollte sie Ingeborg Schiller heißen. Es war der endgültige Schlussstrich unter eine Vergangenheit, die für ihr Leben keine Gültigkeit mehr hatte. Im Heim hatte man ihr ohnehin eingeschärft, über ihre Herkunft nicht zu sprechen und keinesfalls das Wort »Lidice« in den Mund zu nehmen. Der Aufforderung hätte es wohl nicht bedurft, denn dieses Wort hatte für die Kinder einen bitteren Ton, der diffus nach Entsetzen, Tod und Verderben klang, genug jedenfalls, um davon nichts mehr wissen zu wollen.

»Als Ingeborg habe ich nicht einen Moment an Lidice gedacht«, räsoniert Marie Šupikova im Rückblick. »Ich hatte ein neues Leben, das alte war weg. Da meine leiblichen Eltern angeblich tot waren, war ich dankbar dafür, wieder eine Familie zu haben. Und es war eine gute Familie. Ich hatte ein gutes Verhältnis zu ihnen, aber natürlich niemals so wie zu leiblichen Eltern.« Die Schillers, froh darüber, die Lücke der einsamen Zweisamkeit geschlossen zu haben, ließen es ihrer Ingeborg an nichts fehlen. Sie hatte ihr eigenes kleines Reich und vor allem, was sie in all den Monaten zuvor arg vermissen musste, ihre Freiheit. Wann immer sie wollte, durfte sie Freundinnen mit nach Hause bringen. Besonders ihre Gefährtin Kira, deren Vater im Kriegseinsatz war, war für sie wie eine Schwester. Deutsche Sprache, Umgebung, Eigenart waren längst so selbstverständlich für sie, dass Marie Šupikova sich im Nachhinein sicher ist, heute noch arglos als Deutsche zu leben, wäre Hitlers Reich nicht untergegangen.

Wenn sie Jahrzehnte später davon erzählt, ist aus ihren Worten so etwas wie Verwunderung, beinahe Unbehagen herauszuhören. Diese Ingeborg erscheint ihr im Rückblick wie ein Fremdkörper in ihrer Biografie, wie ein Leben in der dritten Person. Unverkennbar geht sie im Gespräch auf Distanz zu dem deutschen Mädel, das sie damals war. Dieses Kapitel ihres Lebens betrachtet sie als abgeschlossen, wie einen merkwürdigen Ausflug, von dem sie längst zurückgekehrt ist. Ungern will sie sich lange darüber auslassen, was sie damals in Posen empfunden und erlebt hat. Vielleicht ist ihr das alles auch schon aus dem Bewusstsein gewichen. Der Eindruck lässt sich nicht verkennen, dass es ihr beinahe peinlich ist – ohne eigenes Zutun – einmal dem »Täter«-Volk angehört zu haben, ein elfjähriges »Jungmädel« von Himmlers Gnaden gewesen zu sein.

Nur nachts im Schlaf gab Ingeborg manchmal seltsame, fremd klingende Laute von sich, die ihre Stiefmutter nicht verstand. Den Adoptiveltern hatte man die Pflegetochter, wie in dem organisierten Betrugswesen üblich, als deutschstämmiges Waisenkind ausgegeben, das angeblich aus dem Sudetenland, dem deutschsprachigen Landesteil der ehemaligen Tschechoslowakei, stammte. Der Geburtsort galt als unbekannt, Dokumente seien verschollen. In dieser Legende fand die neue Mutter eine Erklärung für die tschechischen Wortfetzen in den Träumen ihrer Pflegetochter.

Dabei war die Frau des Hauses von Geburt selber keine Deutsche, sondern Polin. Sie hatte aber, wie im ehedem polnischen »Warthegau« durchaus erwünscht, für die deutsche Staatsangehörigkeit optiert. So trug Frau Schiller nun das Abzeichen des nationalsozialistischen »Bundes deutscher Frauen« oder einer ähnlichen Massenorganisation, mit der das Volk mobilisiert werden sollte. Ihr Mann war weder in der NSDAP noch in der SS Mitglied, allenfalls in einer der zahlreichen Nebenorganisationen der Partei. An seiner Regimetreue, die sicher auch Vorbedingung für die Adoption gewesen war, ließ das Ehepaar allerdings keinen Zweifel aufkommen. In seinem Verkaufsraum hatte Alfred Schiller selbstverständlich auch eine reichhaltige Sammlung mit Hitler-Bildchen im Angebot, und die »Endsieg«-Verheißung des »Führers« gehörte zu seinem Glaubensbekenntnis.

Aber für ihre Adoptivtochter hatte all das keine Bedeutung. Politik und Krieg waren nun wirklich das Letzte, was die Elfjährige damals interessiert hätte. Hingebungsvoll vertiefte Ingeborg sich in das Spiel mit ihren Puppen, fast als wollte sie mit ihnen ihre geraubte Kindheit wieder zurückerobern. Statt der erwünschten »Jungmädel«-Lektüre bevorzugte sie Märchenbücher. Die Welt der Feen, Hexen und Zwerge schien ihr die Zuflucht zu bieten, die ihr die Wirklichkeit entzog. Statt möglichst bald erwachsen werden zu wollen und als vollwertiges Mitglied der »Volksgemeinschaft« zu gelten, wie es der Erziehungsmaßstab war, machte sich Ingeborg klein, zog sich in ihre Puppenstube zurück, wollte sich in das unschuldige Wesen vor ihrer Entführung zurückverwandeln. Ablenkung boten das Schlittschuhlaufen und die Traumfabrik im Lichtspielhaus. Besonders an die zauberhaft-herbe Ausstrahlung von Zarah Leander erinnert sich Marie Šupikova heute noch.

Ihre neuen Eltern rührten damals nicht an ihrer kleinen heilen Welt. Sie übten wenig Zwang aus und drängten sie nicht, besonders beflissen den Idealen des Regimes nachzueifern. Sie waren selig, nicht mehr allein zu sein und beließen Ingeborg, so lange es möglich war, in ihrem von der Außenwelt kaum angefochtenen Refugium. Doch der Kokon bekam Risse. Im Jahr 1944 war der

Krieg nicht mehr in den Radiokasten zu verbannen oder auf die Leinwandgröße der »Wochenschau« zu reduzieren. Er wurde alltägliche Wirklichkeit. Zu Pfingsten dieses Jahres unternahm die Familie einen kleinen Frühlingsausflug in die Umgebung. Als sie am Abend nach Hause zurückkehrten, brannten die Häuser. Alliierte Bomber hatten Posen zum ersten Mal in größerem Ausmaß aus der Luft angegriffen. Für Ingeborg war dies ein ungewöhnliches, beinahe unwirkliches Bild. Ihre Wohnung war indes von diesem Bombenangriff verschont geblieben.

Doch die Sicherheit des scheinbar friedlichen Alltags mitten im Krieg war dahin. Ende Juli 1944 hatten die sowjetischen Truppen die Weichsel unmittelbar vor der polnischen Hauptstadt Warschau erreicht. Sie standen somit nur noch 300 Kilometer von Posen entfernt. Gleichzeitig waren die Westalliierten in der französischen Normandie gelandet. Hitlers schwindendes Reich war militärisch in die Zange genommen. Luftangriffe erreichten nun auch den lange Zeit weitgehend verschonten »Warthegau« – als Vorboten des Niedergangs. Familie Schiller musste ohne ihr polnisches Dienstmädchen auskommen, das zur Zwangsarbeit in einer Rüstungsschmiede abgezogen wurde. Aus den deutschen Ostgebieten, denen die Eroberung bevorstand, setzten sich die ersten Flüchtlingszüge gen Westen in Bewegung. Doch weder die fieberhaft gesteigerte Waffenfabrikation noch der Bau von Befestigungsanlagen wie dem »Ostwall«, weder Rekrutierungswellen noch Durchhalteparolen vermochten den Sturm aufzuhalten. Im Januar 1945 trat die Rote Armee zu ihrer bis dahin größten Offensive an. Auch Ingeborgs neue Heimstatt war unmittelbar bedroht. Erst zwei Jahre zuvor in die Fänge einer vermeintlichen Siegermacht geraten, fand sie sich nun auf der Verliererseite wieder – ohne zu ahnen, dass ihre Befreiung die deutsche Niederlage zur Voraussetzung hatte. Einmütig mit ihren deutschen Landsleuten empfand Ingeborg sich als Opfer des Krieges.

Ungeachtet aller »Durchhalte«-Propaganda hatten auch die Schillers längst insgeheim ihre Koffer gepackt. Im Januar 1945, einen Monat vor der Eroberung der Stadt durch die Rote Armee, brach die Familie in Richtung Westen auf. Erneut, wenn auch aus ganz gegensätzlichen Gründen, verlor die Ziehtochter ihr Zuhause, ihre vertraute Umgebung und ihre Freunde. »Das war sehr schlimm für mich«, erinnert sich Marie Šupikova. »Es war eisig kalt und der Bahnsteig war überfüllt mit Menschen, die jetzt alle nur noch wegwollten. Als wir endlich in einen Zug hineinkamen, wurde die Fahrt andauernd unterbrochen. Der Winter hatte alles tief verschneit. Manche Zugverbindungen wurden gar nicht mehr bedient. An einigen Stellen waren die Strecken zerstört. Immer wieder wurden wir durch Tieffliegerangriffe aufgehalten.« Es war ein schroffer Kontrast zum äußerlich friedlichen Dasein in Posen – eines unter Millionen Flüchtlingsschicksalen in jener Zeit.

Und zugleich war die Fahrt auch Inbegriff ihrer existenziellen Heimatlosigkeit. Was die Heimatvertriebene damals noch nicht wissen konnte: Durch die Flucht der Adoptivfamilie wurden ihre Spuren beinahe bis zur Unkenntlichkeit verwischt. Sie gehörte nun zum Treibgut des Krieges, bei aller Geborgenheit in scheinbar geordneten Familienverhältnissen.

Nach beinahe zweitägiger Fahrt traf der Flüchtlingszug im mecklenburgischen Städtchen Boitzenburg an der Elbe ein. Die Schillers wurden bei einer Frau Schulz und ihrer 17-jährigen Tochter in der Bahnhofstraße zur Untermiete einquartiert. Später kam eine weitere Flüchtlingsfamilie hinzu. Der Herr des Hauses weilte derweil als Soldat an der Front und kehrte erst nach Kriegsende zurück. Wieder musste Ingeborg sich in einem veränderten Dasein einrichten. Doch sie hatte es gelernt, sich einzufügen, und bald schon gehörte die Zwölfjährige wie selbstverständlich in ihrer Boitzenburger Schulklasse mit dazu, sofern dort in den Wirren der Zeit überhaupt noch ein geregelter Unterricht möglich war.

Die Erlösung vom Krieg brachten amerikanische Soldaten in den Ort. Sie verteilten Süßigkeiten an die Kinder. Dass sie etwas noch viel Bedeutenderes mit sich brachten, nämlich Freiheit und neue Hoffnung, das wäre Ingeborg damals nicht in den Sinn gekommen. Unter dem Einfluss der deutschen Adoptiveltern empfand sie den »Zusammenbruch« nicht in erster Linie als Befreiung. Dieser Eindruck wurde noch dadurch verstärkt, dass die US-Soldaten schon kurze Zeit später den Ort wieder verließen und ihre Stellungen für sowjetische Besatzer räumten. Der Bevölkerung war es keineswegs geläufig, dass dies auf Absprachen der Siegermächte zurückging, die sie noch während des Krieges auf gemeinsamen Konferenzen getroffen hatten. So entschied der geografische Zufall, dass Ingeborg in die östliche Hemisphäre geriet, jene Hälfte der sich teilenden Welt, in der auch ihr verschollener Heimatort lag.

Als neues Fach stand nun auch Russisch auf dem Unterrichtsplan. Wieder einmal wurde das Mädchen genötigt, sich mit einer Besatzersprache vertraut zu machen. Es dürfte ihr in der Schule etwas leichter gefallen sein als den deutschen Klassenkameraden, da die beiden slawischen Sprachen einen hohen Verwandtschaftsgrad aufweisen. Aber das empfand Ingeborg nicht bewusst. Sie hatte kein tschechisches Wort mehr im Sinn und vermochte nicht einmal mehr mit Sicherheit zu behaupten, dass sie *keine* richtige Deutsche war. Genauer gesagt, war dies für sie überhaupt kein Thema. Ihre Vorgeschichte war zu jener Zeit weitgehend verblasst und verdrängt.

Als eines Tages befreite Lagerinsassen, hagere Gestalten mit kahl geschorenem Schädel und in gestreifter Sträflingskleidung, vor ihren Augen auf offenen Lastwagen durch die Stadt gefahren wurden, da nahmen für sie erstmals auch die Schattenseiten des Regimes Gestalt an. Ingeborg hatte so etwas nie zuvor gesehen. Dass es in dem Land, das jetzt ihre Heimat war, Straflager oder gar Orte der gezielten Vernichtung von Menschen gegeben hatte, davon hatte ihr niemand erzählt; es hätte in ihrer kindlichen Vorstellungswelt wohl auch keinen Platz gefunden. Das Konzentrationslager Ravensbrück lag etwa 100 Kilometer von Boitzenburg entfernt. Erst viel später kam Marie Šupikova in den Sinn, dass sich auf einem der Lastwagen, die durch Boitzenburg fuhren, hypothetisch auch ihre Mutter oder eine der anderen Frauen aus ihrem Heimatort hätte befinden können.

Wie die anderen Menschen um sie herum richtete sich Ingeborg mit einiger Zuversicht in ihrem deutschen Nachkriegsleben ein, erlebte ihren ersten Sommer, Herbst, Winter und Frühling im Frieden. Alles sprach dafür, dass dies auch so bleiben würde. Sie ging zur Schule und fand nach dem Unterricht, anders als viele Altersgenossen, fürsorgliche Aufnahme bei ihren Eltern. Niemand zweifelte daran, dass sie ihre rechtmäßigen Ernährer waren; niemand wäre auf die Idee gekommen, jetzt, da alles vorbei war, nach Ingeborgs Wurzeln zu forschen; niemand stellte ihre Identität infrage – sie selbst am allerwenigsten. Das Unrecht schien beständiger als das Regime, das es begangen hatte. Wäre da nicht dieser kleine Zufall gewesen, der im Leben der Schülerin von Grund auf alles ändern sollte.

In ihrer tschechischen Heimat begann sich zu dieser Zeit die Schockstarre zu lösen. Kurz vor dem dritten Jahrestag der Katastrophe traf die erste Gruppe überlebender Frauen aus Ravensbrück in Kladno ein, unter ihnen auch Maries Mutter. Sie hatten sich bis zuletzt an die Hoffnung geklammert, an ihrem Heimatort in ihr unterbrochenes Leben zurückzukehren, Mann und Kinder dort wieder in die Arme schließen zu können. Tschechoslowakische Mitgefangene aus dem Konzentrationslager, die vom Massaker in Lidice wussten, hatten dies vor den Frauen verborgen gehalten, um ihnen nicht den letzten Lebensmut zu rauben. Umso größer war nun das Entsetzen nach der Befreiung. Schon während der Begrüßungszeremonie an der Grenze spürten die Heimkehrerinnen an den haltlosen Tränen der Soldaten, dass etwas außergewöhnlich Schlimmes auf sie warten musste. Was sie dann aber bei der Ankunft erfuhren, überstieg alle Ahnungen, zu denen die Phantasie fähig ist. Die Trauerfeier am 10. Juni 1945 unter Anteilnahme der Bevölkerung und des tschechoslowakischen Präsidenten Beneš auf dem verwüsteten Fleckchen Erde, der einmal Lidice geheißen hatte, offenbarte die ganze Trostlosigkeit. Von ihren Wohnhäusern, in denen sie ihr Leben verbracht hatten, fanden die heimgekehrten Frauen keinen Stein mehr vor. Alle Männer und männlichen Jugendlichen des Dorfes lagen ohne Ausnahme im Massengrab verscharrt, und auch von den Kindern gab es kein Lebenszeichen.

Doch gerade diese Kleinen durften jetzt nicht verloren gegeben werden. Sie waren die letzte Hoffnung für die 143 überlebenden Frauen, sie bedeuteten Zukunft. Mit Unterstützung der Regierung machten sich Fahndungsgruppen auf die mühselige Suche nach den verlorenen Söhnen und Töchtern des Ortes. Als erstes Mädchen meldete sich Eva Kubíková, deren in Berlin lebende Tante es dank ihres Verhandlungsgeschicks geschafft hatte, von den NS-Behörden das Sorgerecht zugesprochen zu bekommen.

Kurz darauf fanden sich in einer Prager Fürsorgeanstalt sechs Kinder, die zum Zeitpunkt der Katastrophe weniger als ein Jahr alt waren. Sie konnten immer noch kaum sprechen, und das Wort »Mama« oder »Papa« kam in ihrem kargen Wortschatz überhaupt nicht vor. Was Eltern sind, mussten sie erst mühsam lernen. Und das war im ehemaligen Lidice gewiss nicht leicht. Ebenfalls zurückgegeben wurden zwei der sechs Babys, die man ihren Müttern nach der Geburt weggenommen hatte und die in tschechischen Pflegefamilien das Kriegsende erlebt hatten. Die anderen vier Säuglinge hatten die Umstände, unter denen ihre Mütter vegetieren mussten, oder die Willkür der Herren über Leben und Tod nicht überlebt.

Die Fahndung nach den älteren Kindern gestaltete sich weitaus schwieriger. Die Ämter der deutschen Besatzungsmacht, die ihre Odyssee bürokratisch begleitet hatten, waren aufgelöst, Dokumente und Urkunden vernichtet oder über den ganzen Kontinent verteilt, Geburtsdaten und sogar die Namen ausgelöscht und ausgetauscht. Die Ermittler mussten bald erkennen, dass die Kinder, falls sie noch am Leben waren, vermutlich mit neuer Identität weit verstreut unter deutscher Obhut lebten, ohne sich ihrer Herkunft bewusst zu sein. Schließlich stöberten sowjetische Besatzungsbehörden im September 1945 das älteste der »eingedeutschten« Mädchen auf. Sie konnte die Geschichte ihrer Verschleppung erzählen und brachte die Suchtrupps auf die Fährte anderer Vermisster. Auch Marie war unter den Gesuchten. Bis zur

Adoption durch das Ehepaar Schiller in Posen gelang es, ihren Werdegang nachzuverfolgen. Doch wohin war sie danach geraten? Europa war im Jahr nach dem Krieg ein Kontinent der Heimatlosen, Flüchtlinge und Unbehausten, der Waisen, Witwen und Vermissten. Wie und wo sollte man in der allgemeinen Wirrnis ein 13-jähriges Mädchen finden, das nicht einmal ahnte, vermisst zu werden?

Eine Fügung des Schicksals löste den Schleier. In Boitzenburg stieß Alfred Schiller im Juli 1946 bei der beiläufigen Lektüre der Zeitung auf eine Suchanzeige, die eine Kommission des Berliner Magistrats namens »Opfer des Faschismus« lanciert hatte. Darin wurde nach dem Verbleib der Kinder aus Lidice gefragt und in diesem Zusammenhang auch der Name Schiller genannt. Der alte Herr musste den Artikel sicher mehrmals lesen. Aber es gab keinen Zweifel. Seine Ingeborg hieß in Wirklichkeit Marie und wurde in ihrer tschechoslowakischen Heimat sehnlich erwartet. Für den Adoptivvater war die Eröffnung ein Schock. Er hatte sein Zuhause, sein gesamtes Umfeld eingebüßt, und nun sollte er auch die Tochter hergeben, deren wahre Identität man ihm verhehlt hatte. »Sie waren gute Eltern zu mir«, sagt Marie Šupikova nachsichtig. »Man hatte auch sie belogen.« Die Geschichte ist vielschichtiger als das einfache Schema von Tätern oder Opfern.

Möglicherweise hatten die Schillers sogar für einen kurzen Moment erwogen, den Zeitungsappell zu ignorieren, um ihr Familienglück zu retten. Das Leben wäre weitergegangen, aber die Fragen hätte niemand mehr zum Verstummen gebracht. Jedenfalls entschied sich das ältere Ehepaar für die Wahrheit – und so wurde ihre Adoptivtochter ohne Vorwarnung aus ihrem deutschen Leben katapultiert. »Schon am nächsten Tag fuhr Herr Schiller mich nach Berlin«, erinnert sich Marie Šupikova, die ihre einstigen Adoptiveltern im Gespräch niemals Mutter oder Vater nennt. »Geradezu symbolträchtig nahm seine Frau mir zum Abschied die Ohrringe ab, die sie mir zu Beginn geschenkt hatte, und steckte diejenigen wieder an mein Ohr, die noch aus Lidice stammten.

Die Tür fiel ins Schloss, es gab keinen Abschied, ich habe sie nie wiedergesehen. Tage später lieferten die Schillers meine Habseligkeiten in Berlin ab, bekamen aber nicht mehr die Erlaubnis, mich noch einmal zu sehen. Was ich in diesen Tagen empfand: Es fehlen mir die Worte, das zu beschreiben.«

Noch einmal musste die Gesuchte in ein Heim, während in Berlin die Magistratskommission in Zusammenarbeit mit den Behörden ihres Heimatlandes sich bemühte, aus ihr wieder eine tschechische Staatsbürgerin zu machen. Eine ganze Woche benötigten sie, um ihre Staatsbürgerschaft wiederherzustellen und ihr damit ihren angestammten Mädchennamen zurückzugeben. Es war kein leichtes Unterfangen. Zwar existierten Indizien für Ingeborgs ursprüngliche Identität, aber keine amtstauglichen Beweise. Auf einem früheren Klassenfoto aus Lidice konnte sie sich erkennen und fand auch in ihrer eigenen Erinnerung diese Marie zaghaft wieder. Bilder aus frühester Kindheit stiegen hoch und begannen die ihr später angedichtete Identität in Frage zu stellen. Zum ersten Mal erfuhr sie, dass die Darstellung, ihre Eltern seien gestorben, eine Lüge war. Ihren Vater hatten die »Schutzpolizisten« erschossen, kurz nachdem sie Abschied von ihm genommen hatte. Aber ihre Mutter lebte noch, wenn auch schwer krank, und wartete sehnlich auf ihr einziges verbliebenes Kind. Plötzlich war wieder eine Verbindung da.

Ausgerüstet mit einem Repatriierungsausweis verließ Marie am 6. August 1946 ihr deutsches Dasein. Von Soldaten und einem Betreuer wurde sie über die Grenze und tags darauf in den Ort begleitet, wo die überlebenden Bürger von Lidice vorläufig untergebracht waren. Die Heimgekehrte wurde freudig begrüßt und erkannte die einstigen Nachbarinnen und Mütter ihrer Freundinnen wieder, nun da sie ihre Gesichter sah. Mit bangem Herzen dachte sie an die Begegnung mit ihrer eigenen Mutter. So viel Leid und gezielte Entfremdung lagen seit dem erzwungenen Abschied zwischen den beiden.

Am nächsten Tag wurde Marie nach einem Anstandsbesuch im Innenministerium zu dem Prager Krankenhaus gebracht, in dem ihre Mutter wegen einer Tuberkulose behandelt wurde. Diese Begegnung ist für Marie Šupikova ein Schlüsselmoment ihres Lebens geblieben. »Ich hatte einen Strauß roter Nelken für sie dabei. Sie lag auf dem Bett und hat mich sofort erkannt. Sie hatte fest daran geglaubt, dass ich zu ihr zurückkomme, aber nicht zu hoffen gewagt, dass das so schnell gehen würde. Nur die Ungewissheit um meinen Bruder, von dessen Tod wir zu dieser Zeit noch nichts wussten, bereitete ihr große Sorgen. Ich war glücklich und sehr traurig zugleich. Meine Mutter weinte während unserer ganzen Begegnung. Wir fühlten uns einander zugehörig, konnten aber nicht miteinander sprechen.«

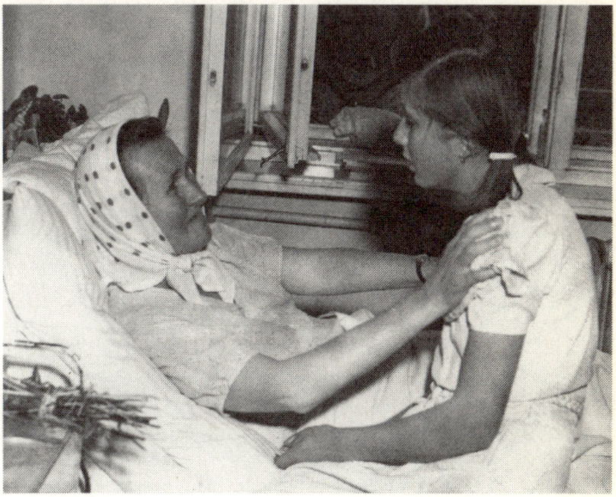

Marie am Krankenbett ihrer Mutter, Prag 1946

Die Mutter sprach kein Deutsch und Marie hatte die tschechische Sprache komplett vergessen. Es war wie das Sinnbild für die geraubte Kindheit. Die Tochter hatte ihre Mutter-Sprache eingebüßt, die Vertrautheit war immer noch spürbar, aber es fehlten die Worte. Marie musste das, was sie empfand, einer Lidicer Frau, die des Deutschen mächtig war, zur Übersetzung anvertrauen. »Es war sehr schmerzhaft, nicht mit der eigenen Mutter reden zu können. Doch unser Wiedersehen war sehr schön«, erzählt Marie Šupikova.

Trotz aller Verständigungsschwierigkeiten war es für die Mutter ein Trost, wenigstens die Tochter gerettet zu sehen. Nach ihrem Mann und ihrem Sohn hatte sie kurz vor der Evakuierung aus Ravensbrück auch ihre Mutter verloren. Sie selbst starb vier Monate nach dem Wiedersehen, im Dezember 1946, an der Tuberkulose und damit gleichfalls an den Folgen des menschenfeindlichen Lagerdaseins. Der Klinikaufenthalt hatte ihr immerhin den Anblick ihres zerstörten Heimatdorfes erspart. Bis zu ihrem Tod bekam sie regelmäßig Besuch von ihrer Tochter. Das hat ihr den Abschied vom Leben leichter gemacht.

Marie war jetzt als Einzige von ihrer Familie übrig geblieben. Eine Tante, die selbst ihre drei Kinder vermisste, nahm sie fürsorglich bei sich auf. Dennoch war es eine schwierige Zeit. Ein Aufenthalt im Erholungsheim und verständnisvolle Lehrer halfen Marie zwar dabei, in die Muttersprache zurückzufinden. Aber heimisch war die Heimgekehrte noch nicht. Es gab keinen Anhaltspunkt mehr, an die Kindheit anzuknüpfen – keinen Vater, keine Mutter, keinen Bruder und auch das Elternhaus nicht. Geprägt durch das unfreiwillige Exil, erschien Marie und ihren Schicksalsgefährtinnen die Heimat zu Beginn wie ein fremdes Land mit einer exotisch anmutenden Kultur.

»Als wir zurückkamen«, erinnert sie sich, »waren wir noch richtige Deutsche. Wir sprachen untereinander deutsch, und wenn uns etwas nicht passte, stampften wir mit dem Fuß auf. Wir waren ziemlich trotzig und störrisch, wenn jemand was von uns wollte. Wir gehorchten nicht. Das waren bestimmt die Folgen der Umerziehung und des Versuchs, uns ›deutsche Manieren‹ beizubringen. Besonders schwierig war es in der Schule. Die anderen Kinder mussten begreifen, dass wir eben nicht normale Tschechen sind. Wir haben manchen Spott zu hören bekommen. Aber die meisten wussten ja, was in Lidice vorgefallen war und hatten Verständnis.«

Für die überlebenden Mütter aus Lidice brachte die Heimkehr jedes der verschwundenen Kinder ein Wechselbad der Gefühle mit sich. »Es muss sehr schwer gewesen sein für sie«, meint Marie Šupikova nachdenklich. »*Wir* kamen zurück, aber *ihre Kinder* waren nicht dabei. Erst als ich erwachsen wurde und selbst eine Familie mit Kindern hatte, bekam ich eine Vorstellung davon, was sie damals wohl durchgemacht haben mussten. Man lebt für immer in einer Tragödie.« Trotz akribischer Recherche konnten von den 91 Kindern, die 1942 älter als ein Jahr alt waren, nicht mehr als neun aufgespürt werden. Es waren Kinder, die wie Marie als »eindeutschungsfähig« eingestuft und in deutschen Adoptivfamilien oder Heimen der Hitlerjugend untergebracht worden waren. Alle weitergehenden Nachforschungen verliefen im Sand. Dennoch wollten viele Mütter bis zu ihrem Tod die Hoffnung nicht aufgeben, ihre Sprösslinge doch noch eines Tages wiederzusehen.

Ein seltsamer Aktenfund, der Berliner Studenten in den neunziger Jahren gelang, beflügelte Jahrzehnte später den Wunschglauben noch einmal: »Fünfundsechzig Kinder von Tschechen, die standrechtlich verurteilt worden sind, sind zusammen interniert«, hieß es in dem Schreiben eines Referenten der »Protektorats«-Regierung vom 13. Juni 1944. »Diese Kinder stammen vorwiegend von Eltern aus den ehemaligen Ortschaften Liditz und Ležáky. (...) Hierbei war ein Abtransport nach dem Osten in Vorschlag gebracht worden. Heute ist ein Abtransport aus Böhmen und Mähren nicht mehr möglich.« Dieses Lebenszeichen stand in klarem Widerspruch zu zahlreichen Aktenvermerken und Augenzeugenaussagen, die den Tod der Kinder im Vernichtungslager Chełmno bestätigt hatten. War es dennoch denkbar, dass einige der Verschollenen am Leben geblieben waren, ohne ihre wahre Identität zu erahnen? Keine der hartnäckigen und arbeitsintensiven Bemühungen, Spuren der verschwundenen Kinder ausfindig zu machen, erbrachte jedoch ein greifbares Ergebnis. Heute sind alle Hoffnungen begraben. Die Überlebenden müssen sich mit dem unfassbaren Gedanken abfinden, dass das Leben ihrer Kinder, Freunde, Verwandten ausgelöscht wurde – wie das Dorf, aus dem sie stammten.

Bei allem Schmerz hat Marie Šupikova gelernt, im Angesicht der Tragödie auch Dankbarkeit zu empfinden: »Weil *sie* dem Tod ausgeliefert wurden, wussten *wir*, was wir am Leben haben. Für uns war es wie eine zweite Geburt.«

1947 wurde die 15-Jährige noch einmal von ihrer Vergangenheit eingeholt. Vor dem alliierten Militärtribunal in Nürnberg musste sie als Zeugin der Anklage gegen Verantwortliche der »Lebensborn«-Organisation aussagen, die damals die Zwangsadoptionen in die Wege geleitet hatten. Schritt für Schritt schilderte sie vor der Weltöffentlichkeit noch einmal ihren Leidensweg. »Ich war sehr aufgeregt«, erinnert sie sich. »Ich stand den Schuldigen auf der Anklagebank direkt gegenüber. Am Anfang hatte ich nur Hass verspürt darüber, was sie alles mit uns angerichtet hatten. Aber paradoxerweise war es eben so, dass gerade diese Organisation, die uns zu Deutschen machen wollte, mein Leben gerettet hat.«

Gerade weil sie im Land der Täter gelebt hatte, weiß sie zu unterscheiden. Ein pauschaler Hass gegen alle Deutschen oder deutsche Lebensart ist nicht Frucht ihrer Erfahrungen. Dennoch bleibt das zwiespältige Gefühl, ausgerechnet in die Identität des Volkes gezwungen worden zu sein, das ihre Familie, ihren Heimatort, ihr Lebensglück auf dem Gewissen hatte. »Die Kindheit wurde uns gestohlen. Das darf man nie vergessen«, sagt Marie Šupikova. »Ich war abrupt herausgerissen; gezwungen, vorzeitig erwachsen zu werden. Das war psychisch sehr belastend. In Lidice hatte ich zehn Jahre lang eine glückliche Kindheit verbracht. Als ich sah, was man hier angerichtet hatte, musste ich lernen, damit zu leben. Ich musste mir mein Leben wieder zurückerobern. Heute bin ich glücklich, meine tschechische Identität wiedergewonnen zu haben.«

Zehn Jahre nach dem Krieg konnte Marie, die inzwischen verheiratet war, wieder in ein eigenes Haus ziehen, in einen kleinen Ort, der von neuem Lidice heißt. Die Regierung hatte ihn unmittelbar angrenzend an das zerstörte Dorf errichten lassen. Der Versuch, Lidice von der Landkarte zu tilgen, sollte auf diese Weise öffentlichkeitswirksam revidiert werden. Wie die anderen Überlebenden erhielt Marie Šupikova hier ein Haus geschenkt. Gedenktage, Zeremonien und Staatsvisiten hielten Jahr für Jahr das Gedächtnis der Welt an das Verbrechen wach; das kommunistische Regime verstand es durchaus, die Trauer und die Trauernden im Kalten Krieg für ihre Zwecke zu instrumentalisieren. Doch die schmucke Neubausiedlung lebt immer noch im Schatten des Leer-Raums nebenan. Ein Dorf und seine Bewohner sind nicht zu ersetzen.

»Die Kindheit lässt sich nicht wieder zurückholen«, stellt Marie Šupikova nüchtern fest. Anfang der siebziger Jahre gab es den Versuch, für ein paar Tage dorthin zurückzukehren. Mit einer Gruppe aus Lidice besuchte sie in Polen die Stätten ihrer einstigen Odyssee. In Łódź streifte sie durch die Textilfabrik von damals und das Sammellager, das inzwischen als katholisches Lyzeum diente. In Pastuchów, früher Puschkau, besichtigte sie das

Marie Šupikova vor dem Denkmal für die Kinder von Lidice

frühere »Lebensborn«-Heim. Auf dem Gelände des ehemaligen Vernichtungslagers Kulmhof/Chełmno gedachte sie ihrer ermordeten Altersgefährten. In Poznań, dem früheren Posen, fand sie nach einiger Suche sogar ihr damaliges Wohnhaus wieder und traf dort auf eine Familie, die sich noch an die Schillers erinnerte. »Das Frappierende war«, berichtet sie, sichtlich bewegt, »wo immer wir auch hinkamen, wir haben alles noch genauso vorgefunden, wie wir es damals verlassen hatten. Das war wie eine Wanderung durch einen verdrängten Teil meiner Kindheit. Es war ein Schock für mich. Aber es war auch zum ersten Mal der Beweis, dass das, was ich in Erinnerung habe, wirklich geschehen ist, dass das mehr war als nur ein böser Traum.« Und sie erweckt dabei den Eindruck, als ob sie das alles noch immer nicht so recht zu glauben vermag.

4. Kapitel

Der unerlaubte Hitlerjunge

Diese schwarzen Haare. Nur nicht mehr diese pechschwarzen Haare! Mit allen Mitteln versucht Günther Lack im Badezimmer den dunklen Farbton seiner Haare wegzufärben – auch mit Wasserstoff. Er reibt und rubbelt und starrt dabei immer wieder in den Spiegel, als würde er sein Ebenbild an diesem Morgen im Jahr 1935 zum ersten Mal richtig wahrnehmen. Merkwürdig fremd erscheint dem 16-Jährigen sein Anblick auf einmal, die Gesichtszüge, die Nase, die Haare. Irgendjemand hat ihm einmal gesagt, dass man Haare mit Wasserstoff blond färben kann. So blond, wie es sich gehört für einen aufrichtigen deutschen Hitlerjungen.

Denn als solchen betrachtete Günther sich – bis zu diesem Tag. Lange und zutiefst überzeugt hatte er den Braunhemden angehört. Als der frischgebackene Gymnasiast 1929 im schlesischen Waldenburg dem Schülerbund der Hitlerjugend beigetreten war, da war dieser Verein noch ein eher bescheidenes Häuflein gewesen. Die Hakenkreuz-Partei war zu dieser Zeit noch weit von den Schalthebeln der Macht entfernt, kaum jemand verhieß ihr eine bedeutsame Zukunft. Günther empfand sich als Pionier in dieser braunen »Bewegung«, fast schon als »alter Kämpfer«.

Zeltlager, Fahrten, Lieder und Lagerfeuerromantik hatten ihn dorthin gelockt, das ganze Arsenal der Verführungsmittel, das Jugendgruppen eben so zu bieten hatten. Für einen Zehnjährigen war es überaus reizvoll, einmal frei von Eltern und Schule mit Gleichgesinnten zusammenzustecken. Dass die streng baptistische Mutter ihn vor Hitlers Jugendverein warnte, erhöhte den Reiz eher noch. »Wir waren damals irgendwie begeistert«, überlegt Günther Lack Jahrzehnte später im Rückblick, »ich weiß auch nicht, wieso. Das hat uns gefallen da, weil auch die Musik so zackig war. Und die größte Faszination ging davon aus, dass alles seine Ordnung hatte, dass alles perfekt ausgerichtet war. Wir waren ja so erzogen worden von unseren deutsch-nationalen Eltern.«

Aber die Hitlerjugend war mehr als ein geselliger Wanderverein. Auch ihre politische Mission zog den Gymnasiasten an. »Es war ja nicht wie bei den anderen Jugendverbänden, die nur ihre Heimspiele machten«, erinnert sich Günther Lack später noch mit unverhohlenem Stolz, »sondern bei uns wurde auch politisiert. Da wurde aus Hitlers Buch ›Mein Kampf‹ vorgelesen, und dann haben wir darüber diskutiert. Ich war ja schon immer politisch stark interessiert.« Schon frühzeitig las er Zeitung. Und da konnte der Junge mitverfolgen, wie, zum Beispiel, die Arbeitslosenzahl immer weiter nach oben kletterte, wie sie 1932 die Sechsmillionengrenze überschritt. Sonst gab es in jenen Tagen nicht viel, das aufwärtsging.

Da mochte der Schüler sich in einer Truppe gut aufgehoben fühlen, die auf schwierige Fragen einfache Antworten parat hielt. Es gab einen Wunderheiler, der hieß Adolf Hitler, es gab ein Heilmittel, das war die Volksgemeinschaft, und es gab ein Gift, das es zu bekämpfen galt, das waren die Juden im Land. Zwar waren jüdische Nachbarn, die man so kannte, der Arzt, der Anwalt oder der freundliche Ladenbesitzer, keineswegs so hinterlistig und verschlagen, wie es das abstrakte Feindbild der Propaganda suggerierte. Aber die Verschwörungslehre zeigte ihre Wirkung, gerade auf kindliche Gemüter. Die Mär vom bösen Juden sickerte wirksam ins Bewusstsein. Wenn die Kameraden mit dem Schlachtruf »Juda verrecke!« auf den Lippen durch die Straßen zogen, dann blieb auch Günther Lack nicht abseits. Er war nicht der Wortführer oder Tonangeber – aber er machte mit und er machte mit den Mund auf, denn er wollte dazugehören, um jeden Preis, und er suchte Schutz in der Uniformität. In diesem Trupp von Gleichgekleideten und Gleichgesinnten fühlte er sich geborgen, dort fand er die Achtung und Anerkennung, die zu Hause und in der Schule nicht so leicht zu erringen waren.

Als »seine Partei« nach 1933 im ganzen Land das Sagen hatte, war Günther der festen Überzeugung, dass nun die nationalsozialistischen Ideen, die sie jede Woche beim Heimabend der Hitlerjugend eingeimpft bekamen, endlich Wirklichkeit würden. Er war so überzeugt, dass er auch andere überzeugen wollte, zum Beispiel seine Eltern mitsamt der auch im Haus wohnenden Tante. Er wollte auftrumpfen, einmal so richtig auf die Pauke hauen, damit sie mal ihm zuhörten und nicht immer in ihren Erwachsenengesprächen versanken. Das jedenfalls gelang ihm wirkungsvoll, als er eines Morgens am heimischen Frühstückstisch vollmundig und durchaus mit Stolz verkündet hatte: »Wenn das so weitergeht, dann werden wir bald keine Juden mehr hier in Deutschland haben!«

Einen Moment lang herrschte Stille, irritiertes Schweigen. Schließlich sprach die Tante in die heikle Verlegenheit hinein jenen Satz, der Günthers kleine Welt mit einem Schlag nachhaltig zerstörte: »Ja wieso, dann bist du doch auch nicht mehr da!«

Sie hätte das nicht sagen sollen. Aber hatte sie nicht lediglich in Worte gefasst, was in diesem Moment einfach in der Luft lag, für alle, die eingeweiht waren? Jedenfalls war es nun heraus, das sorgsam gehütete Familiengeheimnis unwiderruflich offengelegt. Günther spürte das sofort, er las es an den verstörten Gesichtern und war selbst wie erstarrt. Er sah seine Mutter an. Die nickte ergeben und gab damit nichts weniger zu, als dass sie gar nicht seine Mutter war. Schon seit Günther klein war, hatten Spielgefährten ihm mit kindlicher Brutalität klargemacht, dass er ein »angenommenes Kind« sei. Was war das, ein angenommenes Kind? Günther wendete es positiv für sich: Ich bin angenommen worden, also akzeptiert, geschätzt, gemocht, das war allemal besser, als Ablehnung zu erfahren. »Lass sie doch reden,« sagte seine Mutter nur. Oder besser die Frau, von der er bislang angenommen hatte, dass sie seine Mutter war.

Jetzt ging das nicht mehr, jetzt war alles infrage gestellt. Nun musste Martha Lack Farbe bekennen: »Ja«, sagte sie zögernd, »deine richtige Mama ist eine Jüdin. Sie ist eine sehr hübsche Frau. Sie hat dich nicht behalten können, aber sie hat alles so gemacht, dass keiner etwas merkt.« Im Kopf des Hitlerjungen begann sich zu drehen, was bis dahin festgefügt schien. Wenn seine leibliche Mutter eine Jüdin ist, so viel war ihm auch klar, dann wäre er selbst ja … Unvorstellbar, unaussprechlich, undenkbar in jener verkehrten Welt.

Die Familie Lack im Kreis der Nachbarn

»Das war wirklich ein Schock für mich«, beschreibt Günther Lack im Rückblick. »Ich habe heute noch Depressionen und glaube, dass das aus dieser Zeit herrührt. Man muss sich das einmal vorstellen: Juden wurden uns immer als das Übelste hingestellt, was es gibt. ›Das sind Ratten‹, hat man uns gesagt. Und nun war ich plötzlich selber einer. Ich habe damals in meiner Verzweiflung versucht, meine dunkelschwarzen Haare mit Wasserstoff blond zu färben, aber die sind nur rot geworden dabei. Bis mich jemand beschwor: ›Wenn du so weitermachst, fallen dir noch alle Haare aus!‹«

Alle Schönfärberei blieb vergebens. Günther war urplötzlich zu dem Feindbild geworden, das man ihm ständig eingeredet, das er schließlich selbst gepflegt und verbreitet hatte. Aus dem Spiegel sah ihn das Zerrbild der Rassenpropaganda an, in den Ohren tönten die Hetzparolen. »Jetzt bin ich selber so einer«, ging es Günther unaufhörlich durch den Kopf. Wer war denn schuld an allem vermeintlichen Unglück? Wer hatte dafür gesorgt, dass der Krieg verloren ging? Wer hatte den Niedergang zu Zeiten der Republik auf dem Gewissen? Wer hatte sich gegen all das verschworen, was einem »aufrechten Deutschen« als heilig zu gelten hatte? Wie oft hatte er diese Fragen durchexerziert. Und jetzt sollte er selbst ein Teil der Antwort sein? Es war, als fände ein Soldat sich unvermittelt im gegenüberliegenden Schützengraben wieder, in der Uniform der Feinde, und sähe von dort die Munition auf sich zukommen, die er eben noch selbst abgeschossen hatte – allzu gehorsam und blind.

Nur eines wusste der Junge ganz gewiss, dass ab sofort nichts mehr so war, wie er immer geglaubt hatte, und dass nichts so bleiben würde, wie es immer war. »Es war ein Tiefschlag«, erinnert sich Günther Lack. »Ich habe geheult und geheult, den ganzen Nachmittag lang. Meine Mutter hat mich dann getröstet und gesagt: ›Ach, mach dir doch nichts draus!‹ Aber ich wusste genau, was auf mich zukommen wird.« Nicht nur sein Weltbild war infrage gestellt. Er fand sich abrupt von der Seite des Triumphs auf die Seite der Ausgestoßenen verbannt. Jetzt gehörte er selbst zu jenen, die von seinen Gesinnungsgenossen bis aufs Blut verfolgt wurden, genau wie seine leibliche Mutter, die nun so phantomhaft und geheimnisvoll in seine Gedankenwelt trat.

Das Rätsel hat sich bis heute nicht lösen lassen. Ein paar Einträge auf Günthers Geburtsurkunde, eine Unterschrift unter dem Adoptionsvermerk: Das sind alle Spuren, die die Mutter hinterlassen hat. Else Lachmann, so viel geht aus den Dokumenten hervor, lebte zur Zeit von Günthers Geburt im Kurort Salzbrunn, einem Vorort der Kreisstadt Waldenburg. Sie war ledig, Buchhalterin von Beruf und evangelischer Konfession, was in der Rassenarithmetik der Nazis an ihrer Einstufung als Jüdin jedoch nichts änderte. Selbst ihr Alter bleibt ein Geheimnis der Geschichte.

Doch es ist anzunehmen, dass sie noch sehr jung war, als sie kurz nach dem Ersten Weltkrieg, am 9. April 1919, ihrem unehelichen Sohn August Günther das Leben schenkte. Der Kindsvater August Lack, der im Nachbarort Weißstein zu Hause war, versah im Kurort den Beruf eines Bademeisters. Möglicherweise hatte er Else Lachmann im Kurbetrieb kennengelernt. Zur Zeit der Geburt lebte sie im Salzbrunner Logierhaus »Villa Marthi«, das Schutz bot vor allzu viel öffentlicher Neugier. Im Gegensatz zu ihr war der Vater des Knaben verheiratet. In dem offenkundigen Bemühen, die Affäre verborgen zu halten, nahm der Kindsvater die Frucht seines Seitensprungs kurzerhand im eigenen Hause auf. So sah es für die Außenwelt so aus, als wäre der Knabe aus ehelicher Eintracht hervorgegangen. Ehefrau Martha konnte keine Kinder bekommen und schien sich mit dem Arrangement abgefunden zu haben. Mit dem Stiefsohn verfügte die tugendstrenge Baptistin über eine Trumpfkarte gegenüber dem untreuen Gemahl: Das Kind war der lebendige Beweis für dessen Sündhaftigkeit, die sie ihm stets vor Augen halten konnte. Außerdem war der Frauenheld als Vater fortan stärker in das häusliche Leben eingebunden. Nach außen war der Anschein einer intakten Familie, die mit eigenem Nachwuchs gesegnet war, gewahrt.

Auffallend ist, dass die Adoption für die junge Familie mit einem merklichen materiellen Aufschwung einherging. 1920 eröffneten die beiden Eheleute in der Altstadt von Weißstein ein kleines Textilwarengeschäft, das mit der Zeit für bescheidenen Wohlstand und für Ansehen im Ort sorgte. Der eigene Laden erlaubte es August Lack, seine Tätigkeit als Bademeister (und damit auch seine Nebentätigkeit als Schürzenjäger) aufzugeben. Woher nahmen die Kriegsflüchtlinge aus Ostpreußen, die beide nicht aus betuchten Elternhäusern stammten, das Startkapital? Kann es sein, dass Else Lachmanns Vater die diskrete Adoptionslösung für den unerwünschten Enkel – unehelicher Sohn seiner jungen Tochter und eines verheirateten Mannes – durch eine großzügige Entschädigung unterstützt hatte?

Diese Hintergründe sind ebenso ungeklärt wie das weitere

Schicksal von Günthers jüdischer Mutter. Der Sohn erinnert sich, dass er nach der Aufdeckung des Geheimnisses mit Unterstützung seiner Adoptiveltern den Kontakt zu Else Lachmann gesucht hat, sie aber unter der behördlich mitgeteilten Adresse nicht mehr auffinden konnte. Hat sie den Holocaust überlebt? Wie sah sie aus? Was war sie für eine Frau? Welche seiner Fähigkeiten und Neigungen hat er von der Mutter geerbt? Das sind Fragen, die Günther Lack bis an sein Lebensende begleiteten. Es sind die Schlüsselfragen seiner eigenen Identität.

Weißstein 1935

Auf den wenigen Fotos, die aus seiner Kindheit erhalten sind, sieht Günther sichtlich ernst drein, obwohl er von seinem Naturell aus eher zur Fröhlichkeit neigt. Unter der Obhut der Stiefmutter und ihrer Schwägerin, und mit einer gewissen Distanz zum Vater, wuchs er behütet, aber einsam heran. Seine Begabungen schlugen offenkundig aus der Art des Hauses. Schon frühzeitig offenbarte sich Günthers Sprachtalent und seine starke Neigung zur Musik. Dies war jedoch nicht unbedingt im Sinne der baptistischen Adoptivmutter, die zu Hause den Ton angab. Wie ihr Mann war sie selbst nicht sehr musikalisch veranlagt und betrachtete die Bücher, die Günther schon frühzeitig fließend zu lesen verstand, tendenziell als »Teufelszeug«. Doch die Eltern vergötterten ihren Kronprinzen zu sehr, um ihm zu strenge Vorschriften zu machen. So ermöglichten sie es Günther, Geige zu lernen und freuten sich, wenn er für seine fantasievollen Aufsätze gute Zensuren nach Hause brachte. Der Wechsel auf das Realgymnasium in der benachbarten Kreisstadt war den Eltern nicht recht, aber sie hinderten den Sohn auch nicht daran. In ihren Augen war er allerdings nicht zum Schöngeist bestimmt, sondern sollte einmal den Laden übernehmen.

Doch Günther hatte andere Träume im Kopf. Er wollte Journalist werden und liebte es, sich in die Welt der Musik und Bücher zu versenken. Zugleich suchte er Anschluss, um seinem Außenseiterdasein zu entrinnen. Die Hitlerjugend wurde seine zweite Heimat. Dort durfte er als »Jungenschaftsführer« einen kleinen Trupp von etwa zehn Gefolgsleuten dirigieren – mehr aber auch nicht. Günther spürte frühzeitig Grenzen, ohne sie genau orten zu können. »Es gab Beförderungen«, erinnert er sich später, »aber ich war nie dabei. Das hat mir schon zu denken gegeben. Ich wurde immer wieder versetzt von einer Gruppe zur anderen, aber befördert wurde ich nicht. Nie ist einmal einer von den höheren Führern direkt an mich herangetreten.« Ahnten sie etwas?

Seit er von seiner Herkunft wusste, fühlte sich Günther jedenfalls, als hätte er unübersehbar einen Davidstern auf seiner Stirn. Eines Nachmittags ging er mit einem Freund zum »Dienst«, wie sie damals sagten, zum Heimabend der HJ. Da meinte der Begleiter ebenso beiläufig wie unvermittelt: »Du, in meinem Haus wohnt eine Frau, die gefragt hat, ob jetzt auch Juden in der Bewegung seien.« Günther versuchte, möglichst unbefangen zu reagieren. »Wie kommt sie denn auf die Idee?«, fragte er. Darauf wandte der Freund sich ihm zu und sagte: »Na, die meint dich!«

Da war es wieder, dieses Schwindelgefühl, das Herzklopfen, das Pulspochen, der Keulenschlag, der die Füße unter dem Boden wegzog. Mit feuchten Händen und einer bangen Vorahnung besuchte der Hitlerjunge von diesem Moment an die Versammlungen seiner Gesinnungskameraden, unter die er sich früher so gern und stolz gemischt hatte. Jetzt war das grundlegend anders. Es war nur noch eine Frage der Zeit, bis sie von seinem Geheimnis erfahren würden. Alles Verschweigen, Vertuschen, Verbergen blieb vergeblich. Wie ein böser Fluch holte das Gerücht Günther ein. Kaum hatte er eines Nachmittags den Versammlungsraum betreten, stand der gesamte Jungzug auf Geheiß seines Führers stramm und skandierte: »Halbjude, Halbjude, Halbjude!« So hießen im NS-Jargon Menschen mit einem jüdischen Elternteil.

Wieviel hätte Günther in diesem Moment dafür gegeben, einfach nicht mehr da zu sein, sich in Luft aufzulösen. Seine Gefährten, die stets das hohe Lied der Kameradschaft anstimmten, empfingen ihn jetzt mit Schmähungen und Verachtung, ohne dass er sich selbst in irgendeiner Weise verändert hätte. Dabei hatte keiner von ihnen ihn persönlich zum Feind erklärt. Aber das Gefüge von Ideologie, Befehl und Gehorsam verbannte Günther über Nacht in die Außenseiterrolle. Für ihn war es ein Augenblick vollkommener Ohnmacht und eine bittere Lektion.

Aber nicht nur Scham empfand Günther in diesem Moment, sondern schlichte Angst, beklemmende Angst. »Die hätten ja jetzt behaupten können«, erläutert Günther Lack in der Rückbetrachtung, »dass ich mich als Jude bewusst in die Hitlerjugend eingeschlichen hätte, was streng untersagt war. Dann wäre ich reif fürs KZ gewesen.« Gefolgschaftstreue wurde zum Verbrechen. Günther war nicht nur unerwünscht, er galt mit einem Mal als gefährlich, als Feind. Und da er selbst noch im Bann jener abstrusen Dogmatik stand, war er sich durchaus nicht schlüssig darüber, ob diese Annahme nicht am Ende berechtigt war.

Umso entschlossener ging die Hitlerjugend daran, die Fronten zu klären – mit bürokratischer Gründlichkeit. Es dauerte nicht lange, da erhielt Günther einen Brief. Der »Bannführer« der HJ forderte ihn darin ultimativ auf, einen Nachweis seiner »rassischen Reinheit« zu liefern, anderenfalls könne er sich als ausgeschlossen betrachten. Der Angeklagte war ratlos. Er wusste, dass er den geforderten Freibrief nicht erbringen konnte. Seine Adoptivmutter überlegte zwar, ob man sich nicht an das »Rassenpolitische Amt« der SS wenden solle, um dort eine Art »Unbedenklichkeitsbescheinigung« zu erbitten. Aber der Sohn wusste nur zu gut, dass dies seine Lage noch erschweren und auch seine leibliche Mutter in Gefahr bringen konnte. Gleichzeitig peinigte ihn die Panik, ohne die Uniform der Hitlerjugend künftig seiner Schutzhülle entkleidet zu sein.

So tat er erst einmal – nichts. Er ließ den genannten Termin verstreichen und blieb der staatlichen Jugendorganisation einfach fern. Statt zu den Fähnleintreffen fuhr er ziellos mit dem Fahrrad durch die Gegend. Er wollte sich nicht verkriechen und damit sein Ausgeschlossensein vor Augen führen. Wenigstens nach außen sollte der Wochenplan aufrechterhalten bleiben.

Auch in der Schulklasse, die er im Nachbarort besuchte, versuchte Günther die Fassade seines bisherigen Daseins zu wahren. Um misstrauischen Fragen vorzubeugen, streute er gezielt das Gerücht, dass er wegen der Affäre mit einem Mädchen aus der HJ geflogen sei. Doch auch diese Legende bot keinen dauerhaften Schutz vor der Macht der Nachreden und Vorurteile. Seine Misere holte Günther bald auch im Klassenzimmer ein. »Na, wann habt ihr denn euer Laubhüttenfest?«, zischte ihm ein Mitschüler, der ihn aus der Hitlerjugend kannte, während einer Schulstunde zu. »Von was redest du da?«, bemühte sich Günther noch abzuwehren. Doch da traf ihn schon der nächste Schlag: »Na, du weißt doch Bescheid! Warum bekennst du dich denn nicht dazu?«

Was sollte er dazu noch sagen? Dass er jetzt, da er selbst in der »feindlichen« Haut steckte, zu begreifen begann, welches Gift in Vorurteilen steckte und in den Parolen, die eben noch zu seinem eigenen Repertoire gehört hatten? Günther blieb stumm und musste sich hilflos eingestehen, dass er den bösen Schatten nicht loswerden konnte. Nicht einmal die Mauern der höheren Schule, seines Elysiums, boten noch Zuflucht und Schutz. Bald darauf, es muss etwa im Jahr 1936 gewesen sein, wurde ihm dies offiziell bescheinigt. Günthers Eltern erhielten eine Vorladung der Schulleitung. Seine Mutter begab sich also in das Waldenburger Realgymnasium – wie zur Anklagebank. Es sei bekannt geworden, bekam sie dort zu hören, dass die »Abstammung Ihres Sohnes nicht nachgewiesen« werden könne. Sie möge sich dazu äußern. »Ich kann dazu nur sagen«, entgegnete Martha Lack unverblümt, »dass seine leibliche Mutter Jüdin ist.«

Damit hatte sie das Urteil selbst gesprochen. Der untadelige und erfolgreiche Gymnasiast hatte das Recht verwirkt, auf einer

»deutschen« Schule Unterricht zu erhalten. In der Rückschau ist Günther Lack seiner Pflegemutter immer noch etwas gram. Sie hätte keine Veranlassung gehabt, die jüdische Herkunft seiner leiblichen Mutter, die zudem die protestantische Konfession hatte, zu offenbaren. Hatte die Adoptivmutter allzu vorschnell den Rückzug angetreten, um weiteren Unannehmlichkeiten aus dem Weg zu gehen? Kam ihr diese Wendung womöglich gar zupass, weil sie den schulischen Werdegang des Sohnes ohnehin mit einem gewissen Argwohn begleitet hatte? Was immer die wahren Beweggründe waren, Günther Lack erhielt bald darauf den amtlichen Bescheid, bis zum Ende des Schuljahres das Gymnasium verlassen zu müssen. Zwar wurde er nicht mit Schimpf und Schande aus der Anstalt gejagt. Der Klassenlehrer drückte ihm zum Abschied noch einmal die Hand und meinte beherzt zu den anderen in der Klasse: »Wenn der Günther mal Fabrikdirektor ist, dann gehen wir alle hin und besuchen ihn.« Auch wenn diese Worte eher nach Galgenhumor klangen, so waren sie wohl als Aufmunterung gedacht.

Das Realgymnasium in Weißstein

Doch für den Geschassten war der unfreiwillige Abgang mehr als ein Schulverweis. »Ich bin doch für die Schule durchs Feuer gegangen«, resümiert er im Rückblick. »Es war eine hervorragende Schule. Zum einen war sie sehr modern, erst drei Jahre vor meiner Einschulung errichtet. Zum anderen herrschte ein guter Geist zwischen Lehrern und Schülern wie auch unter uns. Außer meinem ehemaligen Fähnleinführer und dessen Kumpan, den er aufgehetzt hatte, wurde ich von niemandem angegriffen.« Es war die Vertreibung aus dem bescheidenen Paradies seiner Kindheit, aus dem selbstbestimmten Dasein. Durch die Verbannung war dem Schüler sein Lebensinhalt entzogen. Die entgangenen Chancen lasten auf seinem Leben. All das, was Günther zu schätzen gelernt und sich erträumt hatte, die Sprachen, die musische Ausbildung, die Aussicht auf eine Journalistenlaufbahn, war auf einmal verloren. Selbst das Geigenspiel, das er sich mühsam angeeignet hatte, musste er aufgeben.

Nach der Schulzugehörigkeit verlor Günther auch formell die HJ-Mitgliedschaft, nachdem er das Ultimatum hatte verstreichen lassen. Ohne den HJ-Ausweis war ihm der Zugang zu den meisten Jugendaktivitäten verwehrt. Zelten, Musizieren, Motorradfahren, Schwimmen: Kaum eine Freizeitbetätigung entzog sich der totalen Kontrolle durch die Staatsjugend. Die Vorzüge der vielgepriesenen NS-»Volksgemeinschaft« stand nur »Volksgenossen« offen. Wer nicht dazugehörte, blieb isoliert. In kurzer Zeit war der Jungvolkführer zum Außenseiter degradiert. Einstige Mitschüler und Freunde wandten sich ab, wenn sie ihm auf der Straße begegneten. Andere wagten nur noch einen verstohlenen Gruß.

Einzig Günthers Eltern schien die Wendung nicht ganz ungelegen zu kommen. Nach dem Verweis vom Gymnasium stiegen nun doch die Aussichten, dass der Sohn das Textilgeschäft später einmal übernehmen würde. Zur Vorbereitung vermittelten sie Günther eine Lehrstelle als Industriekaufmann in einer angesehenen Porzellanmanufaktur im Nachbarort Waldenburg. Der Lehrling versah Bürotätigkeiten, saß an der Schreibmaschine und kümmerte sich um Steuerangelegenheiten. Es blieb ihm nichts anderes übrig, als sich in seine neue Bestimmung zu fügen, und sein zuversichtliches Naturell kam ihm dabei entgegen. Zudem gab es einen Begleitumstand, der sein Dilemma etwas milderte: Günther verdiente jetzt Geld, zwar keineswegs üppig, aber genug, um sich eigene Anschaffungen zu leisten. Und das wiederum war seinem angeschlagenen Ansehen förderlich. Zum Leidwesen der Mutter, die die Musikbegeisterung des Sohnes noch nie so recht zu teilen vermochte, erwarb er von seinem ersten Verdienst ein Grammophon. Von nun an konnte sich Günther nach jeder Gehaltszahlung die neuesten Schallplatten zulegen, besonders gern sammelte er Schlager, die ihn aus der tristen Wirklichkeit entführten. Die Schellack-Leidenschaft verschlang den größten Teil seiner Einkünfte, aber sie bescherte ihm auch einen neuen Lebensinhalt. Für Günther war die Musik zugleich Fluchtpunkt, Unterrichtsersatz und Kontakthilfe. Freunde, die er ohne Schule und Hitlerjugend schnell aus den Augen verloren hätte, konnte er nun mit der Aussicht auf die neuesten Schlager aus dem Grammophontrichter zu sich nach Hause locken. Einige Plattenumdrehungen lang war die Isolation durchbrochen.

Doch je feindlicher die Außenwelt ihm begegnete, desto mehr zog der Junge sich zurück. »Ich habe mich mehr um meine Musik gekümmert«, erzählt Günther Lack, »und um meine Bücher. Lesen war ja mein Ein und Alles.«

An seinem neuen Arbeitsplatz versuchte der Lehrling tunlichst, seinen Hinauswurf aus der Hitlerjugend verborgen zu halten. Wenigstens im Büro wollte er von argwöhnischen Nachstellungen verschont bleiben. Doch dann schlug auch in seinem neuen Leben die Stunde der Wahrheit. Während des alljährlichen Betriebsappells war es üblich und erwünscht, dass Angehörige der NSDAP oder anderer Parteiformationen in Uniform erschienen. Würde Günther am Festakt in Zivil teilnehmen, wäre sein Ausschluss aus der HJ offenkundig – mit unabsehbaren Folgen. Auf der anderen Seite galt das unbefugte Tragen der HJ-Uniform als Sakrileg, besonders wenn es jemand tat, den das Regime zu seinem Feind erklärt hatte.

Nach einigem Hadern entschloss sich Günther, seine Uniform doch hervorzuholen. Um aber in der Umgebung seines Elternhauses nicht erkannt zu werden, zog er über das Braunhemd einen Trenchcoat. Mit prüfendem Blick nach allen Seiten radelte er zu seinem Arbeitsplatz im Nachbarort – so unauffällig wie es irgend ging. Was würde geschehen, wenn Kameraden von früher ihn sahen und Verdacht schöpften? Nicht nur die Angst und die Pedaltreterei trieben ihm den Schweiß aus den Poren. Es war Hochsommer mit Temperaturen über 25 Grad. Natürlich fassten sich die Kollegen aus dem Betrieb an die Stirn, als Günther im Regenmantel schweißüberströmt in den Werkshof einfuhr. Zur Begrüßung empfingen sie ihn mit der Frage, ob er jetzt total übergeschnappt sei. Doch zu seiner Beruhigung schöpften sie keinen weitergehenden Verdacht.

Bis plötzlich einer der Anwesenden herausplatzte: »Der ist doch aus der HJ rausgeflogen ...«, und hinzufügte: »... weil er ein Jude ist.« Nun war Günther auch hier, in seinem letzten verbliebenen Freiraum, bloßgestellt. Fortan war er nicht mehr nur Lehrling oder Freund oder Kollege, er trug, unsichtbar, aber unverkennbar, ein Kainsmal auf der Stirn. Außerdem musste der verstoßene Parteijünger mit einer Strafe wegen der Uniform-Anmaßung rechnen.

Doch diesmal blieb das Nachspiel aus. Die Eingeweihten hielten dicht. Das parteiferne Klima an seinem Ausbildungsplatz bewahrte Günther vor weiteren Nachstellungen und Nachreden. Er hatte zwar keine Aussichten mehr, beruflich jemals voranzukommen oder gar die Karriereleiter zu erklimmen, aber seine Ausbildung durfte er absolvieren. Seine Tarnung war größtmögliche Unauffälligkeit. Sich anpassen, nur keinen Ärger, keine großen Töne: Mit dieser Devise hoffte Günther den Alltag in einem antisemitischen Land durchstehen zu können. Besonders nach Feierabend und unter fremden Menschen bemühte er sich, so wenig wie möglich in Erscheinung zu treten. Doch das misslang immer wieder – ohne eigenes Zutun. »Mit meinen Freunden habe ich immer noch kleine Fahrradtouren oder Ausflüge unternommen«, schildert Günther Lack. »Einmal habe ich dabei ein Mädchen getroffen, das ich von früher her kannte. Wir sind ein wenig zusammen spazieren gegangen. Da kam uns einer entgegen und tönte prompt: ›Rassenschande! Das ist Rassenschande!‹«

Es waren Giftpfeile aus dem Hinterhalt. Zu jener Zeit war es Juden bei Strafe verboten, intime Beziehungen mit Landsleuten zu pflegen, die nicht durch die Rassegesetze geächtet waren. Liebe wurde unter diesem Vorzeichen zum Vergehen. Für die Betroffenen konnte der Vorwurf der »Rassenschande« höchste Gefahr bedeuten, im Extremfall die Todesstrafe. Dabei waren diese Kontaktverbote nur Vorboten des kommenden Unheils. Wie ein Fanal brannten im November 1938 die Synagogen im ganzen Land. Mitbürger wurden auf offener Straße gedemütigt, verschleppt und ermordet. »Danach kam es immer häufiger vor«, erzählt Günther Lack, »dass Leute abgeholt wurden, die dann einfach nicht mehr da waren: Ärzte, Anwälte, Nachbarn, die wir kannten. Ich habe immer nur gebangt: ›Wann wirst du selbst einmal dran sein?‹« Doch der Verfolgte haderte nicht mit den Verfolgern, sondern mit sich selbst. »Ich habe ständig innerlich mit mir gestritten«, beschreibt Günther Lack sein damaliges Gefühlsleben, »mich immer gefragt: ›Warum muss das sein? Warum muss gerade ich einer sein, der dem allgemeinen Feindbild entspricht? Warum muss ich ausgerechnet einem Volk angehören, von dem man nichts mehr wissen will, das verfolgt wird? Warum?‹ Über allem stand ein einziges großes Fragezeichen.«

Erst allmählich, in einem schmerzhaften Lernprozess, dämmerte Günther die Erkenntnis, dass seine Misere nicht auf seiner eigenen Schuld beruhte, sondern dass ihm und anderen Unrecht geschah. »Irgendwann kam mir doch die Eingebung, dass das nicht in Ordnung ist, wenn die so willkürlich gegen andere vorgehen. Gegen Menschen, die doch nichts weiter verbrochen hatten, als dass sie eine andere Herkunft, einen anderen Glauben haben.« Und nun war er selbst dieser Willkür schutzlos ausgeliefert. Tag für Tag drohten neue Schikanen, Verfolgung, Verhaftung. Niemand war da, der eine schützende Hand über ihn hätte breiten können. Der Staat, der seine Bürger eigentlich vor Gewalt und Repression hätte in Schutz nehmen müssen, war selbst der Täter.

Die Rettung für Günther kam, Ironie des Schicksals, in Form einer Uniform. Als er 18 Jahre alt wurde, erreichte ihn der Einberufungsbescheid zum Reichsarbeitsdienst, dem obligatorischen Pflichtjahr für die jungen Erwachsenen des Reiches. Als wäre er nie ausgeschlossen gewesen, wurde er zum Dienst mit dem Spaten in seiner schlesischen Heimat eingezogen. Entweder war seine Abstammung innerhalb des NS-Verwaltungsapparates nicht weitergemeldet worden oder man hatte ihn auch als sogenannten »Halbjuden« für einsatzwürdig befunden. Jedenfalls erhielt

Herr Frau Fräulein Günther Lack
erhält die Erlaubnis, nach Ablegung der Prüfung ein Kraftfahrzeug mit Antrieb durch Verbrennungsmaschinen Elektromotoren Dampfmaschinen
der Klasse 4 (vier) zu führen.
Waldenburg, den 2. Mai 1939
III Z 4701/L.96/39
Der Polizeipräsident
I.A.
Stempel
Gebühr 1.50 RM
Geb.-Buch Nr.
27.4.39
Nach bestandener Prüfung ausgehändigt.
Waldenburg (Schles), den 23. Mai 1939
Der amtlich anerkannte Sachverständige:
Der Polizeipräsident.
I.A.
Liste Nr.
Stempel
Eigenhändige Unterschrift des Inhabers:
Günther Lack

Der Führerschein von Günther Lack, 1939

Günther Lack als Gegenleistung für seinen Arbeitseinsatz die Uniform eines »Arbeitsmannes«. Und wer im »Dritten Reich« die Einheitskluft trug, war damit erkennbar Angehöriger der »Volksgemeinschaft«. Im Anschluss an sein Dienstjahr durfte der »Arbeitsmann« seinen Kittel direkt gegen den Waffenrock eintauschen. Inzwischen hatte der oberste Uniformträger des Reiches den Zweiten Weltkrieg angezettelt, und der »Halbjude« Günther Lack war einer seiner Soldaten. Mit der Waffe in der Hand sollte der Rekrut denen zum Sieg verhelfen, die seine erklärten Todfeinde waren. Doch Günther Lack scherte sich nicht um diese Absurdität, sondern war heilfroh, die Uniform tragen zu dürfen. Für ihn war sie wie ein Schutzanzug vor Demütigung und Verfolgung. In Reih und Glied zu marschieren hieß, nicht mehr ausgestoßen und geächtet zu sein, der Verstoßene gehörte nun wieder dazu.

Das redete er sich zumindest ein. Doch mancher Kamerad ließ ihn seine vermeintliche Andersartigkeit deutlich spüren. Ein Zahlmeister der Wehrmacht, der ihn von früher kannte, behandelte ihn demonstrativ wie Luft, wenn er ihm jetzt begegnete.

Doch Günther fand andere Mitsoldaten, deren Blick nicht so sehr durch die Rassenideologie getrübt war. In den Karpaten, in Frankreich und in Russland kämpfte er für Hitlers Sieg und erlebte am Ende mit der Armee des Diktators die Niederlage. 1944 geriet der Frontkämpfer in sowjetische Gefangenschaft und musste mit anderen Kriegsgefangenen die transsibirische Eisenbahnstrecke durch die Eiswüste bauen. Trotz der lebensbedrohenden Strapazen brachte die militärische Niederlage für Günther Lack eine Zeitenwende. Nun musste er nicht mehr bangen, dem staatlich organisierten Antisemitismus zum Opfer zu fallen. Trotzdem behielt er auch im Lager sein Geheimnis tunlichst für sich. Mit dem Kriegsende hatten sich judenfeindliche Gesinnungen keineswegs über Nacht in Luft aufgelöst. 1949 traf der Spätheimkehrer im westdeutschen Auffanglager Friedland bei Hannover ein, abgemagert und ausgezehrt, aber frei. Dieses Datum, Günther Lacks persönlicher Unabhängigkeitstag, hätte das versöhnliche Ende der Bedrängnis markieren können. Doch seine Geschichte nahm kein Ende – auch dann nicht, als das Reich, das Günther so viel Unheil zugefügt hatte, längst in Trümmern lag. Die Vergangenheit holte ihn und die Menschen, denen er nahestand, immer wieder ein.

Dabei war der Neuanfang nach Kriegsende zunächst vielversprechend. Der Heimkehrer fand seine Eltern und seine Tante wieder, die sich nach ihrer Vertreibung aus Schlesien in einer norddeutschen Kreisstadt angesiedelt hatten. Dort war es den Eltern gelungen, wieder ein Textilgeschäft aufzumachen. Günther, der sich in den ersten Monaten noch als Lagerarbeiter für die britische Besatzungsmacht verdingt hatte, konnte nach dem Abzug der Engländer in den elterlichen Betrieb einsteigen. Die Geschäfte gingen gut in jenen Aufbaujahren. Mit der D-Mark in der Tasche waren die Deutschen wieder kaufkräftig. Günther brauchte sich nicht mehr zu verstecken, und er konnte sich viele Wünsche erfüllen, die ihm früher versagt geblieben waren. Beinahe sein gesamtes Einkommen floss in die jeweils neuesten Auto-, Radio- oder Tonbandmodelle. Endlich konnte er auch wieder seiner Musikleidenschaft frönen, obwohl er sich mit den anderen Familienangehörigen in einer winzigen Wohnung arrangieren musste.

Mit den Eltern war auch Günthers Braut, die er noch in Kriegszeiten in Weißstein kennengelernt hatte, in den neuen Zufluchtsort umgesiedelt. Aber die Beziehung hatte keinen Bestand in der neuen Zeit. 1953 trennte sich der Sohn, sehr zum Leidwesen der Eltern, von der adretten Verlobten und verliebte sich in ein 15 Jahre jüngeres Mädchen. Sie hieß Gudrun und arbeitete in einem Kinderheim schräg gegenüber dem Textilgeschäft. Sie kam häufig zum Einkaufen in den Laden und so waren die beiden sich nähergekommen. Sie hatten viel Freude miteinander. Günther schien mit der jüngeren Geliebten seine verlorene Jugend nachholen zu können.

Gudrun fand bei ihm den Halt, den sie zuletzt zu Hause vermisst hatte. Denn ihr Vater hatte bis zu seinem Tod einsam, krank und verbittert in einer Barackenwohnung am Rande der Stadt vor sich hin vegetiert. Ihre Mutter hatte den Mann verlassen, weil er in ihren Augen ein Versager war. Das war nicht immer so gewesen: Nur wenige Jahre zuvor war Gudruns Vater in seiner sächsischen Heimatstadt ein respektierter und gutsituierter Zeitgenosse. Er hatte einen hohen Rang in der SS und gehörte der NSDAP schon seit frühen Jahren an. Er war ein überzeugter Parteigänger Hitlers, und das braune Gedankengut hatte auch auf die Tochter abgefärbt. In ihrer verzerrten Wirklichkeitswahrnehmung gab sie Nazigegnern und Juden die Schuld daran, dass ihr Vater wegen seiner NS-Vergangenheit nach dem Krieg nie wieder auf einen grünen Zweig gekommen war und frühzeitig starb. Von Günthers eigenen Erlebnissen in jener Zeit ahnte sie nichts.

1956 heiratete er die Frau, die all das verklärte, was ihm selbst Lebensgefahr eingetragen hatte. Doch die jüngste Vergangenheit war tabu, ganz im Geist der fünfziger Jahre. Im Hause Lack hatte das Vertuschen von Familiengeheimnissen ohnehin Tradition.

Günther Lack, 1953

Aber die Geister der Vergangenheit ließen sich auf Dauer nicht verbannen. Wieder förderte eine kleine, unbedachte Bemerkung sie ans Licht. Das Verhältnis zwischen Günthers Frau und seiner Adoptivmutter war von Beginn an durch gegenseitige Abneigung gekennzeichnet. Martha Lack warf der Schwiegertochter vor, dass sie Günther der Wunsch-Braut der Eltern ausgespannt habe. Weiterhin hielt sie schützend ihre Hände über den angenommenen Sohn und traktierte die Rivalin um die Gunst des Sohnes mit bösen Bemerkungen.

Als Gudrun ihr zweites Kind erwartete, war sie die Einmischungen der Schwiegermutter leid und schleuderte einen Giftpfeil gegen sie ab: »Davon verstehst du nichts, du kannst doch selbst keine Kinder bekommen.« Damit hatte sie bei Günthers Mutter genau den wunden Punkt getroffen – und provozierte eine nicht minder scharfe Retourkutsche: »Was hast du denn schon für eine Ahnung! Dein Mann ist ein Jude, und du weißt es nicht mal!«

Über ein Jahrzehnt nach dem Ende der NS-Herrschaft und der Aufdeckung des Jahrhundertverbrechens sollte eine derartige Bemerkung eigentlich keine negative Reaktion mehr hervorrufen. Aber Gudrun erlebte die Mitteilung wie einen Schock. Sie trug das Feindbild, das ihr zu Hause von klein auf eingeimpft worden war, weiter in ihrem Bewusstsein. Immer noch unter dem Einfluss jener Propaganda, die hinter jeglichem Unheil verschwörerische Umtriebe wittert, suchte sie die Schuld für das Nachkriegselend ihres Vaters den Gegnern des NS-Regimes, insbesondere »den« Juden, anzulasten. Und nun wurde sie damit konfrontiert, dass sie mit ihrem Ehemann einen Angehörigen dieser feindlichen Mächte im eigenen Haus hatte. Hätte sie das gewusst, so hätte sie diesen Mann wohl nie geheiratet.

Günther, der seine Vergangenheit am liebsten aus der Erinnerung gelöscht hätte, fand sich von neuem in einer Situation, die er längst überwunden geglaubt hatte: Er musste als Feindbild herhalten. Aber diesen Konflikt trugen die Ehepartner nicht miteinander aus. Der fatalen Familientradition entsprechend wurde geschwiegen, übergangen, verdrängt. Die Folgen bekamen in erster Linie die Kinder zu spüren. Die Aggression der Eltern, ihre Erbitterung über enttäuschte Erwartungen wandte sich gegen die Töchter. In ihrer verqueren Weltsicht entdeckte Gudrun Lack an ihren Kindern nun plötzlich »jüdische« Erbanteile und behandelte die ahnungslosen Töchter mit ausgesuchter Lieblosigkeit.

Der Vater wiederum übertrug seinen Selbsthass, der sich aus seinen leidvollen Erfahrungen speiste, auf die Mädchen. Er glaubte die dunkle Seite, die ihm nach seiner Meinung immer wieder Unglück eingebracht hatte, in seinen Töchtern wiederzuerkennen. Er richtete seine Bitterkeit über sein gebrochenes Leben gegen sie – mit aller Gewalt. Immer wieder ließ der sonst so lebensfrohe Mann seine Aggressionen an den Mädchen aus. Besonders für die Jüngere, die sich noch weniger zu wehren wusste, wurde die Kindheit zum Martyrium.

Für die Öffentlichkeit hielt das Ehepaar, auch wenn es keinen gemeinsamen Nenner mehr gab, am Anschein der heilen Familie fest. Günther Lack war ein angesehener und wegen seiner Geselligkeit beliebter Geschäftsmann in seiner Stadt, zeitweise gehörte er der örtlichen Ratsversammlung an. Aber hinter verschlossenen Türen waren die Kinder den Attacken des Vaters wehrlos ausgeliefert. Auch als sie älter wurden, konnten sie keine Erklärung für die unberechenbaren Gewaltausbrüche des Vaters und das gestörte Verhältnis der Eltern zueinander finden. Sie wussten nicht, dass sie für etwas büßen mussten, das sich lange vor ihrer Geburt zugetragen hatte.

Erst im Alter rang sich Günther Lack dazu durch, sich zu seiner eigenen Geschichte zu bekennen. Konfrontiert mit Fragen und Ungereimtheiten, brach er schließlich gegenüber den Töchtern sein Schweigen und machte zum ersten Mal fragmentarische Andeutungen über die Erfahrungen in seinen Jugendjahren. Offenbar verstand er das auch als Versöhnungsversuch. Seine gesamte Leidensgeschichte offenbarte Günther Lack aber erst in dem Gespräch, das diesem Buchbeitrag zugrunde liegt, anfänglich zaghaft, dann recht offenherzig. Sein Bedürfnis war spürbar, nun endlich loszuwerden, was er ein Leben lang mit sich herumgetragen hatte: den Verlust einer ungetrübten Kindheit, die schmerzvollen Demütigungen, die Sehnsucht nach seiner leiblichen Mutter, die Trauer um all das, was verloren gegangen war. Doch seine innersten Gefühlsregungen behielt er weiter für sich.

Zur gleichen Zeit versuchte Lack, der sich nun bisweilen nach seiner Mutter Lachmann nannte, mit seiner gespaltenen Identität ins Reine zu kommen. Der Rentner nahm am christlich-jüdischen Gesprächskreis seiner Kirchengemeinde teil und suchte den Kontakt zur jüdischen Religionsgemeinschaft. Ein schwieriger Weg – mit allen Schikanen. »Judensau, hau ab!« stand auf einem Zettel, der eines Tages an seinem Auto klebte. Da war es, nach Jahrzehnten, wieder da: dieses Gefühl, am Pranger zu stehen. Für Günther Lack war es ein Schock, auf diese Weise noch einmal von der Vergangenheit eingeholt zu werden.

Aber er wollte sich nicht mehr verstecken. Offenbar hatte er den Vorsatz, diesmal nichts zu vertuschen und zu verschweigen, wie es sein Leben lang geschehen war. Mit einer Reisegruppe seiner Gemeinde fuhr Günther Lack an die Stätten seiner Kindheit, er besuchte seinen Heimatort, er war in Breslau, auch in Auschwitz. Was er dort vor allem suchte, war die Spur seiner leiblichen Mutter. Er forschte auf jüdischen Friedhöfen, in Archiven, in Geburtsregistern und Todeslisten. Doch nirgends konnte er etwas über Else Lachmann finden. Sie vermisste er am meisten, sein Leben lang, seit er von ihrer Existenz erfahren hatte. Er wollte so gern wissen, wer sie war, wie sie aussah, was mit ihr geschehen war. Wenigstens ein Bild von ihr hätte er sich von Herzen gewünscht. Darin hoffte Günther Lack etwas darüber zu erfahren, wer er selbst war. Eine Antwort darauf fand er nicht mehr. Ohne dass es ihm noch vergönnt war, sein Lebensgeheimnis zu entschlüsseln, starb Günther Lack – kurz nachdem das Jahrhundert vorüber war, das ihm so viel Unheil gebracht hatte.

5. Kapitel

Der Grenzgänger

Der erste Eindruck könnte widersprüchlicher nicht sein. Ein blitzsauberes Dorf bei Nördlingen in Bayern. Der Mieter einer kleinen Bauernkate, eine hagere Gestalt in Shorts und Hausschlappen mit auffallend braunen Augen, empfängt den Besucher in breitestem Sächsisch, während eine Katze scheu um seine Beine streicht. An den Wänden seiner Wohnung fallen die vielen nordischen Landschaftsaufnahmen ins Auge, Zeichen der Sehnsucht in der düsteren Klause von Werner von Reis. »Norwegen, das ist meine Heimat«, sagt der Arbeitertyp mit dem adligen Namen. »Wenn ich mir die Bilder anschaue oder Berichte im Fernsehen sehe, überkommt mich dieses Gefühl jedes Mal wieder.« Auf den Ablagen im Wohnzimmer stapeln sich skandinavische Urlaubskataloge und Reiseführer.

Doch für eine Fahrt in die norwegische Heimat reicht die knappe Invalidenrente im Moment nicht aus. Dabei würde Werner von Reis alles dafür geben, seinen eigenen Wurzeln nachzuspüren, wenigstens aber die letzten Spuren seiner Mutter ausfindig zu machen. »Am Grab meiner Mutter zu stehen«, sagt er, »das ist mein größter Wunsch.« Der sonst eher verschlossene Mann weint. »Und wenn es das Letzte wäre, was ich in meinem Leben tu.«

Sein Leben oder zumindest das, was davon Abdrücke hinterlassen hat, bewahrt er in einem unscheinbaren Koffer auf: Bescheinigungen der norwegischen Militärmission, Suchanfragen der »Kinderhilfszentrale«, Fotos von Werner als Kind in einer schwedischen Villa, DDR-Ehrenurkunden für den »besten Produktionsarbeiter«, Briefe seiner drei »Väter« – ein Sammelsurium kommt zum Vorschein, das so willkürlich zusammengewürfelt erscheint wie das ganze Leben des Frührentners. Ihm selbst bereitet es bis heute Mühe, all das zu einem Gesamtbild zusammenzufügen, und manche Puzzleteile kennt auch er nur in Konturen. Komplett aus seiner Erinnerung gelöscht sind die ersten Jahre seines rätselhaften Lebens, das in Norwegen begann.

Es war die Zeit, als sich in Stalingrad 1942/43 die Hybris des nationalsozialistischen Eroberungskrieges zu offenbaren begann. Doch in Norwegen schwelgte die deutsche Militärmacht noch in siegesgewisser Besatzungsherrlichkeit. Viele Angehörige des rassenideologisch hofierten »Brudervolkes« hegten unverhohlen Sympathien mit den Eroberern – wie der Hitler-hörige Ministerpräsident Vidkun Quisling an der Spitze des Vasallenstaates. Für die deutschen Soldaten zählte das nordische Land zu den angenehmeren Einsatzgebieten. Schon ein Jahr nach dem Einmarsch der Wehrmacht in Norwegen im April 1940 nahm die Geburtenrate unehelicher Kinder, deren Väter deutsche Uniformen trugen, merklich zu. Großzügig übernahm die Besatzungsmacht in der Regel die Zahlung der Alimente. Denn diese Säuglinge waren in den meisten Fällen *Wunschkinder* im Sinne der herrschenden Doktrin. »Ich muss ja sagen«, schrieb SS-Chef Heinrich Himmler an einen seiner Statthalter in Norwegen, »dass ich mich über jedes Kind freue, das wir von dort bekommen.« Denn ganz im Einklang mit der kruden Weltanschauung des »Dritten Reiches« war dessen oberster Zuchtmeister überzeugt davon, dass im Kampf der Rassen um die Weltherrschaft das Erbgut der Blutsbrüder die germanische Überlegenheit entscheidend stärken werde. »Ich glaube«, schwadronierte Himmler 1940 vor Parteifunktionären, »dass nordisches Blut tatsächlich das beste Blut dieser Erde ist. (…) In Jahrhunderttausenden wird auch dieses nordische Blut immer das beste sein. Es zeigt sich kein anderes.« Um die Stammesstärke zu erweitern, plante der Rassenstratege großzügig die Eingemeindung von rund 300 Millionen »blutsverwandter« Artgenossen in ein künftiges »großgermanisches Reich«. Besonders die späten Nachfahren der Wikinger waren willkommen bei der Verwirklichung dieses »Aufnordungs«-Wahns, ungeachtet der Geburtsumstände. Mit der »Eindeutschung rassisch geeigneter Kinder und deren norwegischer

Mütter« wurde die »Lebensborn«-Organisation der SS betraut, die während der gesamten Kriegszeit insgesamt neun Entbindungs- und Kinderheime in Norwegen errichtete. Hier sollten bevorzugt Norwegerinnen, die von deutschen Besatzungssoldaten schwanger waren, Betreuung und Geburtshilfe finden. Tatsächlich stellte Norwegen mit insgesamt 8000 Neugeborenen das größte Kontingent an sogenannten »Lebensborn«-Kindern außerhalb des Deutschen Reiches.

Auch der kleine Werner gehörte zu ihnen. Sein Vater war damals gerade 23 Jahre jung. Als Soldat einer Flugabwehrbatterie leistete Wolfram Richter seinen Kriegsdienst in dem kleinen norwegischen Ort Steinkjer ab. Abends nach Dienstschluss ging der lebenslustige Dresdner mit seinen Kameraden oft zum Tanzen. Dabei lernte er die vier Jahre ältere Ester Sofie Koldås kennen, die damals mit Putzdiensten ihren Lebensunterhalt verdiente. Nach ihrem Foto zu urteilen, war sie eine sehr fröhliche Frau von einer beinahe südländischen Anmut und Schönheit. Es muss eine innige Liebesbeziehung gewesen sein. Jedenfalls behauptete der Vater später, dass sie beide damals gewillt gewesen seien zu heiraten. Ob seine Geliebte diese Absicht tatsächlich teilte, sei dahingestellt, bedeutete doch eine Eheschließung nach damaligem Recht, dass die Neuvermählte umgehend ihr Heimatland in Richtung Deutschland zu verlassen hatte.

Die Mutter von Werner von Reis

Für den sächsischen Soldaten und seine norwegische Freundin kam das Ende aller Träume jedenfalls schon nach wenigen Monaten. Mitte 1942 wurde Wolfram Richters Einheit nach Tromsø im hohen Norden Norwegens verlegt. Durch diese räumliche Trennung zerriss auch die Bindung des Paares. Aber ein Erinnerungszeichen hatte der deutsche Soldat zurückgelassen: den kleinen Werner, der kurz vor Weihnachten 1942 zur Welt kam. Die junge Mutter war schon zu dieser Zeit offensichtlich nicht mehr willens, ihren Sohn bei sich zu behalten. Mit der Abreise des Kindsvaters sei für sie »der Fall erledigt« gewesen, soll sie später gesagt haben.

Anders als die NS-Rassenfanatiker war die Bevölkerung in Norwegen keinesfalls angetan von den kleinen »Tyskebarn«, den »Deutschenkindern«. Ihre ledigen Mütter sahen sich sehr häufig übler Nachrede und Schmähungen als »Flittchen« ausgesetzt. Hinzu kamen trotz finanzieller Beihilfen die ungewissen materiellen Aussichten alleinerziehender Mütter. So übergaben viele von ihnen ihr Kind notgedrungen dem »Lebensborn«-Bund zur Heimbetreuung. Da die Eindeutschung der norwegischen Mütter und ihrer Neugeborenen nur selten zustande kam, setzten die Vollstrecker der Herrenmenschen-Ideologie alles daran, zumindest die Kinder ihrer Erziehungsgewalt einzuverleiben. Dass sie sich dabei mitunter auch über den Willen der Mütter hinweggesetzt haben sollen, konnte später juristisch nicht belegt werden – aber was sagen schon Paragraphen aus über derartige Konfliktsituationen?

Was auch immer die Beweggründe waren: Kurz nach der Geburt überließ Ester Sofie Koldås den kleinen Werner 1943 dem »Lebensborn«-Heim in Godthaab, etwa 15 Kilometer von Oslo entfernt. Es wurde eine Trennung fürs Leben. Im Archiv später aufgefundene Fotos zeigen einen ausgesprochen hübschen, erkennbar traurigen Knaben.

Lange Zeit blieb das Waisenkind nicht im Land seiner Geburt. Rund 250 Norwegerkinder wurden bis zum Abzug der deutschen Truppen in fünf Lufttransporten auf drei »Lebensborn«-Heime im damaligen Deutschen Reich verteilt. Nach Absicht des Regimes sollten die Kleinen dort im Sinne des Nationalsozialismus aufgezogen werden. Formell behielten sie jedoch die norwegische

Staatsbürgerschaft, falls sie nicht von ihren deutschen Vätern adoptiert worden waren. Wie zu biblischen Zeiten der Knabe Moses wurde der kleine Werner in einem Weidenkorb nach Deutschland verfrachtet. Mit rund hundert Altersgenossen kam er 1943 in das Heim »Sonnenwiese« im sächsischen Kohren-Salis.

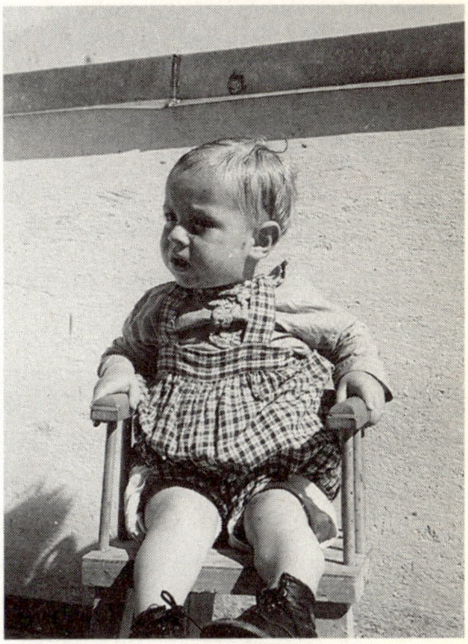

Werner von Reis im norwegischen Kinderheim

Das Kriegsende setzte einen Schlussstrich unter alle Experimente der Rassenfanatiker. Die »Lebensborn«-Heime wurden aufgelöst. »Die Kinder müssen, sobald Gelegenheit dazu ist, den Angehörigen zugeführt werden«, teilte der Bürgermeister von Kohren am 19. Mai 1945 dem Landrat mit. »Wo eine Abgabe der Kinder an die Angehörigen nicht möglich ist, bitte ich, die Kinder im Kreise Borna in Pflegestellen unterzubringen.«

Nachdem die Sowjets die Amerikaner als Besatzungsmacht abgelöst hatten, wurden die verbliebenen 38 Heimzöglinge, die überwiegend aus Norwegen stammten, zur Pflege freigegeben. Im August 1945 mussten sie sich in der Empfangshalle des Heims versammeln, damit die Bewohner der umliegenden Ortschaften sich »ihre« Kinder aussuchen konnten.

Auch Werner, gut zweieinhalb Jahre alt, bekam an diesem Tag neue Eltern. Rudi und Helene Uhlemann, beide damals um die vierzig, fanden sofort Gefallen an dem kleinen Jungen, weil sie den Eindruck hatten, dass er ein ruhiges Wesen besaß. Ihr einziger Sohn war noch nicht vom Kriegseinsatz zurückgekehrt, sie konnten selbst keinen weiteren Nachwuchs bekommen und so wollten sie sich mit dem Wunschkind neues Leben in ihr bescheidenes Heim holen. »Du warst unsere Freude und unsere Hoffnung«, bescheinigte die Pflegemutter dem Ziehsohn später. »Ich hatte damals das Gefühl«, sagt Werner von Reis heute, »zum ersten Mal Eltern zu haben.«

Er bedauert es sehr, so wenige Erinnerungen an seine frühe Kindheit zu haben, fügt aber erklärend hinzu: »Wenn man so oft herumgestoßen wird wie ich, ist das auch kein Wunder.« Doch was er von seiner ersten Familie im Gedächtnis bewahrt hat, erscheint durchwegs in weichem Licht. Das Bild der Eltern ist von Wärme und Zuwendung bestimmt. In dem kleinen Arbeiterdorf Kitzscher im Bezirk Leipzig fand Werner zaghaft Anschluss an Gleichaltrige. Doch er blieb ein eher stiller Träumer. Am liebsten spielte der Junge mit der Ziege und dem Hasen im Garten der kleinen Doppelhaushälfte. Der Vater arbeitete als Kranfahrer im nahegelegenen Kraftwerk in Espenhain. Um in der kargen Zeit etwas auf den Tisch zu bekommen, zog die Pflegemutter mit dem Handwagen zum Rossschlächter, wo günstig Pferdefleisch zu bekommen war. Werner durfte sie dabei begleiten.

Lange währte die Idylle nicht. Während der Junge die neue Umgebung und Sprache für sich zu erobern begann, liefen europaweit Nachforschungen an. Internationale Such- und Hilfsorganisationen machten sich an die mühselige Aufgabe, die Versprengten des Krieges und der Verschleppungen wieder in ihre Herkunftsländer zurückzuführen. Norwegen legte dabei zu Beginn keinen übermäßigen Eifer an den Tag. Die Kinder aus Deutschland waren wegen ihrer väterlichen Herkunft im Land ihrer Mütter zunächst unerwünscht. So verweigerte die norwegische Regierung kurz nach dem Krieg die Wiederaufnahme von »Norweger«-Kindern aus einem friesischen »Lebensborn«-Heim, die dann nach Schweden ausweichen mussten. Erst Ende 1947 vollzog sich ein grundlegender Kurswechsel. Das Parlament in Oslo beschloss die Rückholung der verlorenen Landeskinder. Diese Entscheidung wurde auch für Werner zum Schicksal.

Schon im November 1947 erhielten seine Pflegeeltern ein offizielles Schreiben, das sie unmissverständlich aufforderte, ihr Kind an seine norwegische Heimat zurückzugeben. Helene und Rudi Uhlemann fielen schier aus allen Wolken. Noch Jahre später vermochten sie nicht zu begreifen, wie ihr Lebensglück so abrupt zerstört werden konnte. Aber sie mussten sich der Rechtslage beugen, was blieb ihnen anderes übrig? Im Januar 1948 fuhren sie weisungsgemäß mit dem Fünfjährigen im Zug nach Berlin, um ihn in der norwegischen Militärmission abzuliefern. »Es wird hierdurch bestätigt, dass Herr Rudi Uhlemann und Frau aus Kitzscher Kr. Borna Bez. Leipzig ein norwegisches Kind nach Berlin gebracht haben«, stand auf der lapidaren schriftlichen Quittung, die sie dort erhielten, verbunden mit einem Freifahrschein für die Bahn. Ein kleiner Karton mit seinen Lieblingsspielsachen und ein Foto der Familie waren das Einzige, was die Eltern dem Jungen auf seinen weiteren Lebensweg mitgeben durften.

Erst als der Moment des Abschieds kam, spürte Werner instinktiv, dass ihm Unheil widerfuhr. Mit einer Beharrlichkeit, wie sie nur Kindern gegeben ist, klammerte er sich an seine Mutter, tobte, heulte und schrie, bis die Angestellten der Mission ihn mit Nachdruck wegzerrten. Von da an saß er nur noch verschlossen in einer Ecke und schwieg unansprechbar vor sich hin. In seiner Vorstellungswelt gab es den Unterschied zwischen Pflege-, Adoptiv- oder leiblichen Eltern nicht. Für ihn waren es Mama und Papa, die ihm mit Gewalt entrissen wurden.

Auch die Uhlemanns empfanden die Trennung wie eine Amputation. Am Tag vor der Abreise fasste die Mutter in ungelenker Handschrift ihr ganzes Leid in Worte, die sie dem Knaben offenbar auf seine Reise mitgeben wollte. »Uns war es nicht vergönnt, dich geliebtes Kind in unserer Mitte zu lassen, deine Heimat rief dich du bist Kind und musst folgen. Vielleicht mein lieber kleiner Werner findest du deine liebe Mutti welche dich bis jetzt hat entbehren müssen vielleicht ist es dir vergönnt deine Liebe und Güte die du im Herzen trägst immer wo du bist, dir genauso vergeltet wird wie du sie ausgibst denn der kleine Werner ist willig und folgsam er packt zu wo er kann, dem Kind war ein jeder Mensch gut durch sein liebes Wesen. Wie wird er mir fehlen er ging mit mir durch dick und dünn. Lieber kleiner Werner habe Dank für deine Liebe und für die frohen und glücklichen Jahre die wir mit dir verleben durften wir werden dich nie vergessen du bleibst in unserer Mitte in Gedanken solange wir leben. Dein Platz ist leer doch in unseren drei Herzen lebst du fort. Wie wird es einsam sein bei uns.« Es schloss sich ein eindringlicher Appell an die norwegische Mutter an, dem Kind die Liebe zu geben, derer es bedurfte.

Doch dieser Wunsch erreichte die Adressatin nie. Der Junge wurde keineswegs an seine leibliche Mutter zurückgegeben, wie man die Uhlemanns glauben machte. Denn Ester Sofie Koldås legte offenbar gar keinen Wert auf Familienzusammenführung. Damit stand sie nicht allein. Es war nur zu offenkundig, dass die zurückgeholten Kinder aus Deutschland in Norwegen nicht mit offenen Armen empfangen wurden. Für viele Landsleute trugen sie immer noch das Mal der Kollaboration auf der Stirn. Fast alle »Kinder der Schande« wissen eine lange Litanei der Demütigungen, des Hasses, der Gewalt bis hin zur Vergewaltigung aufzuzählen – wenn sie nicht aus Scham bis heute darüber schweigen. Sie waren die jüngsten Opfer des Krieges. Gleichermaßen der öffentlichen Verachtung ausgeliefert waren die Mütter. Manchen von ihnen waren nach dem Abzug der Deutschen die Haare abrasiert worden. Im Gegensatz zu vielen beamteten Helfern des deutschen Okkupationsregimes waren es auch hier vor allem die Schwächsten, die nicht ungeschoren davonkamen. Auf unabsehbare Zeit blieben die als »Bastarde« beschimpften Kleinkinder an der Hand eine untilgbare Anklage gegen die Mütter, die nun stellvertretend für die Willfährigkeit der Gesellschaft gegenüber der Besatzungsmacht am Pranger standen. Aus diesem Grund geschah es nicht selten, dass zurückgeholte Kinder von ihren Müttern vorsorglich verleugnet wurden – so auch der kleine Werner.

Daher landete er zunächst wieder einmal in einem Kinderheim. Zu Beginn musste sich der kleine Ankömmling aus Sachsen in dem Rotkreuz-Heim im norwegischen Naernes vorgekommen sein wie ein Ausgesetzter auf einem anderen Stern. Das Ehepaar, das er als seine Eltern ansah, war spurlos verschwunden, das vertraute Haus war weg, der große Bruder, die Tiere, der Garten, die

Landschaft, einfach alles, was sein Leben bis dahin bestimmt hatte. Stattdessen sah er sich von einer Horde fremder Kinder umgeben, die in einer für ihn unverständlichen Sprache durcheinanderschrien und den Neuling argwöhnisch beäugten. Und das war nur der Beginn einer lebenslangen Odyssee. Allein drei Kinderheime musste das Waisenkind durchwandern. Die Erinnerung an diese Heimjahre hat Werner von Reis fast vollständig aus dem Bewusstsein verdrängt. Es ist jedoch anzunehmen, dass der introvertierte Neuzugang aus dem Feindesland keinen leichten Stand in der Meute der Altersgefährten hatte. Möglicherweise rühren gerade aus diesen traumatischen Erfahrungen des ständigen Ortswechsels und des Außenseiterdaseins seine Gedächtnislücken. Werner wurde Norweger, ohne je richtig dazuzugehören.

Dabei hätte sich seine Pflegemutter in Sachsen nichts sehnlicher gewünscht als ihn bei sich zu behalten. »Lebe wohl kleiner Engel«, hatte Helene Uhlemann zum Abschied geschrieben, »du warst unser Stolz und unsere Hoffnung auf die wir nun verzichten müssen. Es wird lange dauern bis die Wunde die uns heute gemacht wurde verheilen wird. Kehre in deine Heimat die du verlassen musstest kehre ein in eine bessere und gute Zukunft. Alles Gute mein Werner sei lieb und brav wie du uns verlassen hast. Lebe wohl und bitte bitte ein Lebenszeichen.«

Dieser Wunsch blieb lange Zeit unerfüllt, und die Wartezeit wurde durch die Ungewissheit nicht erträglicher. »Bis zum heutigen Tage haben wir auf ein Lebenszeichen von unserem kleinen Werner Richter gewartet«, schrieb Rudi Uhlemann nach einem Jahr sichtlich verzweifelt an die norwegische Militärmission, »doch bis jetzt vergebens. Warum nicht, ist unser kleiner Liebling in Norwegen gut angekommen? Hat sich seine leibliche Mutter gefreut? Es war ein lieber Junge. Bitte lassen Sie uns bitte nicht mehr solange warten. Wir leben in Sorgen und Unruhe um den kleinen Werner. Er bleibt uns unvergessen.«

Da der Bittsteller ohne Antwort blieb, gleichzeitig aber von einer anderen Familie erfuhr, die ihr »Norwegerkind« zur Adoption zurückerhalten hatte, wandte er sich zwei Monate später erneut an die Militärmission: »Unser kleiner Sonnenschein fehlt uns so sehr. Wir kommen nicht darüber weg. Meine Frau ist krank, nur der Kleine kann sie gesund machen. Wir brauchen keinen Unterhalt für das Kind«, und fügte in flehentlichem Ton hinzu: »Noch einmal, bitte haben Sie ein Herz geben Sie uns das Kind zurück, damit mir meine Frau erhalten bleibt. Ich hole das Kind sofort zurück nach Erhalt Ihres Bescheides.«

Der Vermisste selbst hatte zu dieser Zeit natürlich keine Ahnung vom Tauziehen um seine Person. Aber den Trennungsschmerz schien er mit seinen Pflegeeltern zu teilen. In der Tat war Uhlemanns Bittbrief nicht ohne Wirkung geblieben. Nur Wochen später nahm sich Cecilie Murphy, eine aus England stammende Mitarbeiterin der Kinderhilfsstelle in Oslo, des Falles an. In einem Gutachten für die vorgesetzten Behörden schilderte sie den von seinem Wesen her aufgeweckten und anpassungsfähigen Jungen als schwer heimwehkrank und nach wie vor traumatisiert durch die abrupte Trennung. Daher plädierte sie dringend für seine Freigabe zur Adoption durch die Familie Uhlemann.

Dass sie mit diesem Vorschlag an den politischen Vorgaben scheiterte, lässt sich aus einem Brief schließen, mit dem sich Cecilie Murphy schließlich im Januar 1949 direkt an Werners einstige Pflegeeltern wandte. Nach zwei Jahren erfuhren Rudi und Helene Uhlemann darin zum ersten Mal, wie es ihrem Jungen ergangen war. In einfühlsamen Worten und holprigem Deutsch versuchte die Anwältin der Kinder den Uhlemanns das amtlich verfügte Schicksal ihres Jungen nahezubringen: »Erst bitte ich Ihnen um Verzeihung dass es so lange gedauert hat bis sie von uns gehört haben. Doch kann ich Ihnen jetzt erzählen, dass der kleine Werner eine gute Heimat gekriegt hat. Bei uns im Durchgangskinderheim, war er froh und gesund, und er lernte bald die norwegische Sprache zu verstehen. Als [Da] seine Mutter in schweren Verhältnissen lebt, hat sie erwünscht, dass man ihm gute Adoptiveltern fand. Ich bin überzeugt, das es viel besser für das Kind war, als bei der Mutter zu leben. Sie werden natürlich dieses schwer verstehen finden. Nach dem Kriegsende wurde es aber gemeldet dass diese norwegischen Kriegskinder in Deutschland gelitten haben. Mit dieser Grundlage hat das norwegische Socialdepartement beschlossen dass sie alle heimgeschickt werden musste. Mit [Bei] den jetzigen schweren Verhältnissen in Deutschland fand man dass Norwegen für die eigenen Staatsangehörigen sorgen musste. Für Sie, die das Kind geliebt haben und ihm eine gute Heimat gegeben haben, ist es ein hartes Schicksal. Der Krieg bringt so viel Unglück. Doch hoffe ich dass es ein kleiner Trost wird zu wissen dass er jetzt auch hier in guten Händen ist.«

Es waren die betuchten Hände des schwedischen Industriellen Boris von Reis und seiner Frau Margaret. Den Antragstellern aus dem Nachbarland war auf Anhieb gewährt worden, was das sächsische Ehepaar vergeblich erhoffte: Sie durften Werner an Kindes statt annehmen – und mit ihm gleich noch zwei weitere Mädchen aus dem Heim. Aus Werner Richter wurde Werner von Reis, Schweden sein neues Vater-Land und schwedisch seine Staatszugehörigkeit. Für den Fünfjährigen, der sich inzwischen kaum noch bewusst an seine ursprüngliche Sprache und Heimat erinnerte, war der Umzug ein Geschenk. Er bekam eine eigene Familie, und es spielte keine Rolle mehr, dass er anders war. Im schwedischen Nachbarland war er kein »Tyskebarn« mehr und endlich vor üblen Nachreden sicher. »Ich weiß noch, dass ich froh war, aus dem Heim wegzukommen«, sagt er heute. »Also muss das dort zuvor schon irgendwie unangenehm gewesen sein.« Werner von Reis ist auf Spekulationen angewiesen, wenn er seine frühen Jahre zu ergründen versucht. Zu tief hat sich das alles in den Untergründen seines Bewusstseins abgelagert.

Die neue Heimat versprach zunächst eine verheißungsvolle Zukunft. Fotos aus jener Zeit zeigen Werner mit seinen neuen Schwestern leidlich zufrieden im Sandkasten oder hauseigenen Swimmingpool, im Hintergrund ist eine stattliche Neubauvilla zu erkennen. Der Hausherr hatte es unübersehbar zu etwas gebracht. Als Schreibmaschinenfabrikant profitierte er vom Wiederaufschwung nach dem Krieg. Der neue Wohlstand bescherte der ganzen Familie ein materiell sorgenfreies Leben.

Aber das hatte seinen Preis. Für die Kinder herrschte an nichts Mangel – außer an Zeit und Zuwendung der Eltern. Vor allem Boris von Reis war ein eher flüchtiger Gast im eigenen Prachtbau. Er war beinahe pausenlos für seinen Betrieb auf Achse, innerhalb

Werner von Reis mit dem Adoptivvater und den Adoptivschwestern in Schweden

und außerhalb von Schweden. Einmal durfte Werner den neuen Vater im Mercedes auf einer Dienstreise ins dänische Århus begleiten – zu seinem großen Stolz. Aber das blieb eine Ausnahme. Nach einiger Zeit ging die Ehe im Hause von Reis zu Bruch, Werners Adoptivmutter verließ die Familie in Richtung Norwegen. Von da an wuchsen die drei Kinder die meiste Zeit in der Obhut einer Kinderfrau auf. Häufig wurden sie an Onkel, Tanten, Freunde, Bekannte weitergereicht. Der Verdacht drängt sich auf, dass die drei zwar ursprünglich das Familienbild schmücken oder gar die Ehe retten, dann aber nicht mehr stören sollten.

Doch für Werner von Reis war das nicht wesentlich. Er nahm ja an, bei seinem wirklichen Vater angekommen zu sein. Dass er

»nur« adoptiert war, wurde zu Hause mit keinem Wort erwähnt. Trotz aller Umgewöhnungsprobleme war der Junge froh, die beiden Schwestern als Spielkameradinnen und Vertraute um sich zu haben.

1949 kam Werner im schwedischen Enebyberg in die Schule. Zum dritten Mal lernte er eine neue Sprache. Nach der zweiten Klasse musste er in ein Internat wechseln. Schon wieder wurde er abrupt aus dem Familiendasein gerissen. Doch mit dem zeitlich befristeten Heimdasein konnte Werner sich arrangieren. Da keiner der Mitschüler um seine Herkunft wusste, war er vor dummen Sprüchen sicher, ja er wusste ja selbst nichts mehr davon. Im Mittelpunkt der Schulausbildung standen praktische hauswirtschaftliche Fertigkeiten. Werner lernte nähen, stricken und häkeln und fand Gefallen daran. Eine neue Leidenschaft entwickelte er für den Sport, besonders den Fußball – so intensiv, dass er sich dreimal das Sprunggelenk brach. Von früh bis spät steckte er mit den anderen Schulkameraden zusammen. Aus dem stillen Außenseiter wurde der Wortführer in der Klasse.

Nach ein paar Jahren hatte er die Hauswirtschaftsschule mit Erfolg absolviert. Nun würde es wieder nach Hause gehen – dachte Werner. Der Vater erschien mit dem Auto, um den Sohn abzuholen. Aber es war nicht das vertraute Familiendomizil, das Boris von Reis ansteuerte, sondern ein abgelegener Bauernhof. »Hier wirst du die Sommerferien verbringen«, beruhigte der Vater den Jungen. Der ließ sich die Landpartie gern gefallen. Vierzehn Kinder tobten um das kleine Häuschen am See, umgeben von Pferden, Kühen, Schafen und Hühnern. Der Neuankömmling gehörte schnell wie selbstverständlich mit dazu. Es war wie ein Abstecher in die Kinderwelt von Bullerbü. Die Bauern waren freundliche Menschen. Werner durfte sie auf dem Traktor zum Heueinfahren begleiten. Er lernte Reiten und ließ sich mit den anderen vom Sonnwendfeuer faszinieren.

Der herrliche Sommer ging vorüber – und der Vater war immer noch nicht da. Sein Zuhause und vor allem seine Schwestern begann Werner allmählich schon zu vermissen, auch wenn er vorerst Trost in der Ersatzfamilie fand. Doch dann im Herbst 1955 fuhr der Mercedes des Vaters endlich vor dem Bauernhof vor. Der landverschickte Sohn war ehrlich begeistert. »Vati, jetzt geht's wohl wieder nach Hause?«, fragte er den Vater zum Empfang. Doch Boris von Reis gab keine Antwort. Die ganze lange Fahrt sprach er kein einziges Wort, nicht auf der Landstraße, nicht bei der Ankunft in der Stadt, nicht bei der Vorfahrt vor dem Bahnhof. Wortlos lieferte er den Zwölfjährigen im Eisenbahnabteil ab. Das wird wohl die Bahn nach Hause sein, dachte Werner sich.

Aber es war der Zug nach Berlin. Das wurde dem Alleinreisenden allerdings erst auf der Fahrt bewusst. Seinen schwedischen Adoptivvater und Namensgeber sollte er nie wiedersehen. Seine Adoptivschwestern, die weiterhin bei Boris von Reis blieben, wurden, wie er nachträglich erfuhr, über seine Abschiebung nicht informiert. Werner verstand die Welt nicht mehr. Was ging hier vor, wo sollte er hin? Erst später, als er nach und nach eine Vorstellung von seinem zerrissenen Leben bekam, wurde ihm bewusst, dass diese Fahrt wie ein Sinnbild war für den Fluch seines Daseins. »Das ist nicht sehr angenehm«, sagt Werner von Reis mit seiner lakonischen Traurigkeit, »immer umhergestoßen zu werden. Wie es begonnen hatte, so ging es die ganze Zeit weiter.«

Am Bahnsteig in Ostberlin wurde Werner von einem Paar in Empfang genommen, das ihm auf merkwürdige Weise bekannt vorkam, wie Gestalten aus einem fernen Traum. Diese Frau und diesen Mann hatte er irgendwann schon einmal gesehen, dachte er, in einem anderen Leben. Sie redeten in einer fremden Sprache auf ihn ein, die ihm ebenfalls vertraut vorkam, von der er gleichwohl kein Wort verstand. Der Zwölfjährige fühlte sich verlassen, aber was blieb ihm anderes übrig, als hinter den Erwachsenen herzutrotten, in der Hand das Spielzeugschiff, das er als einziges Utensil aus seinem bisherigen Dasein herüberretten konnte?

Erst als sie in Kitzscher ankamen, wich das Gefühl der Fremdheit allmählich. Hier war er schon einmal gewesen, jetzt war er sich sicher. Dieses Haus hatte er schon gesehen, in diesem Garten schon einmal gespielt, die Ziege schon früher gestreichelt. Es war, wie wenn man nach dem Erwachen Stück für Stück die Mosaiksteine eines schon fast vergessenen Traumes wieder zusammenfügt.

Schon am folgenden Tag begann der Unterricht in der örtlichen Volksschule. Erneut eine unbekannte Klasse, eine ungewohnte Sprache, ein neues Leben. Werner verstand wieder kein Wort, war einsam wie gehabt und Außenseiter. Aber Jugendliche, besonders wenn sie reichlich Erfahrung damit haben, besitzen die Gabe, sich schnell anzupassen. Schon nach kurzer Zeit konnte der Neuling sich leidlich verständigen. Die Vertrautheit mit dem Klang der Sprache aus frühen Kindheitstagen half ihm sicher dabei und auch die Fürsorge der Eltern.

Für Rudi und Helene Uhlemann war der beinahe schon aufgegebene Wunsch doch noch in Erfüllung gegangen. Ihre beharrlichen Nachfragen waren nicht ohne Wirkung geblieben. Mit dem Abstand von ein paar Jahrzehnten vermutet Werner von Reis, dass sich sein schwedischer Adoptivvater nach der Scheidung wieder von der Vorstellung verabschiedet hatte, sich einen »Ersatzsohn« zu halten. »Er wollte mich loswerden«, überlegt er im Rückblick.

Da kam es Boris von Reis wohl durchaus gelegen, als er erfuhr, dass ein Ehepaar in Deutschland sich diesen Jungen sehnsüchtig zurückwünschte. Offenbar hatte er selbst gemerkt, dass sein Adoptivsohn immer wieder von Heimweh geplagt war. Er hatte dies auch in der Korrespondenz mit den Uhlemanns erwähnt, die Werners Abschiebung, ohne dass dieser etwas davon ahnte, vorausgegangen war. Jedenfalls hatte die Odyssee für ihn erst einmal ein Ende. Der Heimkehrer gewann zurück, was er in seinem Unterbewusstsein und in seinen Träumen all die Jahre vermisst hatte. Endlich hatte er wieder ein richtiges Zuhause.

Erleichtert wurde ihm die erneute Umstellung durch die Freundschaft mit Richard, der sein Schicksal teilte. Auch Richard war als Sohn einer norwegischen Mutter vor Kriegsende nach Kohren-Salis verfrachtet worden. So waren die beiden Jungen in einer Schicksalsgemeinschaft miteinander verbunden, die über

Fremdheitsgefühle hinweghalf. Im Gespräch mit Richard gelang es Werner, seinen eigenen Werdegang nachzuvollziehen.

Obwohl oder gerade weil er von außen kam, hatte er keine Anpassungsschwierigkeiten an den Sozialismus Ulbricht'scher Prägung. Der Jungpionier war stolz auf sein neues Heimatland, auch deshalb, weil diese Republik ihm zum ersten Mal in seinem Leben die Chance bot, sesshaft zu werden. »Heimat bedeutete für mich vor allem, nicht mehr herumgestoßen zu werden, sondern zu wissen, wo ich hingehöre«, sagt Werner von Reis. Mit ungetrübtem Stolz kramt er aus seinem Koffer Ehrenurkunden mit dem Hammer-und-Zirkel-Emblem hervor, die ihm für hervorragende Leistungen verliehen wurden. Auf »seine« DDR (vielleicht abgesehen von den letzten Jahren ihres Bestehens) lässt er bis heute nichts kommen. Hier habe es stets Arbeit und günstige Preise gegeben, rühmt er sein früheres Vaterland.

Die Pflegeeltern in Kitscher bei Borna

Der Jugendfreund absolvierte die Jugendweihe, stellte im »Deutschen Turn- und Sportbund« seine sportlichen Fähigkeiten unter Beweis und begann 1957 in dem Kraftwerk, in dem auch schon sein Pflegevater arbeitete, eine Lehre als Kesselwärter. Seine Aufgabe war es, den zur Stromerzeugung dienenden Dampfkessel zu warten und darauf zu achten, dass die Temperatur konstant blieb. Auf Dauer war jedoch ein reibungsloser Betrieb nicht aufrechtzuerhalten. Zwei Jahre nach Werners Arbeitsantritt explodierte eines Tages der Kessel. Das Unglück forderte 13 Todesopfer und 36 Schwerverletzte. Werner kam mit schweren Verbrennungen in ein Krankenhaus. Wie wichtig für ihn damals die Zuwendung aus seinem Umfeld war, lässt sich daran ablesen, mit welchem Stolz er noch heute vom persönlichen Besuch des Betriebsleiters an seinem Krankenbett berichtet.

Wie selbstverständlich gehörte er nach seiner Genesung auch der bewaffneten Betriebskampfgruppe an. Anfang der sechziger Jahre heiratete der Jungarbeiter und wurde Vater von vier Kindern. Wenngleich dieses Familiendasein keinen dauerhaften Bestand hatte, war sein Werdegang durchaus landestypisch.

Allein – er war kein Bürger seiner Republik, sondern weiterhin schwedischer Staatsangehöriger. Der Mauerbau 1961 schuf die absurde Situation, dass er nicht mehr in die Botschaft seines Vaterlandes gelangen konnte, um seinen Pass verlängern zu lassen. So verfiel die letzte Bindung an das Land seines Exils und Werner wurde staatenlos – ein bezeichnender Status für sein entwurzeltes Dasein. Während seine Frau nach Polen oder Ungarn reisen durfte, war er in seiner neuen Heimat eingesperrt – ohne dazuzugehören. Selbst die beschränkten Reiserechte eines DDR-Untertanen blieben ihm verwehrt.

Diese Erfahrung, ausgeschlossen zu sein, warf mit neuer Dringlichkeit die Frage auf, woher er eigentlich kam. »Ich wollte einfach herausfinden, was die Wahrheit hinter den ganzen Geschichten war«, erzählt er. Denn von seinen Pflegeeltern hatte er längst erfahren, dass er in Wirklichkeit in Norwegen geboren war. Jetzt wollte er mehr wissen. Wer ist meine Mutter? Wer ist mein Vater? Wo genau bin ich geboren? Wer bin ich? Doch auf seine Anfragen an offizielle Dienststellen erntete er nur lapidare Ausflüchte: »Es liegen keine Erkenntnisse vor. Nähere Hinweise sind nicht ausfindig zu machen.« Bis heute verübelt Werner von Reis es den DDR-Behörden, dass sie ihm wider besseres Wissen seine Lebensgeschichte vorenthalten haben. Immerhin förderten Werners Nachforschungen seine norwegische Geburtsurkunde zutage. Zum ersten Mal las er den Namen seiner leiblichen Mutter, erfuhr, dass sie damals in Norwegen als Hausgehilfin tätig war, dass sein Vater deutscher Soldat und er selbst im norwegischen Steinkjer zur Welt gekommen war. Nähere Einzelheiten indes blieben ihm verborgen, solange es die DDR gab, und irgendwann gab er weitere Nachforschungen auf.

Er wollte es nicht mehr wissen. In allererster Linie wollte er in einem geregelten Dasein ankommen, nach seiner langen Odyssee einfach nur dazugehören wie andere Mitmenschen auch. Anders als sein Freund Richard, der heimlich durch den »Eisernen Vorhang« schlüpfte, um in Norwegen auf eigene Faust seine Mutter ausfindig zu machen, richtete Werner sich in der ihm zugewiesenen Welt ein, so gut es ging. 1974 stellte der Staatenlose mit norwegischer Mutter, deutschem Vater, schwedischem Adoptivvater und sächsischen Pflegeeltern den Antrag auf Einbürgerung in den Staat, in dem er schon zwei Jahrzehnte sein Zuhause hatte. Das Aufnahmeritual war eine aufwendige Prozedur. Die schwedische Adoption musste rückgängig gemacht (auch wenn er am Ende seinen Nachnamen behielt), der Kandidat sorgsam durchleuchtet werden. Der Staatsapparat in Ost-Berlin wusste aus eigener Praxis nur zu gut, welche Verwendungsmöglichkeiten die norwegischen Staatsbürgerschaften boten. Wie erst nach der Wende ans Tageslicht kam, »borgte« sich die Staatssicherheit klammheimlich die Identität ehemaliger »Lebensborn«-Kinder, die ahnungslos in der DDR lebten, für ihre Agenten. Unter dem Vorwand, wieder in ihre skandinavische Heimat zurückzukehren, spionierten diese unter der »Lebensborn«-Tarnung dann das nordische Nato-Land aus.

Werner von Reis unterlag diesem Risiko nicht, er hatte amtlich keine Staatsangehörigkeit mehr. Das sollte sich nun endlich ändern. Am 14. November 1979 durfte er feierlich seinen grünen Staatenlosen-Ausweis gegen den Personalausweis mit dem Hammer-und-Zirkel-Signet eintauschen. Für den neu eingemeindeten Bürger war es wie die Stunde seiner Wiedergeburt. »Jetzt hatte ich meine Ruhe«, erklärt Werner von Reis. »Endlich wusste ich, wo ich hingehöre.«

Doch auch diese Zugehörigkeit sollte nicht von Dauer sein. Dieses Mal war es aber nicht so, dass der Nomade sein Land verlassen musste, dieses Mal verließ sein Staat *ihn*. Nicht schlagartig, mit dem Mauerfall im November 1989, sondern schon im Vorfeld, in einem schleichenden Verfallsprozess. An Werners letztem Arbeitsplatz ging das Material zur Neige, das zu bearbeiten war – und damit auch die Betätigungsmöglichkeiten. Am Ende blieb der Werktätige als Einziger von sieben Kollegen übrig – und erwartete angstvoll, dass sein Betrieb ganz dichtmachen würde. Damit begann sein Glaube an die DDR zu schwinden, noch bevor diese das Zeitliche segnete.

Die Wende 1989 brachte für Werner von Reis eine erneute Umstellung mit sich. Für sein Kombinat gab es unter den veränderten Gegebenheiten tatsächlich keine Zukunft mehr, sein Betrieb wurde abgewickelt. Aber wenn Werner von Reis etwas aus seinem bewegten Werdegang gelernt hatte, dann war es die Fähigkeit, sich auf Veränderungen einzustellen. Ohne zu zögern, verlegte er seinen Wohnsitz in die bayerische Kleinstadt Nördlingen, wo zu dieser Zeit Metallarbeiter gesucht wurden, und stellte sich rasch auf die nun geforderte Akkordarbeit um.

Und noch eine weitere Wende für sein Leben brachte der Untergang des Ostblocks mit sich. Mit der Aufhebung des »Eisernen Vorhangs« hoben sich auch die Schranken der Archive und Landesgrenzen. Unerwartet eröffneten sich neue Lösungsmöglichkeiten für das Lebensrätsel des Grenzgängers, das er zwangsläufig zu den Akten gelegt hatte. Durch eine Dokumentarsendung angeregt, schilderte er seinen Fall einem Fernsehsender, der die Anfrage an den Suchdienst des Roten Kreuzes und an norwegische Behörden weiterleitete. Inzwischen hatten auch die in Norwegen verbliebenen »Lebensborn-Kinder« begonnen, für ihre Anerkennung und die Freigabe aller Dokumente zu streiten. Die Verfemten der Nachkriegszeit befreiten sich selbstbewusst aus dem Dunkel der Diskriminierung.

Diesmal bekam Werner von Reis auf seine Anfrage ohne lange Verzögerung Antwort – und sie war positiv. Beinahe ein halbes Jahrhundert nach seiner Geburt erfuhr er, dass seine Eltern noch lebten, und hielt zum ersten Mal die Adressen seiner norwegischen Mutter und seines deutschen Vaters in Händen. Wie sich herausstellte, hatte Wolfram Richter all die Jahre in Dresden, keine zweihundertfünfzig Kilometer von seinem Sohn entfernt, gewohnt, ohne dass sie beide voneinander wussten. Umgehend sandte Werner von Reis ein Lebenszeichen an den verloren geglaubten Vater. Und postwendend kam die Antwort: Wolfram Richter stimmte einem Besuch freudig zu. In der sächsischen Hauptstadt arbeitete er in einer Backwarenfabrik und so buk er zum Wiedersehen einen Dresdner Stollen. Wie sich herausstellte, hatte auch der Vater Nachforschungen über seinen norwegischen Sohn angestellt, war aber ebenfalls an der DDR-Bürokratie gescheitert. Seiner Dresdner Familie hatte er sein amouröses Kriegsabenteuer und dessen Folgen verschwiegen. Dennoch nahmen auch die drei Halbschwestern den Bruder herzlich auf. Sogar die Großmutter lebte noch und freute sich über den unverhofften Enkelsohn.

Was die Begegnung mit seinem leiblichen Vater für den Sohn bedeutete, lässt sich aus seinem Gesicht, mehr noch als aus seinen Worten, lesen. Seine braunen Augen leuchten und seine Miene strahlt die tiefe Zufriedenheit des Suchenden aus, der am Ende sein Ziel gefunden hat. Erst als der Vater ihn in die Arme nahm, wurde Werner von Reis richtig bewusst, dass es dieser Moment war, auf den er zeitlebens gewartet hatte. »Ich hatte in meinem Leben drei Väter, aber der hier war nun endlich der richtige«, sagt er leise, immer noch sichtlich beglückt. Seit diesem Tag telefonieren Vater und Sohn mehrmals in der Woche und besuchen sich regelmäßig. Ein Vertrauensverhältnis ist entstanden zwischen zwei engen Verwandten, die sich erst nach einem halben Jahrhundert kennengelernt haben.

Nur zu einem Thema schwieg Wolfram Richter gegenüber seinem Sohn: Norwegen blieb ein Tabuthema im väterlichen Haus. Dabei spürte Werner von Reis, nun da er den Vater gefunden hatte, dass ihm die andere Hälfte seiner Identität umso schmerzlicher fehlte. 1991 machte er sich auf Einladung des norwegischen »Lebensborn-Kinder«-Bundes auf die Reise in das Land seiner Geburt. Für ihn war es wie die Ankunft in der eigentlichen Heimat, als er in Oslo anlegte, wo ihn eine seiner schwedischen Adoptivschwestern erwartete. »Ich fühle mich mehr norwegisch als deutsch«, beschreibt er seine Empfindungslage. »Wenn ich nur ein paar Jahre jünger wäre, würde ich sofort dorthin umziehen. Wenn ich die Berge, Seen und Wälder sehe, dann geht mir jedes Mal das Herz auf. Ich zähle inzwischen auch wieder auf Norwegisch und drücke den norwegischen Sportlern die Daumen, wenn sie gegen Deutsche antreten. Ich fühle mich den Norwegern wesensverwandt. Sie sind freundlicher und gelassener, nicht so hektisch wie die Menschen hier. Die kümmern sich auch umeinander, viel mehr als die Deutschen das tun. Und sie spüren, dass ich zwar von außerhalb komme, aber einen Bezug zum Land habe.«

Werner von Reis mit einer der beiden Cousinen, die er nach 50 Jahren in Norwegen kennenlernte

Auch mit seinem Freund Richard, der sich in Norwegen als Berufsschullehrer eine Existenz aufgebaut hatte, gab es ein herzliches Wiedersehen. Außerdem traf Werner zwei Cousinen, zu denen er auf Anhieb einen guten Draht fand. »Ich habe geweint«, gesteht er, »weil ich spürte, dass sie wirklich leibliche Verwandte von mir waren.« Aber eine wichtige Begegnung fand auf der Reise nicht statt: das Treffen zwischen Mutter und Sohn. Ester Sofie Koldås hatte dem Suchdienst mitgeteilt, dass sie keinen Kontakt wünschte. Auch Werner scheute zu diesem Zeitpunkt die Begegnung.

Noch drei Jahre vergingen, bis Werner von Reis dann doch noch einen Vorstoß unternahm. Bestärkt durch einen Fernsehsender, begab sich Werner von Reis erneut auf die Suche nach seinen Wurzeln in Norwegen. Von Trondheim aus rief die Dolmetscherin bei der Mutter an und erreichte immerhin, dass sie den Hörer an den Sohn weiterreichen durfte. Zum ersten Mal hörte Werner bewusst die Stimme seiner inzwischen 77-jährigen Mutter. Auch wenn er kaum ein Wort von dem, was sie auf Norwegisch sprach, verstehen konnte, so bekam er doch soviel mit, dass sie ihn nicht zu sehen wünschte. Es war einer der bittersten Momente seines Lebens. Noch heute ringt Werner von Reis um Fassung, wenn er von seiner vergeblichen Kontaktsuche erzählt: »Das schmerzt ungeheuer, wenn du deine eigene Mutter sprechen hörst, aus nur wenigen Kilometern Entfernung, aber es keine Möglichkeit gibt, sie zu sehen.«

Auch in Ester Sofies Umgebung war der uneheliche Sohn bis zu seiner Anfrage ein Geheimnis. Für die Mutter mochte diese Frucht ihrer Liebesbeziehung mit einem deutschen Soldaten immer noch mit dem Gefühl der Schande behaftet gewesen sein. Werner von Reis vermutet zudem, dass seine norwegische Halbschwester durch ihn ihr mütterliches Erbe bedroht sah. Dabei hatte er es nun wirklich nicht auf ihr Geld abgesehen. Er wollte nur wenigstens ein einziges Mal seine wirkliche Mutter sehen, mit ihr sprechen, Erklärungen erhalten, herausfinden, welche ihrer Züge er in sich trägt.

Es blieb dem Sohn nicht vergönnt. 1996 starb die Mutter unweit von Werners Geburtsort. Erst nachträglich erfuhr der Erstgeborene per Zufall davon. Nun sehnt er sich danach, zumindest noch einmal in seinem Leben an ihrem Grab zu stehen. Aber es gibt keinen Kontakt mehr, der ihm den Weg dorthin weisen könnte. Seit einem Schlaganfall muss er zudem von einer schmalen Rente leben, die eine Reise nach Norwegen vorläufig nicht finanzierbar erscheinen lässt.

So bleiben für den sächsischen Norweger nur die Bilder an der Wand und die Träume von dem Land, das seiner Sehnsucht Heimat gibt. Aber Werner von Reis wirkt nicht nur verbittert in seiner schwäbischen Behausung. Ein Wunsch immerhin ist für ihn in Erfüllung gegangen: »Ich habe meine Ruhe gefunden«, sagt er.

»Ich kann jetzt sicher sein, dass keiner mehr kommt und mich wieder wegholt. Ich weiß jetzt, wo ich hingehöre.« Und dann fügt er hinzu: »Beides ist wichtig im Leben: unterwegs sein, aber auch ankommen.« Nach lebenslanger Odyssee ist Werner von Reis endlich angelangt – in der Fremde.

6. Kapitel

Die verschleppten Schwestern

Der Tag geht schon zur Neige, als wir nach mühseliger Fahrt durch Heideland und Alleebaumstraßen, durch halb verfallene Ortschaften und verwaiste Kolchosen endlich das Dorf mit dem unaussprechlichen Namen erreichen. In Schelesnodoroschni – übersetzt heißt das »Eisenbahnort« – ganz im Süden der russischen Enklave um Kaliningrad (ehemaliges Königsberg), scheint die Zeit stehen geblieben zu sein. Über den breiten Dorfplatz wacht noch immer ein steinerner Lenin. Und die abgelegene Gasse, in die uns nach einigen Irrwegen ein Ortskundiger lotst, nennt sich bis heute »Kommunisticeska«: kommunistische Straße. Doch vom Paradies der klassenlosen Gesellschaft scheint diese trübe Ecke so weit entfernt wie eh und je. Zahllose Schlaglöcher lauern in der Sandpiste, die zu einem schlichten Plattenbau führt.

Hier also, in einer Dreizimmerwohnung, lebt die Gesuchte und müht sich, gemeinsam mit ihrer Tochter und deren beiden Kindern, ihren postsowjetischen Alltag zu meistern. Am Ziel unserer kleinen Odyssee nimmt Kafina Sinskamp uns gastfreundlich in Empfang. Aber ist das überhaupt ihr richtiger Name? Wer ist diese Frau? Wie alt ist sie? Allein diese schlichten Fragen rufen ihre ganze Tragik ins Bewusstsein. »Ich weiß es nicht«, gibt sie freimütig zu verstehen. »Mutter bin ich und Großmutter, das ist das einzige, was ich mit Bestimmtheit sagen kann.« Über ihre Eltern hat sie ebenso wenig Gewissheit wie über ihren Namen, ihren Geburtsort, ihr Alter.

»Dass meine Schwester und ich irgendwie anders sind«, fügt sie hinzu, »haben wir schon von klein auf gespürt. Aber wir haben das möglichst verborgen gehalten. Denn sobald du nur den Mund aufgemacht hast, hast du sofort zu hören bekommen: ›Da merkt man es wieder, euer deutsches Blut!‹ So haben wir lieber geschwiegen als uns hervorzutun – und so ist es bis heute geblieben.«

In ihrem altgedienten Samowar kocht die Gastgeberin uns einen Tee und offenbart dann ihr gesammeltes Dasein in einem kleinen Schatzkästlein. Alles was sie an Unterlagen und Fotos über ihren verschlungenen Lebensweg aufstöbern konnte, ist in diesem Kistchen versammelt. Das jüngste Dokument liegt ganz oben: der neue Reisepass aus dem Jahr 2003. *Kafina Sinskamp* steht da in kyrillischer Schrift – das ist nun also ihr amtlicher Name. Doch dort, wo sonst das Geburtsdatum steht, ist lediglich ein Jahr, 1942, vermerkt, sonst nichts, kein Monat, kein Tag. Die Daten, die niemand kennt, sind im Pass einfach nicht angegeben.

Gestrichen ist für Kafina Sinskamp damit auch die Aussicht, die schmale Provinz um Kaliningrad jemals zu verlassen. Denn ohne vollständige und gesicherte Angaben in den Papieren lässt die russische Bürokratie ihre Untertanen nicht ausreisen. Als »Reisepass« hat das Dokument somit seine Bestimmung eingebüßt, für seine Inhaberin ist es vielmehr zur Fußfessel geworden. Sie fühlt sich eingesperrt, ein weiteres Mal bestraft für ihre willkürlich verbogene Biografie. »Dabei wünsche ich mir so sehr«, sagt sie illusionslos, »vor meinem Tod noch einmal das Land meiner Herkunft zu sehen und dort nach meinen Eltern zu suchen.« Diese Wurzeln liegen weit weg, irgendwo in Deutschland, in einer für sie unerreichbaren Ferne.

Alles andere lässt sich nur vermuten. Das Alter der Dame etwa ist reine Spekulation. Kurz nach dem Krieg hatten einmal sowjetische Ärzte die kleine Kafina offiziell in Augenschein genommen. Sie musste sich ausziehen, Turnübungen vorführen, die Arme nach Anweisung bewegen. Als Ergebnis dieser Begutachtung legten damals die Mediziner 1942 als Geburtsjahr für sie fest. In anderen Papieren wiederum ist von 1944 die Rede, auch zum Geburtsmonat und -tag geistern unterschiedliche Versionen durch die Dokumente.

Jedenfalls dürfte das Mädchen nicht älter als drei Jahre gewesen sein, als es am Kriegsende zusammen mit seiner jüngeren Schwester auf deutschem Boden in sowjetische Obhut geriet. »Ich kann mich an nichts mehr erinnern«, sagt Kafina Sinskamp heute.

»Viermal war ich in der Psychotherapie, da habe ich mein Gedächtnis durchforstet – vergeblich. Vielleicht war in meiner frühen Kindheit etwas Schlimmes vorgefallen, jedenfalls sind fast alle Erinnerungen in meinem Gehirn gelöscht.« Ein einziges verschwommenes Bild hat sie in den Sitzungen wieder wachgerufen: Sie sieht sich darin als kleines Mädchen mit ihrer Schwester und irgendwelchen Erwachsenen in einem Auto fahren. Alle Insassen steigen irgendwo aus, dann setzt sie selbst sich mit ihrem blütenweißen Kleidchen versehentlich auf eine Tüte Blaubeeren und bekommt riesigen Ärger wegen des Flecks. Von wem? Waren es Erzieherinnen oder noch die eigenen Eltern? War es ein Familienausflug oder ein Picknick mit dem Kinderheim, ein Traum oder ein tatsächliches Erlebnis? Ihr Gedächtnis gibt keine Antwort auf diese Fragen.

Der Pass von Kafina Sinskamp, in dem nur das Geburtsjahr vermerkt ist

Auch die wenigen erhaltenen Dokumente aus ihrem Schatzkästlein geben kaum Aufschluss über ihre Vorgeschichte. Immerhin findet sich in einer Liste der sowjetischen Behörden aus der Nachkriegszeit ein wichtiges Indiz: Da war Kafina noch als Ingrid Sinskamp, ihre Schwester mit dem Vornamen Krista verzeichnet. Diese deutschen Namen sind allerdings in kyrillischer Schreibweise erfasst. So könnte der ursprüngliche Nachname hypothetisch auch Simskamp, Sinekamp oder ähnlich gelautet haben.

Kein Hinweis findet sich in den Papieren auf die Herkunft der Mädchen. Sind ihre Eltern ums Leben gekommen, hatten sie ihre Töchter in den Wirren des Kriegsendes verloren, waren auch sie in sowjetischen Gewahrsam geraten, womöglich inhaftiert, dort vielleicht gestorben? Eine eindeutige Antwort darauf gibt es nicht. Bevor sich nicht bislang unzugängliche russische Geheimarchive öffnen, müssen die Fragen weiterhin offenbleiben.

Fest steht hingegen, dass die beiden Mädchen sich zum Ende des Krieges noch in Brandenburg bei Berlin befunden haben. Zusammen mit zahlreichen anderen Waisenkindern unterschiedlicher Herkunft hatten sie dort im größten der sogenannten Repatriierungslager Aufnahme gefunden. Diese Heime dienten dem Zweck, die in den Wirren des Krieges über ganz Europa verstreuten Staatsangehörigen der Sowjetunion für die Heimholung zu sammeln. Millionen von Sowjetbürgern waren etwa als Kriegsgefangene oder Zwangsarbeiter in Hitlers Herrschaftsbereich verschleppt worden. Mit Nachdruck und Fürsorge sollten diese verlorenen Schäfchen wieder in ihre große Heimatherde zurückgeführt werden. Noch konnten sie nicht ahnen, dass sich viele von ihnen nach der Rückkehr erneut hinter Stacheldraht wiederfinden würden, diesmal in Stalins Gulag. Denn Gefangennahme durch und Sklavenarbeit für den Kriegsgegner wurden in der Sowjetunion nachträglich häufig als eine Art von »Kollaboration« und »Landesverrat« mit der Verbannung ins Straflager geahndet.

Davon war im »Repatriierungslager 226« in Brandenburg jedoch noch keine Rede, als die Heimkehrwilligen aus weiten Teilen der sowjetisch besetzten Gebiete hier betreut, ärztlich versorgt, aufgepäppelt und schließlich auf die Reise ins Heimatland geschickt wurden. Unter den Aufgenommenen waren auch zahlreiche Kinder. Manche von ihnen mögen sowjetische Kriegsgefangene, Zwangsarbeiter oder Besatzungsangehörige als Eltern gehabt haben, bei anderen ließ sich die Nationalität offenbar nicht mehr genau bestimmen.

Und dann waren da eben auch jene deutschen Waisenkinder wie Ingrid und Krista Sinskamp, allein im Lager Brandenburg nach vorsichtigen Schätzungen mehrere Dutzend. Von Mitte 1947 bis 1948 wurden sie zusammen mit sowjetischen Altergenossen in etlichen Transporten von Brandenburg nach Kaliningrad verschickt.

Von der einstigen ostpreußischen Hauptstadt Königsberg war zu dieser Zeit nicht viel mehr übrig geblieben als eine entvölkerte Ruinenlandschaft. Nationalsozialistischer Durchhaltewahn und sowjetische Vergeltungsgelüste hatten die traditionsreiche Festung zum Ende des Krieges fast völlig zerstört, Krieg, Flucht, Hunger und Seuchen die Bevölkerung erheblich ausgedünnt. Fast alle überlebenden deutschen Bewohner wurden in den Osten verschleppt oder in den Westen vertrieben. Neue Siedler kamen aus allen Teilen der Sowjetunion. Da sich der Zustrom von Freiwilligen in Grenzen hielt, wurden Regionen und Betriebe verpflichtet, ein gewisses Einwandererkontingent zu stellen. Viele Neubürger fanden sich also keineswegs aus freien Stücken hier ein. Unter Stalins Ägide sollte aus den Trümmern der alten Preußen-Hochburg nun eine sowjetische Vorzeigestadt entstehen. Die Umbenennung in Kaliningrad zu Ehren des 1946 verstorbenen stalinistischen Politikers und nominellen Staatsoberhauptes der UdSSR Michail Iwanowitsch Kalinin unterstrich dieses Vorhaben.

Standen auch die Kindertransporte im Dienst dieser organisierten Wiederbelebung? Sollten durch Kinderraub gar Kriegsverluste ausgeglichen werden? War das Unternehmen eine eigenwillige Amtshandlung nachrangiger Dienststellen oder geschah es mit dem Segen der obersten Führung? Handelte es sich um ein Versehen, um Übereifer oder falsch verstandene Humanität? Die Motivlage für die Verschleppung deutscher Waisenkinder liegt bis heute im Dunkeln. Alle Hinweise sprechen aber dafür, dass sie zielgerichtet und im Einverständnis mit der vorgesetzten Hierarchie unternommen wurde.

Zu Stalins Herrschaftszeiten handelte es sich dabei jedenfalls nicht um ein isoliertes Ereignis. Kurz nach dem Krieg waren die Güterzüge voll mit menschlichem Frachtgut. Mehrere hunderttausend Deutsche wurden aus den sowjetischen Besatzungsgebieten zur Zwangsarbeit ins russische oder ukrainische Mutterland verschleppt – wie während des Krieges Millionen von Sowjetbürgern in die entgegengesetzte Richtung. Zum Alltag in der Sowjetzone gehörte es auch, dass Menschen über Nacht spurlos verschwanden und in manchen Fällen nie wieder gesehen wurden. 1946 beklagten Mütter aus der Provinz Brandenburg, wie aus einem zeitgenössischen Pressebericht hervorgeht, dass ihre Kinder, Jugendliche im Alter von 13 bis 17 Jahren, von der Straße weg mit unbekanntem Ziel verschleppt worden seien. Mehrere hundert solcher Vorfälle listete der Artikel auf, der offenbar der Zensur entgangen war.

Von all diesen Hintergründen hatten die kleinen Waisenkinder, die in Brandenburg in die Züge Richtung Kaliningrad verfrachtet wurden, keine Ahnung. Für sie ging es zuallererst um das nackte Überleben. Tagelang waren sie in mit Stroh ausgelegten Güterwaggons unterwegs, bis sie am Bestimmungsort eintrafen. Ab und zu bekamen sie etwas Brot und Kartoffeln hereingereicht, aber das genügte nicht, um satt zu werden. Nach Berichten von Augenzeugen waren die Kinder in einem erbarmungswürdigen Zustand. Läuse und Schorf plagten sie. Angekommen im nördlichen Teil Ostpreußens, der nun zum Sowjetgebiet zählte, wurden sie auf die ohnehin schon überfüllten Kinderheime in und um Kaliningrad verteilt. Nach Krieg und Vertreibung, Seuchen, Hunger und Tod vegetierten in dieser Region Tausende von Kindern ohne die Fürsorge ihrer Eltern.

Mit dem Transport Nummer 50 055, so steht es in den Unterlagen, trafen auch Ingrid und Krista im Oktober 1947 zusammen mit 27 Kindern aus Brandenburg im Kaliningrader »Haus des Kindes« ein. »Lange Zeit später begegneten wir einer früheren Kinderärztin aus dem Waisenhaus«, erzählt Kafina Sinskamp heute, »und die sagte zu uns: ›Ich weiß gar nicht, wie ihr das überlebt habt. Viele andere Heimkinder sind damals gestorben. Wir hatten kaum was zu essen für euch und keinerlei Medikamente. Immer wieder mussten wir im Militärhospital um ein paar Arzneimittel betteln, um euch zu retten.‹ Tatsächlich sind in den Listen aus dem Waisenhaus, die wir später einsehen konnten, viele Todesfälle verzeichnet.«

Anfangs fehlte es in der nur dürftig versorgten Region an allem: Nahrung, Medizin, Kleidung, selbst Geschirr und Besteck waren

Mangelware. Die kleinen Schützlinge waren durchwegs abgemagert und hatten schwache Lungen, fast alle litten unter Läusen, manche aber auch an Tuberkulose oder Malaria. Die frühesten Fotos aus jener Zeit zeigen die beiden Sinskamp-Schwestern mit Igelköpfen und schmalen Gesichtern, sie hätten glatt als Jungen durchgehen können. »Wir waren damals kahlrasiert«, erläutert Kafina Sinskamp, »weil wir wie alle Kinder Läuse mitgebracht hatten, die uns schmerzhaft bissen. Man hat uns daher die Schädel rasiert und außerdem alle möglichen Mittel in die Kopfhaut eingerieben, auch Kerosin.«

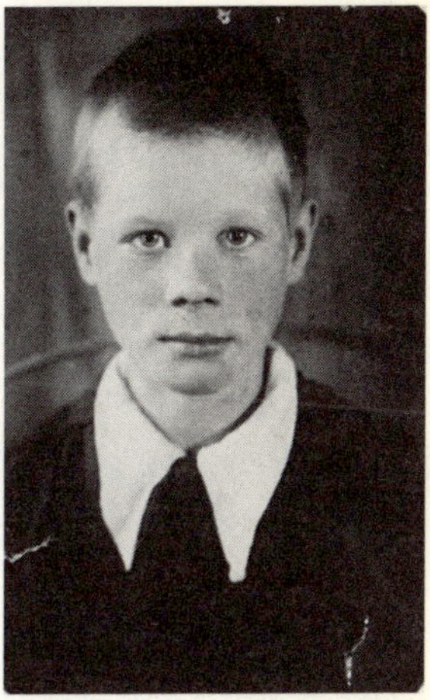

Kafina im russischen Kinderheim

Neben dem Haupthaar wurde den Ankömmlingen alles weggenommen, was an früher erinnern konnte: Kuscheltiere, Schmuck oder Spielsachen. Aber nicht nur äußerlich sollten sie Abschied von ihrer Vergangenheit nehmen. Rechtzeitig zur Einschulung erhielten sie neue, »politisch korrekte« Identitäten. In den nachgefertigten Geburtsurkunden für die Kinder aus Deutschland war das Geburtsjahr eingetragen, das die Ärztekommission geschätzt hatte, dazu ein willkürlich festgelegtes Datum, in vielen Fällen schlichtweg sowjetische Feiertage. Zum Geburtsort der beiden Schwestern wurde kurzerhand Mogilew erklärt, eine Stadt in der weißrussischen Republik, wie in der »Geburtsurkunde« der Älteren geografisch korrekt vermerkt ist. Bei ihrer jüngeren Schwester indes wurde der gleichnamige Ort fälschlicherweise in die Ukraine verlegt, wo eine derartige Stadt überhaupt nicht existiert.

Wie die angeblichen Eltern entsprangen auch die ersonnenen Namen der Fantasie der Bürokraten. Ingrid bekam als Vornamen die seltsame Wortschöpfung Kafina verpasst, die zwar russisch klingt, aber nichts weiter ist als eine Lautmalerei ohne Sinn. Später wurde sie auch Inna gerufen. Krista wurde in Lena umbenannt. Der Nachname Sinskamp wurde in Sinikami kyrillisiert.

Ähnlich erging es auch den anderen deutschstämmigen Heimkindern, wie die Akten belegen. Für deutsche Namen wurde nach einer russischen Entsprechung gesucht: Aus Müller wurde Markow, aus Weiß Belogurow, aus Klaas Klassowa, aus Gaal Galkin oder aus Schubert Schubin. Essen wurde in Jessin, Paul in Pawlow, Kraus in Krawtschenko, Vater in Swetkow und Doris in Doronina verwandelt. All diese amtlichen Manipulationen der Identität dienten dem Zweck, aus Feindeskindern auch namentlich Sowjetbürger zu machen, mit neuer Anrede und erfundener Identität.

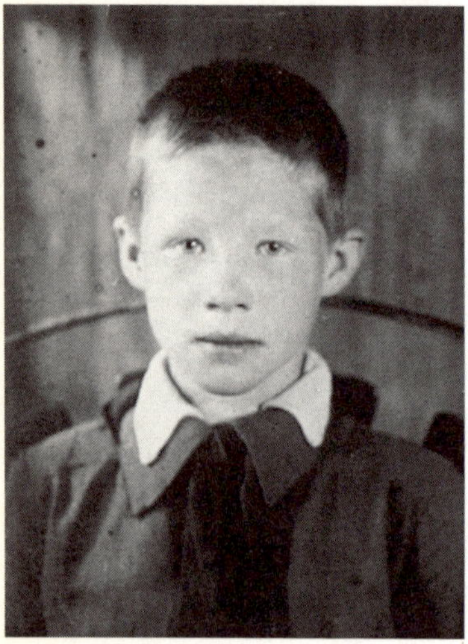

Die Schwester Lena Sinskamp im Kinderheim

Zur Umgewöhnung galt es, den Neuzugängen die Relikte ihrer Muttersprache abzutrainieren. Vom ersten Unterrichtstag an bekamen die kleinen Schulanfänger das Alphabet der russischen Sprache eingebläut. Immer wieder deuteten die Erzieherinnen auf Gegenstände und nannten ihre jeweilige Bezeichnung in der neuen Landessprache, aber das war mühsam für die Kinder. »Ich hatte große Schwierigkeiten mit der unbekannten Sprache, vor allem mit der Aussprache der Vokale«, erzählt Kafina Sinskamp. »Die Lehrer schimpften und schimpften und verwiesen mich schließlich von der Schule wieder zurück ins Waisenhaus, weil ich mit der Sprache nicht zurechtkam.« So musste sie noch ein Jahr mit der Einschulung warten. Doch auf diese Weise kam sie mit ihrer jüngeren Schwester in eine Klasse.

Die Lehrmethoden waren nicht unbedingt feinfühlig. Besonderen Ärger handelten sich die Heimkinder ein, wenn sie Kontakt zu ihren deutschen Verwandten suchten oder im Gespräch untereinander ihre Muttersprache beibehielten. Für jedes deutsche Wort setzte es eine Ohrfeige und dann noch eine, wenn als Reaktion darauf »Aua« statt des nunmehr geltenden Schmerzensrufs »Oi« ertönte. »An kein einziges deutsches Wort erinnere ich mich heute mehr«, sagt Kafina Sinskamp. »Für uns war es damals besser, unsere Muttersprache vollständig zu vergessen, weil es sonst ständig Schläge gab. Und nicht nur von den Erziehern. Wenn wir deutsch sprachen, beschimpften uns auch die anderen Kinder heftig: ›Ihr Faschisten, mit eurer deutschen Fresse, habt ihr noch nicht genug Prügel eingesteckt?‹ Wir haben damals viel geweint.«

Aber vieles wurde bald schon vergessen und verdrängt. Die Erinnerungen an frühere Zeiten wurden getilgt in den Kinderköpfen. Nach kurzer Zeit waren die deutschstämmigen Zöglinge äußerlich kaum noch von ihren Altersgefährten zu unterscheiden. Der »neue Mensch« im entstehenden »Sowjetparadies« sollte nicht durch seine Herkunft bestimmt sein, sondern durch Linientreue und Zukunftszuversicht. Auf einem der Fotos aus jener Zeit ist die Schülerin Kafina inmitten einer Gruppe »Junger Pioniere«, der staatlich organisierten Parteijünger, zu sehen. Das rote Halstuch trug sie damals durchaus mit Stolz. »Wir wurden genauso wie die russischen Mitschüler im Glauben an unser neues Vaterland erzogen.«

Durch den siegreichen Ausgang des Zweiten Weltkrieges erstarkt und an Einfluss gewachsen, hatte Stalins Staat sich endgültig als Weltmacht etabliert. Das gesteigerte Selbstbewusstsein wurde auch auf die Landeskinder übertragen. »›Die Sowjetunion ist das beste Land der Welt‹, hieß es ständig«, berichtet Kafina Sinskamp, »›und ihr sollt immer schön dankbar sein, dass ihr hierherkommen durftet. Hier schenkt man euch Bildung und ein neues Leben.‹ Sie gaben uns auch nur Bücher zu lesen und ließen uns nur Spielfilme ansehen, die davon erzählten, dass wir in der Sowjetunion die Besten der Welt seien.« Wenn Kinder solche Botschaften oft genug eingeimpft bekommen, dann glauben sie auch daran.

»Wir haben alle Methoden der sowjetischen Pädagogik zur Umerziehung der Kinder angewandt«, rühmte der Leiter eines

Kaliningrader Kinderheims damals auf einer regionalen Konferenz. »Viel haben wir in dieser Beziehung unseren sowjetischen Schulen, dem Radio und dem Kino zu verdanken. So wurden die Kinder zum Beispiel von dem Kinofilm ›Soja‹ [der die Heldentaten einer sowjetischen Partisanin verherrlicht; P.H.] so tief erschüttert, dass sie danach kein Wort Deutsch mehr sprechen wollten. Aus solchen Erziehungskrüppeln haben wir lebensfrohe Pioniere gemacht, die Deutsch nur während des Deutschunterrichts sprechen. Von Kreuzen und Evangelien wollen sie nichts mehr wissen. Ihren deutschen ›Tanten‹ haben sie mitgeteilt, dass sie ihnen keine Briefe mehr schreiben wollen.« Auch bei Kafina und ihrer Schwester sollte diese Indoktrination Früchte tragen. Sie hatten keinen anderen Orientierungsbezug mehr.

Tiefer als alle Ereignisse und Feierstunden hat sich ein Tag in ihrem Gedächtnis eingegraben, der – nicht nur für diese Mädchen – eine Zeitenwende markierte: der 5. März 1953. Die beiden Schwestern hausten zu dieser Zeit in einem Kinderheim in Slawsk, dem früheren Heinrichswalde, ganz im Norden der Provinz Kaliningrad. »Alle haben an diesem Tag geweint«, berichtet Kafina Sinskamp, »auch ich, ganz schrecklich habe ich geweint.« Aus allen Radios tönte es, die Erzieherinnen verkündeten es mit belegter Stimme, auf der Straße fielen die Menschen sich erschüttert in die Arme, das ganze Land geriet in eine Schockstarre: Der oberste Genosse Stalin war tot. »Er war wie ein Vater für uns«, sagt Kafina Sinskamp. »An diesem Tag verlor ich einen Vater. Ich hatte damals ja keine Ahnung, wer er in Wirklichkeit war. Das habe ich erst viel später erfahren. Dass er mir meine Identität geraubt hat.«

Verbitterung klingt heute aus ihren Worten, aber keine Wut. Rachegelüste oder helle Empörung sind der gutmütigen Frau fremd. Ihr Leben hat sie gelehrt, sich den Widrigkeiten zu ergeben, hinunterzuschlucken, was auf der Zunge liegt, zu weinen statt zu rebellieren. »Wir haben uns nie von uns aus mit den anderen geprügelt«, sagt sie, eher traurig als rechthaberisch, »*sie* haben uns immer beschimpft, gedemütigt, verprügelt. Besonders meine

Schwester bekam ständig Schläge, von den Erzieherinnen *und* den anderen Kindern. Aber *wir* haben den Streit nicht gesucht.«

Und dann bricht die angestaute Last der Vergangenheit aus ihr heraus, traumatische Erinnerungen, die bis heute nachwirken:

Die Sinskamp-Schwestern als Junge Pionierinnen, Kafina 2. v. l. o., Lena r. v.

Wie sie nach dem üblichen Ruf »Los Kinder, zum Fressen!« unweigerlich über Heimkameraden gestolpert waren, die sich zum Spaß auf den dunklen Treppenabsätzen quergelegt hatten. Wie sie die Treppen hinunterkugelten, bis sie mit Schrammen und blauen Flecken unten im Speisesaal landeten. Wie beim Essen das Licht mal eben kurzzeitig erlosch und sich die Frikadelle oder das Würstchen anschließend nicht mehr auf ihrem Teller befand, sondern im Schlund feixender Tischnachbarn. Wie sie dann am Abend wieder einmal hungrig und heulend versuchten, Schlaf zu finden. Wie sie von den »Erziehern«, die das Erziehen in den seltensten Fällen gelernt hatten, immer wieder verprügelt, an den Haaren gezogen und beschimpft wurden. »Rindviecher« war dabei noch eine eher vornehme Bezeichnung, »Haltdieklappe« die übliche Anrede.

All diese Erlebnisse scheinen im Bewusstsein der energischen Frau noch sehr gegenwärtig zu sein. Sie erzählt davon, gequält und befreit zugleich, und es ist offenkundig, dass die vor langer Zeit geschlagenen Wunden bis heute schmerzen. Wie sie der Willkür in der Fremde ausgeliefert, ohne Eltern oder Beschützer den Attacken ohnmächtig preisgegeben war: dieses Trauma sitzt tief. Es ist der wunde Punkt in Kafina Sinskamps Leben.

Für die heranwachsenden Heimbewohner gab es nur eine Erlösung: den Tag, an dem sie sechzehn Jahre alt wurden, den Tag ihres Erwachsenwerdens. Zum ersten Mal in ihrem Leben durften sie sich daran wagen, selbstständig über ihr Dasein zu verfügen, zum ersten Mal hatten sie, wenn auch eingeschränkt, eine Wahl. Mit dem achten Unterrichtsjahr endete die Schullaufbahn, mit dem sechzehnten Lebensjahr der Heimaufenthalt. Zu diesem Stichtag erhielten sie ihren ersten eigenen Personalausweis. Er war für sie das Reifezeugnis.

Gerade in dieser Zeit wurde Kafina Sinskamp noch einmal auf unerwartete Weise von ihrer Vergangenheit eingeholt. Seit 1958 lebte sie im Kinderheim von Schelesnodoroschni, dem Ort, an den der Zufall sie im Rentenalter wieder zurückgeführt hat. »Eines Tages kam die Erzieherin zu mir«, erinnert sie sich. »Sie hieß Inna Iwanowna und war noch jung und unerfahren.« Übersetzt heißt das: Die Berufsanfängerin hielt sich nicht an die Vorschriften, als sie die beiden Zöglinge in ein Geheimnis einweihte: »Sie schwenkte einen Brief und rief mir zu: ›Eure Eltern suchen euch! Hier steht, dass zwei Mädchen gesucht werden: Krista und Ingrid.‹ Als wir daraufhin etwas verständnislos dreinschauten, meinte sie: ›Ihr heißt zwar Inna und Lena. Aber ich habe in den Akten nachgeschaut. Es stimmt: Ihr seid ursprünglich deutsche Mädchen und wurdet zu Russinnen gemacht!‹«

Das Unerhörte war geschehen. Zum ersten Mal war der diffuse Verdacht halbamtlich bestätigt. Und nicht nur das: Die junge Erzieherin riet Kafina, sich zu ihren deutschen Wurzeln zu bekennen, im neuen Ausweis ihren ursprünglichen Geburtsnamen eintragen zu lassen. Sie schlug den Schwestern auch vor, auf die Anfrage der Eltern, die schon einen weiten Weg durch die Heimverwaltungsbürokratie hinter sich hatte, einzugehen. In der nachstalinistischen Ära, in der sich der neue Staats- und Parteichef Chruschtschow klar von den Verbrechen seines Vorgängers distanzierte, war dieses Ansinnen keineswegs abwegig.

Wohl aber in der Vorstellungswelt der heranwachsenden Mädchen. Während andere Kinder aus dem Heim sofort die einmalige Gelegenheit witterten und freudig riefen: »Inna, ihr fahrt bald nach Deutschland!«, beschied diese alle Aufforderungen abschlägig: »Nein, wir fahren nirgendwohin!« Zur Sicherheit erkundigte sie sich noch, ob die Anfrage aus dem »Bruderland« DDR oder aus dem »kapitalistischen Ausland« kam. Als sie erfuhr, dass der Brief einen westdeutschen Absender trug, bekräftigte sie ihren Entschluss: »Nein, in die BRD fahren wir auf gar keinen Fall! Da herrscht doch noch Sklaverei!«

»So hatte man es uns beigebracht«, ergänzt Kafina Sinskamp im Rückblick. Die jahrelange Indoktrination war nicht ohne Wirkung geblieben. Für die angehende Sowjetbürgerin verband sich mit dem Staat der »Klassenfeinde« kein Heimatgefühl, sondern Furcht und Schrecken. Im Gegensatz zur friedliebenden DDR galt die BRD in der linientreuen Propaganda immer noch als Hort von Faschismus, Kriegstreiberei und spätkapitalistischer Ausbeutung. Von klein auf hatte Kafina erleiden müssen, was es bedeutete, der Herkunft aus diesem Land geziehen zu werden. Wie oft hatte sie sich anfangs ihres fremden Akzents und ihrer unterschiedlichen Mentalität wegen geschämt. Nun da sie es erfolgreich geschafft hatte sich anzupassen, da sie sich nicht mehr von ihren Altersgenossen unterschied, da sie ein eigenständiges Leben in Aussicht hatte, wollte sie die Geister einer diffusen Vergangenheit nicht wieder heraufbeschwören. Sie wollte so sein wie alle anderen auch.

Heute bereut die Rentnerin es, die ausgestreckte Hand damals nicht ergriffen zu haben. Mehr noch: Diese 16-Jährige, die in ideologischer Verblendung die Nabelschnur gleichsam ein zweites Mal durchtrennt hatte, ist ihr aus heutiger Warte wesensfremd. Damals hatte sie sich, ohne diesen Zusammenhang schon erfassen zu können, selbst ihrer Ursprünge und Chancen beraubt.

Als sie Jahre später die verpasste Gelegenheit erkannte, war es zu spät. »Beinahe ein Jahrzehnt danach habe ich noch einmal an diese Erzieherin von damals geschrieben«, erzählt Kafina Sinskamp. »Sie schickte mir alle Unterlagen, die sie noch hatte. Aber die Anfrage meiner Eltern war nicht darunter, auch keine Fotos, nichts war mehr auffindbar. Ein paar Jahre darauf durften wir unser ehemaliges Kinderheim noch einmal wiedersehen. Das war gar nicht so einfach, denn der Ort lag in einem Sperrgebiet, zu dem es nicht so ohne weiteres Zugang gab. Dort stellte sich aber heraus, dass der Direktor inzwischen gewechselt hatte und sämtliche Unterlagen aus früheren Jahren verbrannt waren.« Regime- und Kurswechsel brachten üblicherweise von Zeit zu Zeit gewisse Entsorgungsmaßnahmen mit sich.

Als ebenso vergeblich erwiesen sich weitere Versuche, nach den Spuren der Vergangenheit zu forschen. Recherchen in Archiven, Auskunftsersuche an Regierungsstellen, auch eine Anfrage beim Suchdienst des Roten Kreuzes blieben bis heute ohne Ergebnis. Unter dem Suchwort »Sinskamp« ergab die Durchsicht aller Namenslisten, Register und Personenverzeichnisse nur Fehlanzeigen. Sämtliche Spuren sind gründlich verwischt worden. Menschen dieses Namens scheint es in ganz Deutschland nicht zu geben. Hätte die ihrer Herkunft beraubte Dame nicht immerhin die wenigen Dokumente aus der unmittelbaren Nachkriegszeit als Beleg, so könnte sie schon ins Zweifeln geraten, ob es ihre deutsche Vorgeschichte jemals gegeben hat.

Aber Kafina Sinskamp zweifelt nicht, sie verzweifelt eher, weil sie das Gefühl hat, ihrer Wurzeln beraubt zu sein. Und daher hat nach ihrer Ansicht auch ihr weiteres Leben keine rechten Blüten mehr treiben können: »Von der Kindheit angefangen, ist mir und meiner Schwester nichts Gutes widerfahren«, klagt sie, »und so ist es bis heute geblieben.« Als die 16-Jährige damals, mit gerade einem Mantel, einem Kleid und einem Paar Schuhe ausgestattet, an der Schwelle vom Waisenhaus zum Leben stand, da träumte sie noch von einer Ausbildung zur Medizintechnikerin in Kaliningrad. Dann aber geriet sie auf eine Informationsfahrt in eine Textilfabrik in der Nähe von Moskau, die zu Ehren der Roten Armee benannt war. Dort ließ sie sich leichtfertig anheuern. Es war alles andere als ein gelungener Start ins Berufsleben. Tagein, tagaus malochte die Hilfsarbeiterin in einer lärmerfüllten, stinkenden Werkshalle und hatte den Eindruck, von einer Hölle in die nächste geraten zu sein. Immerhin gelang es ihr, nach Schichtende auf der Abendschule die »Mittlere Reife« zu erwerben.

Kafina mit ihrer Tochter

Den einzigen Ausweg aus der Verdammnis eröffnete die Kasernentür. Nach dem verlustreichen Krieg mangelte es der Roten Armee noch immer an Soldaten, und so waren auch Frauen in Uniform willkommen. 1963 trat die Arbeiterin in einer Raketeneinheit in der Nähe von Moskau zum »Dienst am Vaterland« an, wie sie noch heute sagt, der sich jedoch weitgehend auf Büroarbeit beschränkte.

Nach dem Abschied von der Armee handelte sich die junge Frau die nächste Unfreiheit ein. Sie heiratete. Bald schon entpuppte sich der Gatte, mit dem sie in der Ukraine einen neuen Lebensabschnitt begann, als haltloser Säufer, der sie drangsalierte und verprügelte. Einmal hielt sie es nicht mehr aus und schlug so heftig zurück, dass der Trunkenbold für immer von ihr ließ und sich in sein Elend verkroch. So zog die junge Mutter ihre beiden

Kinder weitgehend allein groß und arbeitete als Aushilfe in einem Kindergarten. 1976 kehrte sie nach Kaliningrad zurück, wo auch die Familie ihres Mannes lebte. Wenn die Sowjetunion für sie irgendwo so etwas wie Heimatgefühl vermittelte, dann war es jener Landstrich an der Ostsee, wo sie ihre Kindheit verbracht hatte. Aber auch der Eindruck von Beengtheit blieb ihr erhalten. In einem 13 Quadratmeter großen Zimmer hauste sie zusammen mit ihrem Sohn und der kleinen Tochter. Strebsam wie sie war, absolvierte Kafina neben Mutterschaft und Beruf auf der Abendschule noch eine Ausbildung zur Buchhalterin.

Aber selbst dieses bescheidene Dasein blieb ihr nicht dauerhaft vergönnt. Der Sohn hatte sich in der Zwischenzeit als Schweißer in Sibirien verdingt. Dort zog er sich 2003 bei einem Arbeitsunfall derart massive Verbrennungen zu, dass die Mutter sich genötigt sah, ihre bescheidene Wohnung zu verkaufen, um ihm eine angemessene Operation finanzieren zu können. Notgedrungen zog die Familie nach Sibirien um, bis der Sohn nach der medizinischen Behandlung 2004 frühpensioniert wurde.

Seitdem lebt Kafina Sinskamp mit Tochter und Enkelin wieder im »Eisenbahnort« Schelesnodoroschni, zu Jugendzeiten letzte Station ihrer Heimkarriere – und hadert mit ihrem Schicksal. Denn seit dem Tag, an dem sie mit ihrem neuen Reisepass auch ihren ursprünglichen Namen Sinskamp wieder zurückbekam, sitzt sie im Kaliningrader Gebiet fest, kann nicht mehr reisen, weil die Geburtsangaben in ihren Papieren fehlen. Nicht einmal ihre Schwester in der Ukraine darf sie besuchen.

Dabei hatte sich alles so hoffnungsfroh angelassen. »Die Wende mit Gorbatschows Glasnost habe ich wie eine Befreiung erlebt«, resümiert Kafina Sinskamp. Für einen kurzen Frühling der Transparenz öffneten sich Archive. Auch über heikle Kapitel der Vergangenheit wurde offen geredet. Betroffene taten sich zusammen. Die einstigen Waisenkinder fanden Indizien und Belege für ihre Vorgeschichte. Erste vorsichtige Kontakte wurden auch in das Land geknüpft, aus dem sie einst kamen. Auf Einladung einer Akademie war Kafina Sinskamp mit ihrer Schwester 1992 zu

Besuch in der deutschen Ostsee-Stadt Travemünde. »Bei der Ankunft habe ich geweint«, bekennt sie im Rückblick, »ich weiß auch nicht, warum. Ich habe mich dort irgendwie zu Hause gefühlt.«

Doch auch im Land ihrer Herkunft fanden sich keinerlei Hinweise auf ihre Familiengeschichte. Den Antrag auf Einbürgerung lehnten die deutschen Behörden aufgrund der mageren Beweisgrundlage ab. Rückblickend ist Kafina Sinskamp im Zwiespalt, ob die Rückkehr in die Heimat für sie überhaupt einen Ausweg aus ihrem Dilemma bedeutet hätte. Sie sieht sich als Grenzgängerin, auf keiner Seite wirklich zu Hause: »Hier sind wir niemand«, sagt sie resigniert, »und dort wären wir auch niemand.« Die Sehnsucht nach Geborgenheit hat wenig Aussicht, jemals noch Erfüllung zu finden.

Und wie ihr mag es Hunderten, vielleicht sogar Tausenden von Menschen in der ehemaligen Sowjetunion ergehen. Viele haben es aufgegeben, nach ihrer ursprünglichen Herkunft zu forschen, andere ahnen nicht einmal, dass ihre Identität eine bürokratische Fälschung ist. Nach der kurzen Glasnost-Periode liegt heute in Russland über der Beschäftigung mit heiklen Kapiteln der Vergangenheit wieder der Mehltau des Verschweigens. Archive bleiben verschlossen, Tatsachen werden geleugnet, Nachforschungen erschwert. Die Enteignung der Kindheit in ungezählten Fällen harrt weiter der Aufklärung.

Jetzt, an ihrem Lebensabend, versucht Kafina Sinskamp vorsichtig, wieder an die Identität ihrer frühen Jahre anzuknüpfen. Sie hat Deutschkurse besucht, Hörkassetten für das Sprachtraining gekauft. Aber der angestammte Wortschatz geht ihr heute schwer über die Lippen, und in ihrer Umgebung gibt es niemanden, der ihn ihr beibringen könnte. Seit der Wendezeit gehört sie der Lutherischen Gemeinde in Kaliningrad an, zweimal im Monat wird an ihrem Wohnort ein Gottesdienst mit deutschen Kirchenliedern gefeiert. Dieses protestantische Glaubensbekenntnis empfindet Kafina als Teil ihrer Identitätssuche.

Und dann gibt es noch einen »heiligen« Termin jede Woche.

Wenn im russischen Fernsehen eine populäre Sendung läuft, die im Stil von »Bitte melde dich« die Aufklärung von Vermisstenschicksalen betreibt, gehört Kafina Sinskamp regelmäßig zu den Zuschauern. Immer noch hat sie die Hoffnung nicht aufgegeben, dass doch noch irgendwelche Familienangehörigen nach ihr fahnden. »Wir haben immer darauf gewartet«, sagt sie, »dass jemand uns findet. Unseren Eltern wäre es doch vom Westen aus viel leichter gefallen, nach uns zu suchen als umgekehrt. Sie wussten doch, dass ihre zwei Mädchen irgendwo sein müssen. Immer mehr Zeit geht ins Land, aber niemand scheint uns zu vermissen.«

Verbitterung klingt aus ihren Worten. Die Heimatvertriebene möchte keine Entschädigung, keine Aufrechnung, keinen Umzug mehr. Aber eines möchte sie vor ihrem Tod nur zu gern erfahren: Wo komme ich her? Wer sind meine Eltern? Wer bin ich eigentlich selbst?

7. Kapitel

Das Wolfskind

Auf einmal ist Uli weg. Sieglinde kann es einfach nicht glauben, als sie zu ihrem improvisierten Nachtlager zurückkehrt. Hat sie sich verlaufen? Mit wachsender Verzweiflung sucht die 12-Jährige die nähere Umgebung ab. Doch es gibt keinen Zweifel: Hier, genau unter diesem Weidenbusch am Wegesrand, hatte sie den völlig erschöpften Jungen zurückgelassen und ihm eingeschärft, sich auf keinen Fall von der Stelle zu rühren. Auf einem abgelegenen Bauernhof war es ihr endlich gelungen, ein Stück Brot aufzutreiben und ein paar Eier, in die man den Kanten eintauchen konnte. Das wollte sie ihrem kleinen Bruder zum Abendessen servieren, auch als Lohn für die lange Wartezeit. Aber nun ist Uli spurlos verschwunden – wahrscheinlich ist er in eines der umliegenden Wäldchen gelaufen, so redet Sieglinde sich ein. Laut ruft sie seinen Namen in die Stille. In der Ferne meint sie ein leises Echo zu vernehmen. Sie rennt in diese Richtung und durchforstet das Unterholz, in dem sich Schatten regen. Dann klappert sie die umliegenden Gehöfte ab, bis sie selbst die Orientierung verliert. Aber alles ist vergebens, Uli bleibt verschwunden.

Sieglinde hat einiges einstecken müssen in diesen Zeiten, aber das gibt ihr nun wirklich den Rest. Sie hat die Obhut über den Kleinen, hatte ihn wochenlang über Litauens staubige Straßen hinter sich hergezogen, seinen Hunger gestillt und ihn vor dem Tode bewahrt. Und jetzt ist er weg, einfach so. Panik erfasst sie. Ihr sechsjähriger Bruder ist ja kaum noch imstande sich weiterzubewegen. Seine Beine bluten vom vielen Laufen, sein Bauch ist vom Hunger aufgedunsen. Wie soll er hier irgendwo auch nur eine Nacht selbstständig überstehen?

Es ist dunkel geworden, und in den Wäldern beginnt das übliche Nachtkonzert der Wölfe. Eine schreckliche Vorstellung kommt Sieglinde in den Sinn: Was ist, wenn die wilden Tiere über ihren kleinen Bruder herfallen? Solche Geschichten hat sie schon von den Bauern gehört. Das Heulen klingt nah und schauerlich, und das Mädchen zittert nicht nur vor Kälte. »Wir hatten ganz schön Angst vor ihnen«, sagt Sieglinde Kenzler im Rückblick, »aber zugleich waren wir ihnen ähnlich. Im Grunde waren wir ja selbst wie ein Rudel junger Wölfe: Immer auf Nahrungssuche, und wenn sie etwas gefunden haben, dann legen sie sich satt zur Ruhe.«

Nie hat die kleine Vagabundin sich so einsam und trostlos gefühlt wie in dieser Nacht. Sonst hatten sich die Geschwister wenigstens aneinander kuscheln, sich gegenseitig Wärme und Trost spenden können. Jetzt ist sie ganz allein auf sich gestellt – ein einzelnes Wolfskind am Rand der Zivilisation. Doch die hat sie längst hinter sich gelassen. Ihre Herkunft, ihr Name, ihre ursprüngliche Identität – alles ist weit weg in einem fast vergessenen, friedlicheren Leben geblieben.

Es war eine wohlbehütete Welt, in die Sieglinde 1935 hineingeboren worden war. Im ostpreußischen Städtchen Wehlau betrieb der Vater, Max Liedke, einen Gutshof und ein Sägewerk. Das reichte für ein gutes Auskommen und ein sorgenfreies Leben der Familie mit drei Söhnen und drei Töchtern. Auf den 1934 geborenen Rudolf und die ein Jahr jüngere Sieglinde folgten 1936 Irmgard, 1938 Peter, der durch einen Unfall ums Leben kam, 1939 Waltraud, 1941 Uli und schließlich im Dezember 1944 noch der kleine Werner. Im Sommer fegten die Kinder auf Ponys über die Felder oder tummelten sich in den umliegenden Badeseen, im Winter rodelten sie den Hausberg hinunter. Pferde, Gänse, Hühner gehörten natürlich mit zu ihrem ländlichen Paradies. In der Erinnerung der Kinder war der Vater treusorgend, aber streng, die Mutter erzählte den Kleinen zum Einschlafen Geschichten, bevor sie mit ihnen das Nachtgebet sprach. Den Ton unter den Geschwistern gab der Älteste an. Rudolf war immer gefragt, wenn etwas zu schlichten war. Natürlich gab es auch Ärger und Streit, aber in Sieglinde Kenzlers Erinnerung überwiegt der Eindruck von Eintracht.

Auch der Krieg trübte das Familienidyll zunächst nicht. Der Vater war wegen seines »kriegswichtigen« Sägewerks vom Dienst in Uniform befreit, die ganze Gegend blieb weitgehend unberührt vom Frontgeschehen. Ostpreußen galt lange Zeit als bombensicherer »Luftschutzkeller des Reiches«. Nur die Düsternis, die die verdunkelten Fenster im Hause schufen, flößte dem Mädchen manchmal Angst ein, ebenso wie die stets schwarzen Kleider der Großmutter, die vier ihrer Söhne an diesen Krieg verlor. Zu Besuch bei ihr in Königsberg lernten die Kinder, wie viel Schmerz ein Feldpostbrief bereiten kann, und später auch, wie sich ein Bombenangriff im Luftschutzbunker anfühlt. Von Wehlau aus konnten sie den Feuerschein sehen, den die Fliegerangriffe Mitte 1944 in der 40 Kilometer entfernten Hauptstadt Ostpreußens entfacht hatten. »Unsere Eltern nahmen uns die Sorge vor dem Krieg«, erinnert sich Sieglinde Kenzler, »›Wenn eines Tages die Friedensglocken der Wehlauer Kirche läuten werden‹, hatte Mama oft prophezeit, ›dann machen wir ein großes Fest!‹ Darauf habe ich zeit meiner Kindheit gewartet.«

Familie Liedke 1939 in Wehlau; v. l. n. r.: Sieglinde, die Mutter, Irmgard, Rudi und der kleine Peter

Im Herbst 1944 kampierten auf den abgemähten Wiesen die ersten Flüchtlinge aus dem Memelland. »Wir dachten, die werden nach kurzem Aufenthalt wieder in ihre Heimatdörfer zurückkehren«, erzählt die Gutsbesitzerstochter. »Dass wir selber eines Tages auf der Flucht sein könnten, dieser Gedanke kam uns überhaupt nicht in den Sinn.« Im östlichen Vorposten des Hitler-Reiches hielten sich fanatische Vorstellungen vom »Endsieg« und »Ausharren bis zum letzten Mann« besonders ungebrochen. Der ostpreußische Gauleiter Erwin Koch sorgte mit eiserner Hand dafür, dass die Bevölkerung in seinem Herrschaftsgebiet nicht vorzeitig das Weite suchte. Ein außergewöhnlich strenger Winter zog auf, und die ersten Gerüchte über einen bevorstehenden sowjetischen Großangriff gingen um. Doch das Weihnachtsfest, zwei Wochen nach der Geburt des jüngsten Brüderchens, vollzog sich immer noch in tiefem Frieden. Wie jedes Jahr sang die Familie »Horch, wer kommt von draußen rein!« und vor dem Haus fuhr dann der Weihnachtsmann mit Schimmel und Schlitten vor. Beim Verzehr der saftigen Weihnachtsgans hätten die Beteiligten wohl jeden für verrückt erklärt, der prophezeit hätte, dass dies ihr letztes gemeinsames Zusammensein für alle Zeiten sein sollte.

Doch dann kehrte die Kriegswirklichkeit ein, mit einem Donnerschlag. Angesichts der näher rückenden Front wurde wenige Tage nach Weihnachten die Betonbrücke des Städtchens in die Luft gesprengt; es war, als würde damit zugleich die Verbindung in die heile Welt der Kindheit abgetrennt. Als die Kinder aus der Schule kamen, merkten sie bald, dass etwas anders war als gewohnt. Überall im Haus standen Holzkisten, in die die Erwachsenen Geschirr und andere Habseligkeiten verstauten. »Das wird verschickt«, erhielten die Kleinen knapp zur Antwort.

Doch dann wurde in der Schreinerwerkstatt ein richtiges kleines Häuschen auf das gummibereifte vierspännige Fuhrwerk montiert, ausgestattet mit einem eigenen Kanonenofen und Klappbetten. Leiterwagen wurden mit Pferdefutter beladen. Dies war keine Vorsichtsmaßnahme mehr, es war ein Aufbruchssignal. »Das dauert nicht lange«, beruhigte die Mutter. »Wir sind nur kurze Zeit weg, bis die Front durch ist, und dann kommen wir wieder zurück in unser normales Leben.« Am 22. Januar 1945 zog die Karawane unter Anleitung des Ortsvorstehers der NSDAP, der bis dahin jede Fluchtvorbereitung unterbunden hatte, in Richtung Westen. Trotz des väterlichen Verbots, Spielzeug mitzunehmen, gelang es Sieglinde, ihre Puppe mit auf den Wagen zu schmuggeln. Ihre Schwester schleuste sogar den Dackel ein.

Nur wenige Kilometer lagen zwischen dem heimischen Idyll und der ganzen Härte des Krieges. Bei Temperaturen bis minus

20 Grad kam der Treck über die tief verschneiten Straßen nur im Schritttempo voran. Lastwagen der Wehrmacht drängten vorbei, und manche Flüchtlingsgespanne landeten im Straßengraben. Dort entdeckten die Kinder auch Menschen, die mit zusammengefalteten Händen an den Chausseebäumen lehnten. »Wir überlegten noch, warum die nicht aufstehen und mit uns mitkommen wollten«, erzählt Sieglinde Kenzler, »bis Mutter uns sagte: ›Lass die sitzen, die sind tot.‹« Wie Puppen lagen am Straßenrand Säuglinge, die auf der Flucht erfroren waren. Vor dem Einschlafen beteten Sieglinde und ihre Geschwister, dass ihnen so ein Schicksal erspart bleiben möge.

Die nächste Rast legten sie auf dem Gutshof Barmeln ein. Dort konnten die Kinder endlich wieder über die verschneiten Felder toben, auch wenn die Mutter ihnen eingeschärft hatte, nicht zu weit davonzulaufen. »Da sahen wir plötzlich Wesen auf uns zukommen«, erinnert sich Sieglinde Kenzler, »die kamen uns vor wie von einem anderen Stern: in langen Mänteln, Halbschuhen, die Beine mit Bandagen umwickelt, Pelzmützen tief in ihre mongolischen Gesichter gezogen. Ich suchte noch mit dem Blick, ob sie ein Messer zwischen den Zähnen trügen, wie man uns in der Schule die Sowjets beschrieben hatte. Dann rannte ich weg, schrie ganz fürchterlich und warf mich meiner Mutter in die Arme.« Die Russen waren da. Die Flucht der Familie war zu Ende, kaum dass sie begonnen hatte.

Allerdings kümmerten sich die Vorausabteilungen der Roten Armee noch wenig um Flüchtlinge. Erst als tags darauf berittene Soldaten des Regimentsstabs auf dem Gutshof eintrafen, begann das übliche Verfahren. Die aufgegriffenen Deutschen wurden in die Mangel genommen, manche Verdächtige oder Denunzierte kurzerhand erschossen. Dank der Fürsprache seiner früheren polnischen Zwangsarbeiter entging Max Liedke drastischer Bestrafung – fürs Erste. Mit anderen arbeitsfähigen Männern wurde er ein paar Tage lang auf einen benachbarten Gutshof abkommandiert, um dort Eisblöcke auszuschachten.

Nach einer Weile gaben die Soldaten das Signal zum Aufbruch.

Die Flüchtlinge mussten ihre Wagen und Tiere zurücklassen. Nur ein kleiner Handkarren barg den noch verbliebenen Familienbesitz. Sieglindes jüngster Bruder, das einen Monat alte Baby, wurde in einen Wäschekorb gepackt. Neben der Kolonne marschierten Bewacher mit dem Gewehr im Anschlag. Aus dem Flüchtlingszug war ein Elendsmarsch geworden, der seine vorläufige Endstation im Stadtgefängnis des ostpreußischen Kleinstädtchens Friedland fand. Im Gefängnishof wurden die Menschen sofort auseinandersortiert. Sowjetische Soldaten verfrachteten Vater Liedke auf einen Militärlastwagen, von wo aus er Frau und Kindern gerade noch zurufen konnte: »Wir sehen uns in Wehlau!« Es war sein letzter Gruß an die Familie.

Im Gefängnis wurden die Kinder auch noch von ihrer Mutter getrennt. Wie alle Erwachsenen wurde sie ständigen Verhören unterzogen – offenbar ging es darum, Funktionsträger und Parteigänger der Nazis auszufiltern. Mitsamt dem Wäschekorb stießen die Bewacher die fünf Kinder in eine Zelle, die bereits mit etwa hundert aufgesammelten Deutschen völlig überfüllt war. In der drangvollen Enge suchten die Internierten auch auf dem Wäschekorb Platz. Die Geschwister schrien und gestikulierten wild. Aber es war vergeblich. Das kleine Brüderchen im Korb war tot – erstickt oder verhungert. Voller Verzweiflung bollerten die Kinder gegen die Zellentür und brüllten nach ihrer Mutter. Als diese endlich aus dem Verhörraum zurückgebracht wurde, blieb sie in der Erinnerung der Kinder äußerlich seltsam unberührt. Sie schien schon von der ersten Schicht jener Unempfindlichkeit umgeben, die für den beginnenden Überlebenskampf notwendig war.

In dem Raum, in den die Wärter die Familie nun verlegten, saß an der Wand ein alter Mann mit gefalteten Händen und eingesunkenem Haupt. Die Kinder senkten respektvoll die Stimme. Doch die Mutter gab Entwarnung: »Ihr braucht nicht leise zu sprechen, der Alte ist schon gestorben.« Mit dem toten Mann an der Wand und dem toten Brüderchen im Korb verbrachten sie eine trostlose Nacht in der Zelle.

Tags darauf wurde aus den Internierten erneut ein Transport zusammengestellt, der sich, nur mit kleinen Handwagen ausgestattet, wieder zurück gen Osten durch Eis und Schnee kämpfen musste. Wer die Kolonne verließ, dem drohte die Erschießung durch die Wachsoldaten. Der Fußmarsch führte auch durch die inzwischen weitgehend ausgestorbene Heimatstadt Wehlau. Irgendwo dort gelang es der Mutter mit Hilfe ihres ältesten Sohnes Rudolf, den Säugling in die gefrorene Heimaterde zu betten. Jetzt sahen die Kinder Tränen auf ihren Wangen.

Aber es war keine Zeit für Trauer. Weiter ging der Elendsmarsch zum früheren Gutshof Brakupöhnen bei Gumbinnen, weit im Osten der Region, der nun als Arbeitslager diente. Es war ein Ort des Todes. Jeden Tag karrten zwei kriegsversehrte Häftlinge die Leichen, darunter viele Kinder, in einem Leiterwagen zum Friedhof. Hunger, Krätze, Ruhr und Typhus forderten ihren Tribut. Auch die Mutter der fünf blieb von diesen Krankheiten nicht verschont. Gelegentlich griffen sich auch Männer der politischen Polizei NKWD in schwarzen Ledermänteln ihre Opfer. »Es war die Hölle«, erinnert sich Sieglinde Kenzler. »Es gab keine medizinische Versorgung. Niemand kümmerte sich um uns. Wir hatten nichts zum Heizen und kein fließendes Wasser. Wir Älteren mussten mit der Mutter auf den Feldern arbeiten. Trotzdem hatten wir immer Hunger, irgendwann spürten wir ihn einfach nicht mehr. Gelegentlich konnten wir aufgesammelte Steinkohlebrocken gegen ein Stück Brot tauschen. Manchmal blieb uns als Nahrung aber nur das Wasser aus dem Fluss. ›Wenn ihr heut Nacht von einer vollen Vorratskammer träumt‹, sagte meine Mutter in ihrer Not, ›dann esst euch dort richtig satt!‹« Erst als der ältere Bruder einen Sack mit Getreidekörnern ausfindig machte, die die Kinder aufquellen ließen und erhitzten, kehrte das Gefühl zurück, wieder etwas im Magen zu haben.

Nach einem qualvollen Jahr, als im Frühjahr 1946 der Schnee geschmolzen war, wagten sie die Flucht nachts über die Felder, mit dem Leiterwagen im Schlepptau. Sie entkamen, von den russischen Wachsoldaten unbemerkt. Die Qual schien zu Ende, es ging wieder nach Hause. Der Vater würde dort sicher schon warten. Auf dem Schwarzmarkt in Insterburg tauschte die Mutter ihre über all die Zeit gehüteten Reichsmark-Bestände gegen Milch, Gries und Salami ein. Es gelang ihr sogar, einen sowjetischen Militärlastwagen aufzutreiben, der bereit war, die Familie mitzunehmen. Doch kaum war ihre ganze Habe auf der Ladefläche verstaut, fuhr der Wagen plötzlich los, und ließ die Familie mit bloßen Händen am Straßenrand zurück.

In Wehlau zerschlugen sich die letzten Illusionen. Das Gut mit dem Sägewerk war nur noch eine Ruine, von der Wehrmacht auf ihrem Rückzug zur Hälfte gesprengt und danach noch von den Besatzern ausgeplündert. Vom Vater war weit und breit keine Spur zu finden. Entgegen allen Hoffnungen sollte er nie wieder aus Russland zurückkehren, wo er vermutlich einen anonymen Tod in einem der sibirischen Lager starb.

Der Rest der Familie war endlich wieder zu Hause – und hatte doch alles verloren. Die Obdachlosen waren so gezwungen, in einer mit Flüchtlingen vollgestopften Baracke Unterschlupf zu suchen. Bald verlor die Mutter auch ihren Gelegenheitsjob in einer nahegelegenen Papierfabrik, der ihr immerhin ein paar Rubel und Essensmarken eingebracht hatte. So ging die Familie vollkommen mittellos in den berüchtigt kalten Hungerwinter des Jahres 1947.

In Europa herrschte zu dieser Zeit längst Frieden, aber Sieglinde und ihre Geschwister vegetierten als bettelnde und frierende Elendsgestalten vor sich hin. Rudolf fing in einer selbstgebauten Falle Spatzen und räumte ihre Nester aus, die unerschrockene Irmgard klaute aufgequollene Kartoffeln aus den Abfällen der Besatzungsmacht, die Kleinen sammelten Brennnesseln oder gingen bei den Russen betteln. Die Mutter aß meist nur, was von den Kindern übrig blieb. Der Hungertod drohte, als sich plötzlich ein neuer Lichtblick eröffnete: Litauen. Dort gab es zu jener Zeit noch vergleichsweise reichlich Nahrungsmittel, viele Bewohner hegten Sympathien für die Deutschen und zeigten Erbarmen mit Hungernden. Im Frühjahr 1947 zog die Mutter zusammen mit

Sieglinde auf Hamstertour ins Nachbarland. Nach ein paar Wochen kehrte sie krank und geschwächt, aber mit vollem Rucksack zurück.

Im Frühsommer kletterte sie abermals auf einen der durchfahrenden Güterzüge, diesmal in Irmgards Begleitung. Nach ungewöhnlich langer Abwesenheit hatten die Wartenden die beiden schon beinahe aufgegeben, als am 2. Juni eine Nachbarin mit der erlösenden Botschaft kam: »Eure Mama ist am Bahnhof, nehmt den Handwagen mit!« »Wir haben uns schon gefreut und dachten, dass wir den Karren mit Lebensmitteln vollladen könnten«, erzählt Sieglinde Kenzler. »Unterwegs kam uns auch schon die Irmi entgegen. Als ich mit Rudi am Bahnsteig eintraf, konnten wir die Mutter dort zunächst nicht finden. Erst nach einiger Zeit erkannten wir, dass eine alte Frau, die am Bahnsteigboden kauerte, unsere Mutter sein musste. Sie saß da, eingefallen, die Haut spannte sich lederartig über ihre Knochen, die Haare waren streng nach hinten gekämmt, sie hustete viel und konnte nur noch lallen. Der Beutel neben ihr war kaum gefüllt. Jetzt erkannten wir, dass wir den Wagen nur deswegen mitnehmen sollten, um die Mutter darauf heimzuholen.«

Sobald sie die apathische Frau auf die Liege in ihrem Quartier gehievt hatten, rannte Rudolf zur Kommandantur, um Hilfe zu holen, aber es war vergebens. »Lasst mir die Kleinen nicht verhungern!«, flüsterte die Mutter Sieglinde kaum hörbar zu. Dann atmete sie noch einmal schwer und verstarb in ihren Armen.

Noch heute, 60 Jahre danach, kann die Tochter ihre Tränen nicht zurückhalten, wenn sie davon erzählt. Sie weint und schluchzt, und es klingt immer noch sehr verloren. »Der Verlust der Mutter«, fügt sie wie zur Entschuldigung hinzu, »ist schlimmer als jeder Hunger.«

Plötzlich waren die älteren Kinder gezwungen, erwachsen zu sein. Rudolf übernahm das Kommando und sorgte dafür, dass die Geschwister ihre Mutter, in einen alten Mantel gewickelt, zum Friedhof karrten und in der Erde verscharrten – da mochte Uli, der zu klein war, um zu begreifen, noch so schreien und damit drohen, das alles später dem Vater zu erzählen. Ein paar zusammengepflückte Gänseblümchen und viele Kindertränen begleiteten die Mutter auf ihrem letzten Weg.

Der älteste Sohn, für die Jüngeren jetzt wie ein Vaterersatz, erkannte auch, dass jeder weitere Tag in ihrem Elendsquartier sie dem Tod näher bringen würde. Das restlos überfüllte Waisenhaus des Ortes bot ihnen keinen Unterschlupf. Vom Hunger gezeichnet, bestand Uli fast nur noch aus Haut und Knochen, Irmgards Glieder waren vom Wasser angeschwollen.

So zog diesmal Rudolf los auf den Beutezug nach Litauen. »Du bleibst hier und passt auf die Kleinen auf!«, schärfte er seiner Schwester zum Abschied ein. »Für mich war von da an alles von einem Gedanken bestimmt«, erzählt Sieglinde Kenzler. »Es darf keines der Kinder verhungern!« Doch schon nach zwei Wochen war Rudolf wieder da und er hatte den Beutel diesmal voll mit Kartoffeln, Speck und Mehl – so viel, dass sie Bauchschmerzen und Durchfall davon bekamen. Zusätzlich hatte der ältere Bruder in Litauen eine erste Anlaufstation aufgetan, und so stand fest, dass sie keinen Tag länger in ihrem heimatlichen Hungerloch bleiben würden. Unter Rudis Anleitung erklommen die fünf Kinder auf dem Wehlauer Bahnhof einen Zug, der riesige Betonrohre geladen hatte. Im Inneren der Rohre und später in einem leeren Viehwaggon fanden sie Platz und auch ein wenig Schlaf. Am nächsten Morgen waren die Geschwister am Ziel ihrer etwa hundertfünfzig Kilometer langen Reise: in Litauen, dem Land, das ihnen noch eine Chance versprach, nachdem sie dem Tod nur knapp entronnen waren.

Aber er blieb ihnen weiter auf den Fersen. Es war kein lustiges Zigeunerleben, das sie hier erwartete, keine Landstreicherseligkeit, mit der sie den Erwachsenen das Herz erweichten. Ein elender Bettelzug stand ihnen bevor, ein kräftezehrender Wettlauf ums Überleben, mit Blasen an den Füßen und Hungerödemen. Und das war zu jener Zeit kein Einzelfall.

Von den rund 140 000 im Königsberger Gebiet verbliebenen Deutschen waren beinahe ein Drittel Kinder. Über 3000 von ihnen hatten Krieg, Flucht, Gewalt, Hunger und Krankheit zu Waisenkindern gemacht, und es wurden von Monat zu Monat mehr. In der Erwartung des eigenen Hungertodes setzten manche Eltern ihre Kinder mit Namensschildern versehen auf der Straße aus, weil sie hofften, dass sich irgendwelche Fremden ihrer erbarmen würden. Wenn dann die kleinen Obdachlosen nicht in einem der wenigen Waisenhäuser Aufnahme fanden, waren sie meistens von allen guten Geistern verlassen, einige fanden den Tod. Dabei hatten Kinder auf der Straße eine höhere Überlebenschance als etwa Alte und Kranke, weil ihnen natürlicher Instinkt und Findigkeit zugute kamen.

Der sowjetischen Besatzungsmacht fehlten zu Beginn schlicht Nahrungsmittel, Infrastruktur und Kompetenz, um die verbliebene Zivilbevölkerung mitzuversorgen. Wer von der Militärverwaltung nicht als Arbeitskraft registriert wurde, war vollkommen von der amtlichen Versorgung mit Lebensmitteln, Kleidung und Medikamenten abgeschnitten. Kinder hatten nur dann Anspruch auf eine karge Brotration von 200 Gramm, wenn sie auf dem Registrierschein der Mutter eingetragen waren. Alle »nicht Arbeitsfähigen«, neben Waisenkindern auch kranke, invalide und alte Menschen, blieben weitgehend sich selbst überlassen. Die Massenflucht hatte ganze Landstriche leer geräumt und damit auch die bestehende Landwirtschaft zum Erliegen gebracht. In den meisten Fällen reichten die Erträge nicht einmal zur Versorgung der Militärs und zivilen Arbeitskräfte aus. Der Mangel verschärfte sich noch durch die massiv betriebene Ansiedlung von sowjetischen Bürgern im Königsberger Gebiet ab 1946. Im Winter jenes Jahres herrschte Hungersnot, für Deutsche wie Russen.

Im benachbarten Litauen war die Lage etwas besser. Die meisten Bauern betrieben ihre Höfe weiter und erwirtschafteten ihre eigene Ernährungsbasis. Zudem hatten hier Stalins Zwangsumsiedlungen auf der einen, teils auch Sympathien mit der nationalsozialistischen Weltsicht auf der anderen Seite eine gewisse Verbundenheit mit den Deutschen und einen Hass auf die sowjetische Besatzungsmacht geschaffen.

So suchten viele Deutsche, unter ihnen mehrere tausend »Wolfskinder«, ihr Heil auf Betteltouren durch das Nachbarland. Sieglinde und ihre Geschwister fanden nach der strapaziösen Fahrt immerhin für eine Nacht Unterschlupf im Heuschober des Bauernhofs, den der Älteste zuvor ausgekundschaftet hatte. Außerdem erhielten sie einen Waschzuber und ein paar Lebensmittel für den Weg. Am nächsten Morgen hieß es jedoch wieder Abschied nehmen, nicht nur von ihrem Nachtquartier, sondern auch vom ältesten Bruder. Rudolf blieb bei dem Bauern zurück, um als Knecht sein Brot zu verdienen. Immerhin ein Esser weniger. Doch nun war die zweitälteste Sieglinde das Familienoberhaupt. »Mir war jetzt die ganze Last auferlegt, dafür zu sorgen, dass den jüngeren Geschwistern nichts passiert, dass sie gesund bleiben und nicht verhungern.« Eine schwere Bürde für ein zwölfjähriges Mädchen.

Wie bei streunenden Tieren war der ganze Lebensinhalt auf Nahrungserwerb ausgerichtet. Oft schickte Sieglinde den kleinen Uli zu den Bauern vor, wohl wissend, dass der Dreikäsehoch das Herz der Spender eher zu erweichen vermochte. Nur Uli gelang es, auch mal ein Stückchen Käse zu ergattern, während die Schwestern im Verborgenen auf seine Rückkehr warteten. Dafür sorgten die Mädchen wie eine Mutter für den Kleinen. So profitierten die Geschwister wechselseitig voneinander. Das begehrteste Almosen war eine warme Suppe, bisweilen gab es auch Brot, Eier oder etwas Mehl. Ganz verscheuchen ließ sich das drückende Hungergefühl nie. Aber wenn die Bittsteller wieder etwas im Magen hatten, siegte die Fröhlichkeit und sie sangen, so gut es ging, ihre Kinderlieder aus besseren Tagen.

Doch nicht überall wurden ihnen die Hoftore aufgetan. »Prussukai isch Voketia« bekamen sie manchmal unwirsch zu hören, wenn sie mit ein paar Brocken Litauisch und eindringlichen Gesten um eine Brotzeit nachsuchten: »Bettler aus Deutschland.« »Haut ab, ihr Hitler-Kinder!«, rief man ihnen nach und hetzte auch noch den Hofhund hinterher. Gelegentlich blieb daher ganze Tage lang der Magen leer. Doch gewöhnlich versprach schon der nächste Hof wieder ergiebigere Ausbeute. Manche Bauern stellten den »vokietukai«, den »kleinen Deutschen«, neben einer Mahlzeit auch warmes Wasser und Kernseife oder abgetragene Kleidungsstücke zur Verfügung, aber für ein Nachtquartier in der Scheune war das Misstrauen meist doch zu groß. So suchten die Kinder ihren Schlafplatz bevorzugt am Wegesrand, unter Sträuchern und Büschen notdürftig vor Kälte und Regen geschützt.

Sicherheit vor den herumstreunenden Wölfen und Füchsen fanden sie dort nicht. Oft erhoben die Rudel nachts ganz in der Nähe ihr Geheul, und dann war es, als würden sie der Verlorenheit der Kinder nur ihre Stimme leihen, als wären sie ihresgleichen. Dabei blieben sie lebensbedrohende Feinde. Dass Wölfe in dieser Gegend im Extremfall auch Menschen zerfleischten, war mehr als nur ein Gerücht mit Abschreckungswirkung. Allein diese Vorstellung genügte, die Kinder jede Nacht an den Rand einer abgrundtiefen Angst zu treiben. »Wie oft wir in der Dunkelheit von Tieren heimgesucht wurden«, überlegt Sieglinde Kenzler, »wie oft sie uns vielleicht im Schlaf abgeschleckt haben, das will ich heute gar nicht mehr so genau wissen.«

Besser war es nach der Erntezeit, als die kleinen Vagabunden im Hohlraum der zum Trocknen aufgestellten Getreidehocken Unterschlupf finden konnten. Kamen sie an einem See vorbei, so versuchten sie sich selbst und ihre zerschlissene Kleidung notdürftig sauber zu bekommen – immer darauf bedacht, dass der noch schwimmunkundige Uli sich nicht in den Schlingpflanzen verfing. Die Läuse, ihre ständigen Begleiter, vermochten sie so allerdings nicht dauerhaft zu vertreiben. Um Krankheiten und Mangelerscheinungen abzuwehren, waren sie auf das angewiesen, was die Natur ihnen bot. Selbstgepflückte Heilkräuter ersetzten fehlende Medikamente. Gegen Ulis zerschundene Gliedmaßen und Irmgards vom Wasser aufgeschwollene Beine vermochten sie allerdings wenig auszurichten. Gelegentlich kamen ihnen auf den Straßen auch andere kleine Landstreicher entgegen, aber man ging tunlichst getrennte Wege. Jeder wollte sein Bettelrevier für sich allein ausschöpfen.

Als die vier im Herbst den Ältesten noch einmal auf seinem Bauernhof besuchten, redete Rudolf seiner Schwester ins Gewissen: »Der Winter kommt näher. Du musst sehen, dass ihr irgendwo unterkommt! Ohne Schuhe und mit den paar Lumpen könnt ihr nicht mehr weiterlaufen, wenn es kalt wird.« Mit diesem Appell entließ er Sieglinde auf die Straße. Wieder spürte sie die schier übermächtige Last der Verantwortung auf ihren schwachen Schultern. Welcher Bauer sollte sie mit den drei abgemagerten, verlausten Geschwistern für den Winter bei sich aufnehmen? In schwachen Momenten ertappte sich die Zwölfjährige bei perfiden Gedankenspielen. »Ich laufe jetzt einfach weg«, ging es ihr durch den Sinn, »und überlasse die Kleinen ihrem Schicksal.« Besonders der sechsjährige Uli, der mit seinen dünnen Beinchen und den ständig blutenden Knöcheln oft einfach keine Kraft hatte weiterzulaufen, kam tagelang aus dem Heulen nicht heraus. Die große Schwester fragte ihn nie, ob er Schmerzen habe oder überhaupt noch weiterlaufen könne. Mit List und Gewalt zwang sie ihn immer wieder mitzukommen. Heute schämt sie sich deswegen. Damals überstieg es bisweilen ihre Kraft, ihn fortwährend hinter sich herzuziehen. Doch schon im nächsten Moment bereute sie ihre düsteren Gedanken und besann sich des Vermächtnisses, das die sterbende Mutter ihr mit auf den Weg gegeben hatte.

Jedenfalls erschien es der Ältesten wie ein Segen des Himmels, als eines Tages, es mag zum Erntedankfest gewesen sein, eine fein herausstaffierte Kutsche auf dem Weg von der Kirche neben ihnen hielt. Der Bauer zeigte stumm auf die hübsche Irmgard und bedeutete ihr, mit auf das Fuhrwerk zu klettern. Sieglinde hatte weder eine Ahnung, wer der Mann auf dem Kutschbock war, noch wohin er mit der elfjährigen Schwester fuhr. Sie war einfach nur froh, dass sie fortan eine Sorge weniger haben würde.

Auch für Waltraud gelang es nach einiger Suche, auf einem Bauernhof ein Quartier für den Winter aufzutun. Die neuen Herbergseltern hatten das achtjährige fröhliche Mädchen offenbar auf Anhieb in ihr Herz geschlossen und sie zeigten sich auch gegenüber seinen Geschwistern ausgesprochen freundlich. Mit neuen Kleidern und etwas Proviant ausgestattet, machten sich die beiden wieder auf ihren Weg.

In den Nächten legte sich jetzt Raureif auf das Land und machte die Kleidung klamm. Sieglinde hatte nur noch den kleinen Bruder, um sich zu wärmen. Aber sie war jetzt entschlossen, ihn fest bei sich zu behalten. Sie wusste, dass er ohne sie wenig Überlebenschancen haben würde und wollte in dieser fremden Welt nicht ganz allein auf sich gestellt sein, auch wenn es schier aussichtslos schien, mit dem noch nicht arbeitsfähigen Knirps für die kalte Zeit eine Unterkunft zu finden. »Was machen wir«, fragte sie ihn einmal unterwegs halb im Ernst, »wenn irgendein Bauer dich behält? Dann bleibe ich ja ganz allein zurück.« Mit großen, entsetzten Augen sah er sie an. Das wollte er auf gar keinen Fall. So klein er war, wusste er doch ziemlich genau, dass die Hand seiner Schwester der einzige Halt war, der ihm geblieben war.

Doch dann war Uli weg, einfach so, spurlos verschwunden, weit und breit nicht mehr aufzuspüren. Es war Sieglinde, als hätte sie sich am letzten Willen der Mutter versündigt. Aber was hätte sie anders machen sollen? Der Kleine war einfach nicht mehr imstande gewesen, auch nur einen Meter weiterzugehen, und sie hatte doch irgendetwas Essbares für ihn erbetteln müssen, was ihr schließlich auf einem weiter entfernten Hof gelungen war. Alles hatte sie getan, um den Jungen am Leben zu erhalten, ihn vor dem Ertrinken bewahrt, seine Wunden geheilt, ihn mit Nahrung versorgt. Nun aber war er fort, am Ende eine Beute der Wölfe? In ihrem ganzen Leben hatte Sieglinde sich nicht so verloren gefühlt. Drei Tage lang suchte sie jeden Hof, jeden Strauch in der Umgebung ab. Dann musste sie sich erschöpft geschlagen geben. Es war der Tag, an dem mit dem letzten Halt familiärer Verbundenheit Sieglindes deutsche Kindheit ein Ende fand.

Und es begann ihr zweites Leben als junge Bürgerin einer neu entstehenden Sowjetrepublik. Es fing damit an, dass sie auf der verzweifelten Suche nach dem kleinen Bruder irgendwann an die Tür eines Häuschens pochte, das zu einem Sägewerk gehörte. Die

Bewohnerin, die ihr die Tür auftat, konnte kein Wort von dem Kauderwelsch verstehen, das die nächtliche Besucherin stammelte, aber sie bat sie freundlich herein. Eine herbeigerufene Nachbarin konnte Sieglinde übersetzen, dass die Frau des Hauses bereit war, ihr zu helfen – unter der Hand. Galina Sdobnjakowa und ihr Mann stammten aus Moskau und waren für die Besatzungsmacht in der Verwaltung des militärisch geführten Holzbetriebes tätig. Wenn sie Sieglinde auch die drängende Sorge um den Bruder nicht nehmen konnte, so bot sie ihr doch eine sichere Bleibe für den Winter.

Das brachte eine gewaltige Umstellung mit sich. Als erstes verbrannte die Gastgeberin die gesamte Kleidung des Mädchens, in die sich die Läuse eingenistet hatten. Sieglinde war keineswegs glücklich darüber, sah sie mit den verbrannten Kleidern doch die letzte greifbare Verbindung in ihr früheres Leben zerstört. Sie musste sich auch erst wieder daran gewöhnen, auf einer Matratze zu schlafen, mit Messer und Gabel zu essen und sich in der Frühe die Haare zu kämmen. Die Herzlichkeit der Aufnahme wich schnell einem eher unterkühlten Umgang. Nie erhielt das Gastmädchen auch nur ein Wort des Lobes oder gar Dankes, nie nahm jemand es in den Arm und erkundigte sich nach seinen Sorgen. Sieglinde blieb weitgehend in sich gekehrt, viel zu ernst und erwachsen für ihr Alter. Sie erledigte sämtliche Hausarbeiten, besorgte Brennholz, heizte ein, reinigte die Wäsche und kümmerte sich um das neugeborene Baby. Wenn irgendwo Not am Mann war, wurde das Hausmädchen kurzerhand zur Aushilfe an befreundete Familien weitergereicht. Dennoch lag Sieglinde jede Klage fern. Sie war wieder satt, hatte es warm und wurde nicht direkt unfreundlich behandelt.

Nur die Sorge um ihre Geschwister nagte weiter an ihr, und immer wieder suchte sie das schlechte Gewissen heim, sich nicht ausreichend um deren Überleben gekümmert zu haben. Wie ein geisterhafter Ankläger huschte der kleine Uli durch ihre Gedanken. Aber aus Angst vor Strafe traute sie sich nicht, das Haus zu verlassen, um die Suche wieder aufzunehmen. Allein schon der Versuch, mit deutschen Kriegsgefangenen, die in dem Sägewerk als Zwangsarbeiter interniert waren, vorsichtig Kontakt aufzunehmen, stand unter strenger Strafandrohung. Als Sieglinde einmal zur Unterkunft ihrer Landsleute vordringen wollte, wurde sie von russischen Wachposten rüde abgewiesen.

Die russischen Gasteltern von Sieglinde, Galina und Nikolai Sdobnjakow (links)

Mit der Zeit und mangels Gebrauch verlor sie allmählich ihre Deutschkenntnisse und musste lernen, sich auf Russisch zu verständigen. Zu Beginn kostete das manche Tränen, da Sieglinde die Anweisungen nicht richtig verstand und daraufhin Fehler machte. Doch mit der Zeit fand sie sich so gut in die russische Umgebung ein, als wäre sie schon immer in dieser Welt heimisch gewesen. In ihrem Inneren jedoch hielt das Gastkind an seinen Wurzeln fest. »Meine kleineren Geschwister mochten um diese Zeit vielleicht nicht mehr wissen, wo sie ursprünglich herkamen«, überlegt sie heute. »Aber ich habe meine Herkunft nie vergessen. Meine Erziehung wirkte immer noch fort, zum Beispiel, dass man immer höflich bleiben sollte. Ich war stolz auf meine Eltern und meine Abstammung, und ich legte den Gedanken nie ab, eines Tages wieder nach Hause zurückzukehren.« Doch davon war Sieglinde im Frühjahr des Jahres 1948 weiter entfernt denn je. Ihre Gastfamilie musste in die litauische Kreisstadt Kaunas umsiedeln und fragte das Mädchen, ob es sie nicht dorthin begleiten wolle. Nach kurzer Überlegung willigte Sieglinde ein. Sie hatte ja sonst niemanden.

In der Stadtwohnung war das Dasein noch mühseliger für sie. Um die Garderobe der Familie sauber zu halten, musste das

Hausmädchen regelmäßig mit der gesamten Wäsche zum Ufer der nahegelegenen Memel stapfen – sommers wie winters. Einmal brach sie dabei in ein Eisloch im Fluss ein und wäre wohl untergegangen, hätte die Schäferhündin Astra ihr nicht wieder herausgeholfen.

So sehr Sieglinde bemüht war, sich durch besonders gründliche Arbeit für die Gastfreundschaft zu revanchieren – in diesem Haus blieb sie eine Fremde. Es kam selten vor, dass jemand einmal das Wort an sie richtete, und wenn, dann handelte es sich meist um Anweisungen für die Hausarbeit. So führte sie Gespräche mit sich selbst, in endlosem innerem Monolog. Nur tief in sich drin hütete sie ihre Kindheit und ihre Herkunft wie einen Familienschatz. Das Band in ihr früheres, glücklicheres Leben wollte sie nicht abreißen lassen, so schwer ihr das in der fremden Umgebung auch fiel. Soweit es ihre Arbeit erlaubte, zog Sieglinde durch die Straßen der Stadt, um unter den vielen bettelnden Streunern deutscher Herkunft nach Spuren ihrer Geschwister Ausschau zu halten. Immer wieder forschte und fragte sie, doch ihre Suche blieb ohne Ergebnis.

Gegenüber ihrer Umgebung allerdings war sie gehalten, ihre ursprünglichen Wurzeln zu verbergen. »Wenn du auf den Markt gehst«, mahnten die Gasteltern immer wieder, »erzähle niemand davon, dass du eine Deutsche bist!« Das hätten sie Sieglinde gar nicht einzureden brauchen. Nur wenige Jahre nach dem Krieg war gerade unter den russischen Neubürgern in Litauen alles Deutsche verfemt. In der Sowjetunion gab es kaum eine Familie, die nicht auf irgendeine Weise unter den Folgen des von Hitlers Reich angezettelten Krieges zu leiden hatte. Dementsprechend groß war der Hass auf Deutsche im Land, die oft kollektiv für die Verbrechen haftbar gemacht wurden. Auch Sieglinde bekam das bisweilen zu spüren, wenn sie als Deutsche identifiziert, an den Haaren gezogen oder mit wüsten Schimpfworten belegt wurde. Die seelischen Verletzungen aus jener Zeit schmerzen sie bis heute.

Abends, wenn Sieglinde in der Stube saß, wurde der Hausherr unter dem Einfluss des Alkohols manchmal gesprächig und erzählte, was er an Gräueln im Krieg erlebt hatte. »Siehst du, das alles haben Deutsche angerichtet«, schloss er mit vorwurfsvollem Unterton, »und trotzdem nehmen wir dich hier bei uns auf.« Die 13-Jährige schämte sich für das, womit sie nichts zu tun hatte. Sie wusste, dass sie sich dankbar erweisen und klaglos in das Alltagsdasein fügen musste.

Mit den Jahren unterschied sie sich kaum noch von einem Familienmitglied. Ihre Russischkenntnisse waren immer besser geworden, die Hausarbeit ging ihr leichter von der Hand. Auch zu den litauischen Nachbarn im Haus knüpfte sie erste vorsichtige Kontakte. Ihre Kindheit geriet mehr und mehr zu einer verschwommenen Erinnerung. Die Gasteltern taten ein Übriges, Sieglinde ihrer ursprünglichen Identität zu entfremden. Sie waren stolz auf ihre sowjetische Heimat und gehörten der kommunistischen Staatspartei an. So lag es für sie nahe, aus ihrer Ziehtochter eine aufrechte Sowjetbürgerin zu formen. Eines Tages brachten sie gar einen russischen Armeeoffizier ins Haus, mit der unverhohlenen Botschaft: spätere Heirat nicht ausgeschlossen!

Doch die Gasttochter widersetzte sich diesem Ansinnen vehement. *So* wollte sie sich auf gar keinen Fall vereinnahmen lassen. Ihre Herkunft war das Einzige, was sich Sieglinde noch aus ihrem früheren Leben bewahrt hatte, und so sträubte sie sich, ihre Identität aufzugeben. In dieser Situation erboten sich ihre Herbergseltern, als sie 1953 wieder nach Moskau zurückkehren mussten, das Mädchen mit in ihre Heimat zu nehmen. Als Lohn für ihre Einwilligung stellten sie ihr sogar eine Adoption in Aussicht. Doch der Preis war hoch: Sieglinde sollte sich endgültig von ihren Wurzeln trennen. Die Eltern in spe hatten bereits eine Legende ersonnen, die Sieglindes deutsche Herkunft verschleiern sollte: In Wirklichkeit sei sie in der Ukraine geboren und von der deutschen Wehrmacht während des Krieges nach Ostpreußen verschleppt worden. Dort habe die Familie von Max Liedke sie als Kindermädchen bei sich aufgenommen, womit auch ihre Deutschkenntnisse erklärt waren.

Doch für Sieglinde war damit eine Grenze überschritten. »Das mache ich nicht, weil das nicht stimmt«, sagte sie damals. »Ich war der Familie dankbar«, erklärt sie heute, »dass sie mir geholfen hatte zu überleben. Ich habe ihr einiges dafür zurückgegeben, indem ich die Kinder gut betreut habe. Aber ich wollte mich nicht adoptieren lassen, ich wollte nicht nach Moskau. Ich wollte eine Deutsche bleiben und eines Tages nach Hause zurückkehren. Mit dem angedichteten Lebenslauf haben sie damals etwas in mir verletzt.« So kehrte die Gastfamilie in ihre Heimat zurück und ließ die Siebzehnjährige mit fünf Rubeln auf einem gepackten Koffer in Kaunas zurück. Sieglinde war wieder allein.

Aber nicht für lange Zeit. Ein älterer Nachbar, der von ihrem Schicksal erfahren hatte, bot ihr an, bei ihr zu wohnen. »In ein paar Tagen kommt meine Nichte«, sagte er, »die wird hier in Kaunas studieren. Ihr seid beide ungefähr gleich alt, ihr werdet euch sicher gut verstehen. Und wenn ihr ein wenig für mich sorgt, könnt ihr gern hier ein Zimmer haben.« Sieglinde nahm dankbar an. Es war der Auftakt ihres dritten Lebens.

Auch um ihr Auskommen sorgten sich Nachbarn aus dem Haus. Eine Litauerin, die im Hinterhaus wohnte, schlug Sieglinde vor, in der Pharmafabrik, in der sie selbst arbeitete, um eine Stelle nachzusuchen. Doch wie sollte das gehen? Die deutsche Einwanderin hatte keine Papiere, keinen Ausweis. Ihr Aufenthalt wurde von den Behörden lediglich geduldet, in regelmäßigen Abständen musste sie ihren Berechtigungsschein verlängern lassen. Der Fabrikdirektor zeigte sich jedoch sehr entgegenkommend. Wichtig war für ihn in erster Linie, dass die neue Mitarbeiterin ihre Arbeit gut erledigte. Um den Ausweis könne sie sich ja dann immer noch bemühen.

Der Berufseinstieg war hart. Aus Glasstäben mussten mit einem Brenner Ampullen gefertigt werden. In der Fabrikhalle war es fast unerträglich heiß und laut. Aber die jungen Litauerinnen schien das nicht zu stören. Sie sangen zur Arbeit und waren guter Dinge. Das imponierte Sieglinde, und so sagte sie sich: »Das schaffe ich auch!« Ihr erstes eigenes Gehalt milderte die Strapazen des Neubeginns. Zum ersten Mal konnte sie sich aus eigener Kraft einen Wunsch erfüllen und investierte einen Teil des Salärs in Schmelzkäse mit Brot. Selten zuvor hatte ihr eine Mahlzeit so gut geschmeckt.

Auch sprachlich begann ein neuer Lebensabschnitt. Für die alltägliche Verständigung musste sich die junge Frau die litauische Sprache ihrer Umgebung aneignen. Als Werktätige in Stalins Reich wurde Sieglinde zunehmend in die sowjetische Gesellschaft eingefügt. Zusammen mit ihren Arbeitskolleginnen gehörte sie ganz selbstverständlich der Jugendbrigade ihres Betriebes an. Im Versammlungsraum war eine Ecke, gleich einem Herrgottswinkel, für den Sowjetführer reserviert. Inmitten von Fahnen, Wimpeln und Blumengestecken stand ein Stalin-Portrait. Ihn zu verehren war den Brigadisten innere Verpflichtung. Schließlich war der oberste Genosse, wie sie tagtäglich zu hören bekamen, ein Wohltäter von historischer Größe, der sich um die Menschen kümmerte und ihnen ein neues Leben bescherte. »Ich hatte keine Vorstellung vom Sozialismus«, erinnert sich Sieglinde Kenzler, »aber ich habe an die Zukunft geglaubt. Wenn der Kommunismus siegt, dachte ich damals, dann können wir alles kaufen, was wir wollen. Um diesem Staat zu dienen und das Land zu stärken, war es wichtig, die Normen zu erfüllen. Nur so konnten wir Stalins Werk unterstützen.«

In diesem Haus in Kaunas wohnte Sieglinde von 1953 bis 1956.

Immer wieder Stalin: Übervater und Gott, allgegenwärtig und doch der Lebenswirklichkeit entrückt. Nach ihm waren Sportstätten, Fabriken, ja Städte benannt. Zeitungen, Radio, Wochenschauen ließen das hohe Lied auf »Väterchen Stalin« ertönen. Keine Gewerkschaftsversammlung verging ohne seine Huldigung.

Umso größer war der Schock, als der Diktator 1953 starb. »Ich arbeitete gerade im Hof, als die Nachricht aus dem Radio schallte«, erzählt Sieglinde Kenzler, »ich habe den ganzen Tag nur noch geheult. Mein litauischer Vermieter wollte mich deswegen beinahe versohlen.«

Ihre Verbundenheit mit dem übermächtigen Sowjetsystem brachte sie jedoch nicht in Loyalitätskonflikte mit ihrer Herkunft. Dass Deutsche in ihrer neuen Heimat Krieg, Leid und Verbrechen verursacht hatten, verdrängte Sieglinde erfolgreich, indem sie sich an den Berichten über »gute« Deutsche während der Besatzungszeit festhielt.

Dennoch musste die Staatenlose jetzt Farbe bekennen. Ohne gültigen Ausweis war ihr neu aufgebautes Dasein in Gefahr. Sieglinde musste auch offiziell Bürgerin der litauischen Sowjetrepublik werden. Und dies war gar kein leichtes Unterfangen. Sie musste ihren Einbürgerungsantrag schlüssig begründen und zugleich einen von den Behörden anerkannten Bürgen finden. Eine Nachbarin erklärte sich dazu bereit. Als Sieglinde den roten Ausweis mit dem Staatswappen ausgehändigt bekam, gehörte sie endlich auch offiziell dazu. Sie war nicht mehr nur geduldet, sondern anerkannt.

Aber ihren deutschen Namen wollte sie um jeden Preis behalten. Und nicht nur das. »Als ich den neuen sowjetischen Ausweis abholte«, berichtet Sieglinde Kenzler, »beschlich mich so ein komisches Gefühl. Hatte ich etwas aufgegeben von mir? Hatte ich mich verkauft? Auf der anderen Seite regte sich fast ein schlechtes Gewissen, weil ja als Nationalität weiterhin deutsch eingetragen war.« Ohne schon voll und ganz angekommen zu sein, merkte sie, wie die Brücke hinter ihr zu bröckeln begann.

Ein Besuch bei ihren früheren Pflegeeltern in Moskau bestärkte sie in dem Gefühl der Befremdung. Die generalüberholte Metropole des Riesenreiches strahlte zu dieser Zeit eine große Faszination aus. Aber in den Augen der jungen Besucherin waren dort überall zu viele Menschen, zu viel Verkehr und zu viel Hektik. Da zog sie sich lieber in ihr beschauliches Kaunas zurück, um sich eine bescheidene, aber selbstbestimmte Existenz einzurichten. Sieglinde wusste ihr Glück durchaus zu schätzen. Sie hatte ein einigermaßen angenehmes Auskommen und viele wohlwollende Menschen um sich. Aber auch dieser Lebensabschnitt sollte nicht lange währen.

Es begann mit den Fragen, die Sieglinde in den Arbeitspausen immer wieder zu hören bekam: Woher kommst du? Wo sind deine Verwandten, Geschwister, Eltern? Viel wusste sie darauf nicht zu entgegnen. Von ihrem Vermieter hatte sie zuvor schon erfahren, dass die sowjetische Militärverwaltung begonnen hatte, die in Litauen herumirrenden deutschen Kinder einzusammeln und in Waisenhäusern unterzubringen. Sieglinde fasste neuen Mut, die Nachforschungen wieder aufzunehmen.

Sie glich die Listen der Behörden in Kaunas mit den Namen ihrer Geschwister ab, sie schrieb an das Rote Kreuz in Vilnius, sogar an den Roten Halbmond in Moskau. Die Antwort lautete stets gleich: »Name nicht gemeldet, unbekannt.« Verzweiflung und Resignation erfassten die Suchende.

Da nahm 1954 eine litauische Arbeitskollegin, die von der vergeblichen Suche erfahren hatte, sie beiseite und steckte ihr heimlich die Adresse des Suchdienstes des Roten Kreuzes in Hamburg zu, verbunden mit der Bitte, niemandem davon zu erzählen. Um auch diese Möglichkeit nicht unversucht zu lassen, sandte Sieglinde eine kurze Schilderung ihres Schicksals und einen Lebenslauf nach Hamburg. Diesmal war die Antwort vollkommenes Schweigen – zunächst.

Sieglinde begann sich damit abzufinden, dass ihre Familie verschollen blieb. Vielleicht war der Brief auch unterwegs verloren gegangen oder abgefangen worden? Der Sommer ging vorüber, der Herbst und ein klirrend kalter Winter zogen ein. Wie jedes Jahr behielt das Weihnachtsfest einen bitteren Beigeschmack. Sieglinde musste daran denken, wie sich zehn Jahre zuvor noch nichtsahnend und glückselig die ganze Familie um den Gabentisch versammelt hatte.

Doch dann kehrte der Weihnachtsmann wieder, an jenem Heiligen Abend des Jahres 1954; diesmal trug er die Uniform der litauischen Staatspost. Sieglinde hatte mit ihrer Mitbewohnerin ein kleines Bäumchen geschmückt, den Tisch festlich gedeckt und wartete auf den Vermieter, der noch in der Kirche war. Draußen herrschte klirrende Kälte, der Schnee hatte die Stadt zugedeckt. Da klopfte es und der Postbote zog einen Einschreibebrief aus seinem Gabenbeutel, der den Absender des Suchdienstes in Hamburg trug. »Ich zögerte erst, den Brief zu öffnen«, erinnert sich Sieglinde Kenzler. »Was mochte er wohl enthalten? Dann öffnete ich. Da stand, dass meine Geschwister Rudolf, Waltraud und Ulrich lebten und in der DDR in einem Kinderheim untergebracht waren.« Sie hatten überlebt, auch und besonders Uli. Die Last eines Jahrzehnts fiel von der älteren Schwester ab. Dieser Brief verhalf ihr wieder in ihre Familie zurück. »Er war mein schönstes Weihnachtsgeschenk, ich weinte vor Freude und Glück«, sagt sie, noch immer gerührt.

Bald bekam sie auch Post von Rudi, der erneut die Rolle des Familienoberhauptes übernommen hatte. Der ältere Bruder teilte ihr mit, dass Irmgard sich wohl noch immer in Litauen aufhalten müsse und forderte die ortsansässige Schwester auf, nach der Vermissten zu suchen. Für Sieglinde stand spätestens in diesem Moment fest, dass damit auch ihr eigener Aufenthalt in der fremden Heimat auf absehbare Zeit ein Ende finden würde.

Doch wie sollte sie ihre verschollene Schwester ausfindig machen, von der sie keine polizeiliche Anmeldung, keine Anschrift, keine Spur hatte? Wie stellte ihr Bruder sich das nur vor? Wie sollte sie jetzt erreichen, was ihr die sieben Jahre zuvor nicht gelungen war? Verzagtheit war indes ihre Sache nicht. Sobald Sieglinde im Sommer 1955 knapp drei Wochen Urlaub von ihrer Fabrikarbeit bekam, nahm sie die Nachforschungen nach der jüngeren Schwester wieder auf, mit nicht mehr gewappnet als der Erinnerung an sie und ein paar Fotos, die sie aus Deutschland geschickt bekommen hatte.

Täglich fuhr sie mit dem Bus übers Land, jeweils in eine andere Richtung. In jedem Dorf fragte sie Bauern, Gemeindevorsteher und Pastoren, ob sie etwas wüssten über ein deutsches Mädchen auf einem der Höfe. Doch überall erntete sie nur bedauerndes Kopfschütteln. Und so sehr sich die Suchende auch besann, sie konnte beim besten Willen die Stelle nicht wiederfinden, an der der Bauer beim Erntedankfest 1947 die Schwester auf sein Fuhrwerk geladen hatte. Sieglindes Urlaub neigte sich dem Ende zu und sie hatte noch immer nicht die geringste Spur.

Doch Freundinnen und Nachbarn gaben ihr neuen Mut: »Versuch's noch einmal, ein letztes Mal!« So stieg Sieglinde erneut in den Bus, der die Bauern mitsamt ihren Milchkannen und dem Federvieh heim ins Umland fuhr. In einem Dorf, das sie bislang noch nicht aufgesucht hatte, stieg sie aus und sandte ein verzweifeltes Stoßgebet zum Himmel: »Lieber Gott, wenn es dich gibt, dann musst du mich heute endlich die Irmgard finden lassen!« Wie gewohnt, fragte sie sich durch einige Höfe, wie üblich erhielt sie nur Absagen. Bis sie schließlich auf eine alte Bäuerin stieß, die sie freundlich aufnahm und ihr in der Hitze etwas zu trinken anbot. Und da, als im Gespräch der Bann gebrochen war, gab ihr die Frau unter dem Siegel der Verschwiegenheit endlich den entscheidenden Tipp. Mit klammen Gefühlen suchte Sieglinde einen Bauernhof auf, den die Anwohnerin ihr genannt hatte.

Auch Irmgard hat diesen Tag noch lebhaft in Erinnerung. »Ich war gerade dabei, im Hof die Wäsche zu waschen«, erzählt sie über ein halbes Jahrhundert später. »Da sah ich schon von weitem eine Dame die Hofeinfahrt hochkommen. Ich dachte sofort, jetzt kommt eine sowjetische Beamtin, die auf der Suche nach nicht gemeldeten Deutschen ist, und ich bekam es mit der Angst zu tun. Ich fürchtete, in den Ural in ein Arbeitslager verschickt zu werden, was man mir eben so alles eingetrichtert hatte. Auf ihre Frage, ob hier eine Deutsche lebe, erhielt die Frau eine Abfuhr, aber sie ließ sich nicht beirren und kam auf mich zu. Sie zeigte mir mein Einschulungsbild und auch ein Foto meiner Mutter mit den Kindern. Ich erkannte mich wieder, aber rubbelte nur stumm weiter auf meinem Waschbrett, von Angst gepeinigt. Da fing sie an zu weinen, sagte, dass sie meine Schwester sei und begann zu erzählen, von der Mutter, der Großmutter, unserer Flucht. Alles war richtig, aber ich blieb skeptisch. Ihre Zähne kamen mir zwar bekannt vor, aber diese schöne herangereifte Frau konnte nicht meine Schwester sein. Erst als ich eine Narbe an ihrer Wade wiedererkannte, begann ich, ihr die Geschichte zu glauben. Dennoch blieb diese Dame mir weiter vollkommen fremd. Ich hatte jeden Gedanken an meine Geschwister längst aufgegeben gehabt.«

Zum ersten Mal nach langer Zeit begann Irmgard wieder zu weinen. Am Ende war es geglückt, alle Geschwister wieder zusammenzuführen. Aber gerettet war Irmgard damit noch nicht. Der russische Bauer weigerte sich schlicht, sie freizugeben – aus einem Dasein, das der Hölle glich. Sieben Jahre hatte er das Mädchen wie eine Sklavin gehalten. Beinahe rund um die Uhr war sie gezwungen, Schwerstarbeit zu leisten, zu kochen, zu waschen, zu putzen, Holz zu hacken, Wasser zu holen, Schweine zu füttern, Kühe zu melken, Rüben zu ernten, Unkraut zu jäten. Der einzige Lohn waren Schläge, Tritte, Haareziehen und üble Beschimpfungen als »deutsches Hitlerschwein«. Im Stall, auf Stroh, war der Magd ein karges Schlaflager zugewiesen, nur im Winter durfte sie auf der Ofenbank in der Küche schlafen. Der einzige Gedanke, der Irmgard geblieben war, war die Sehnsucht nach Erlösung, mehrere Male hatte sie versucht, sich das Leben zu nehmen.

Der Bauer sah nicht ein, warum er nun die kostenlose Arbeitskraft freiwillig preisgeben sollte. Doch da erwachte die Wölfin in Sieglinde. »Ich bin vom Obersten Sowjet geschickt«, herrschte sie den Hofherrn an. »Sie haben sich strafbar gemacht, sie beschäftigen ein Mädchen, das nicht registriert ist und das schon überall gesucht wird.« Die Drohung zeigte Wirkung. Am nächsten Tag durfte Sieglinde die Schwester mit zu sich nach Kaunas nehmen. Zehn Eier, ein Stück Speck und ein abfälliges Abschiedswort gab ihr der Sklavenhalter noch mit auf den Weg: »Sie kann froh sein, dass sie noch lebt.«

Sie waren beide froh, es war ein neues Leben, ein völlig verändertes Lebensgefühl. Zum ersten Mal war es nicht mehr die Last der Vergangenheit, die ihr Dasein bestimmte. Ganz frei davon waren sie allerdings noch nicht. Verständigen konnten sich die beiden Schwestern nur radebrechend, denn Sieglinde sprach vorwiegend Russisch und Irmgard nur Litauisch, Deutsch hatten sie beide verlernt. Auch einander mussten sie von neuem kennenlernen. Zu sehr waren beide von der vorausgegangenen Isolation geprägt. Außerdem bereitete es einige Mühsal, sich von der neuen sowjetischen Identität wieder zu lösen. Erst nach einer aufreibenden Behördenprozedur erhielten die Schwestern die Erlaubnis auszureisen.

Die Geschwister Liedke in Kyritz, 1956; v. l. n. r.: Ulrich, Sieglinde, Rudolf, Waltraud

1956 war es endlich soweit: Alle fünf Geschwister waren wieder vereint. Das Kinderheim »Ernst Thälmann« im brandenburgischen Kyritz wurde ihre gemeinsame Heimat. Die geschwisterliche Verbundenheit hatte ihre harte Bewährungsprobe endgültig bestanden. Besonders innig schloss Sieglinde den totgeglaubten Uli in ihre Arme. Zum ersten Mal erfuhr sie von seinem damaligen Verbleib. Der Steppke hatte an jenem Abend einfach nicht mehr geglaubt, dass Sieglinde noch zu seinem Rastplatz zurückkehren würde. Auf eigene Faust hatte der Sechsjährige daraufhin mit dem Instinkt des Wolfskindes seine andere Schwester Waltraud aufgestöbert, in der Hoffnung, Sieglinde dort zu finden. Mit ihr zusammen hatte er sich auf die Suche nach der Schwester gemacht – vergeblich. Auf ihrer langen Odyssee waren sie schließlich in ein russisches Waisenhaus nahe ihrer Heimatstadt geraten, von wo aus sie 1948 in die DDR verschickt wurden.

Von 1956 bis 1959 arbeitete Sieglinde als Erzieherin im Kyritzer Kinderheim. Die Heimkehr in die Fremde brachte für sie noch einmal eine erhebliche Umstellung mit sich. »Ich hatte große Probleme, mich an dieses andere Leben, die ungewohnte Kultur zu gewöhnen. Schon die deutsche Sprache musste ich vollkommen neu lernen. Vom Frühstück, das es in Litauen so nicht gab, bis zu den strengen Regeln und Tischsitten war für mich alles neu. Das galt auch für die politische Schulung. In Litauen hatten vor allem die Ergebnisse der Arbeit im Vordergrund gestanden, nicht wie hier der politisch-marxistische Überbau.«

Sieglinde und Heinrich Kenzler bei einer Fahrt ins Kaliningrader Gebiet, um Hilfsgüter für ein Kinderheim und Bedürftige in das ehemalige Wehlau zu bringen

Im ostdeutschen »Bruderstaat« der Sowjetunion war die Erwähnung ihrer Zeit als Wolfskind tabu. Vierzig Jahre war Sieglinde Kenzler, deren Mann als ebenfalls ehemaliges »Wolfskind« manche Erfahrungen teilte, angehalten, über ihre Vorgeschichte zu schweigen. Nur in ihrem Beruf als Kindererzieherin – der für sie auch Berufung war – gab sie ihre gesammelten Erkenntnisse über die Notwendigkeit familiärer Verbundenheit weiter. »Ich sagte immer zu meinen Kindern«, erklärt sie, »›Kümmert euch umeinander! Ihr wisst nie, wann ihr einmal aufeinander angewiesen seid!‹ Zusammengehörigkeitsgefühl stand für mich immer ganz oben und auch Bescheidenheit, mich auch noch über Kleinigkeiten freuen zu können. Auf der anderen Seite habe ich mich immer gefragt: ›Bin ich überhaupt in der Lage, ein Kind richtig zu erziehen, es mit den richtigen Tugenden auszustatten?‹ Mir hat das ja nie jemand beigebracht.«

Mit dem Fall des Eisernen Vorhangs kehrte die Vergangenheit wieder zurück. 1991 konnte Sieglinde Kenzler mit einer Reisegruppe zum ersten Mal ihre alte Heimat besuchen. »Das war sehr schlimm«, erzählt sie. »Auf dem Flug nach Litauen kam heftige Wehmut auf. In meinem Kopf lief ein Film aus einer lange vergangenen Zeit. Bei der Ankunft in Wilna und während der gesamten Reise hatten wir sehr gemischte Gefühle. Den Menschen, denen wir dort begegneten, erging es ähnlich.« Diese Eindrücke motivierten die gebürtige Ostpreußin, zusammen mit ihrem Mann und anderen Landsleuten einen Brückenschlag der Verständigung zu versuchen. Mit Spenden und Eigeninitiative unterstützen sie den Betrieb von Kinderheimen und Krankenhäusern in den Wohnorten ihrer Kindheit und fördern den Austausch von Jugendlichen aus beiden Ländern. Nicht als Vertriebene kommen sie, die Ansprüche auf ihre frühere Heimat erheben, sondern als Mitmenschen, die aus dem eigenen bitteren Schicksal erfahren haben, wie lebenswichtig Mitgefühl und Obhut sind.

Weiterführende Literatur

1. Der verlorene Sohn

Clay, Catrine u. Leapmann, Michael: Herrenmenschen – Das Lebensborn-Experiment der Nazis. München 1997.

Hanbowski, J.: Den Kindern das Angedenken der Welt. Hrsg.: Schutzrat für Kampf- und Märtyrerdenkmäler. Deutsch von Alojzy Twardecki. (Polen) 1972.

Harten, Hans-Christian: De-Kulturation und Germanisierung. Die nationalsozialistische Rassen- und Erziehungspolitik in Polen 1939–1945. Frankfurt am Main, New York 1996.

Hrabar, Roman u. Tokarz, Zofia u. Wilczur, Jacek E.: Kinder im Krieg – Krieg gegen Kinder. Die Geschichte der polnischen Kinder 1939–1945. Reinbek bei Hamburg 1981.

Hrabar, Roman: »Lebensborn«. Czyli źródło życia. Kattowice 1975.

Huber, K. H.: Jugend unterm Hakenkreuz. Berlin 1986.

Martyn, Tadeusz: Das Gaukinderheim in Kalisz. In: Verbrechen an polnischen Kindern 1939–1945. Eine Dokumentation. München, Salzburg, Warszawa 1973, S. 76–82.

Sosnowski, Kiryl: The Tragedy of Children under Nazi rule. Poznań, Warszawa 1962.

Twardecki, Alojzy: Szkola Janczarow. Listy doniemieckiego przyjaciela. Warszawa 1969.

2. Das verlassene Kind

Brüning, Elfriede: Kinder im Kreidekreis. Ein Report über Zwangsadoptionen und Heimerziehung. Berlin 1992.

Bunke, Florian: »Wir lernen und lehren im Geiste Lenins«. Ziele, Methoden und Wirksamkeit der politisch-ideologischen Erziehung in den Schulen der DDR. Oldenburg 2005.

Dertinger, Christian: Wo mag denn nur mein Christian sein? In: Wenn der Morgen einen neuen Tag verspricht. Weggeh- und Bleibegeschichten. Hg. Von Gottfried Hänisch. Weimar 2004, S. 189–199.

Häder, Sonja: Schülerkindheit in Ost-Berlin. Sozialisation unter den Bedingungen der Diktatur (1945–1958). Köln 1998.

Lapp, Peter Joachim: Georg Dertinger. Journalist – Außenminister – Staatsfeind. Freiburg im Breisgau 2005.

Veith, Ines: Gebt mir meine Kinder zurück. Zwangsadoption in der ehemaligen DDR. München 1991.

3. Das geraubte Mädchen

Bartholl, Silvia (Hg.): Dawid, Inge und die anderen: Wie Kinder den Krieg erlebten. Weinheim 1995.

Ehmann, Annegret u. Fischer, Stefanie: Kinder und Jugendliche als Opfer der NS-Verbrechen. www.stiftung-denkmal.de 2003.

Mackova, Jolana u. Ulrych, Ivan: Kinderschicksale aus Lidice. Erinnerungen, Zeugnisse, Dokumente. Nymburk 2004.

Schicha, Kerstin u. Metzing, Frank: Die Kinder von Lidice. In: Tribüne, 34. Jg., Heft 134, 2. Quartal 1995.

Stehlik, Eduard: Lidice – Geschichte eines tschechischen Dorfes. Prag 2004.

Vogel, Karl: Lidice – ein Dorf in Böhmen. Rekonstruktion eines Verbrechens. Berlin 1989.

4. Der unerlaubte Hitlerjunge

Göpfert, Rebekka: Ich kam allein. Die Rettung von zehntausend jüdischen Kindern nach England 1938/39. München 1994.

Gosche, Herbert: Zum Kämpfen geboren. Als Halbjude in Hitlers Armee. Berlin 2001.

Krüger, Helmut: Der halbe Stern. Leben als deutsch-jüdischer Mischling im Dritten Reich. Berlin 1993.

Krüger, Arnd u. Pfeiffer, Rolf: Theodor Lewald. Eine Karriere im Dienste des Vaterlandes oder die vergebliche Suche nach der jüdischen Identität eines ›Halbjuden‹. In: Menora. Jahrbuch für deutsch-jüdische Geschichte. München 1995, S. 233–265.

Mann, Erika: Zehn Millionen Kinder. Die Erziehung der Jugend im Dritten Reich. Reinbek bei Hamburg 1997.

Meyer, Beate: »Jüdische Mischlinge«. Rassenpolitik und Verfolgungswahn 1933 – 1945. Hamburg 2002.

Perel, Sally: Ich war Hitlerjunge Salomon. München 1994.

Walb, Lore: Ich, die Alte – ich, die Junge. Konfrontation mit meinen Tagebüchern 1933–1945. Berlin 1998.

5. Der Grenzgänger

Berthold, Will: Lebensborn e. V. München 1975.

Drolshagen, Ebba: Wehrmachtskinder. Auf der Suche nach dem nie gekannten Vater. München 2005.

Henry, Clarissa u. Hillel, Marc: Lebensborn e. V. Im Namen der Rasse. Wien, Hamburg 1975.

Heidenreich, Gisela: Das endlose Jahr. Bern, München, Wien 2002.

Kjendsli, Veslemoy: Kinder der Schande. Ein »Lebensborn«-Mädchen auf der Suche nach ihrer Vergangenheit. Hamburg/Zürich 1992.

Lilienthal, Georg: Der »Lebensborn e. V.« Ein Instrument nationalistischer Rassenpolitik. Frankfurt am Main 2003.

Mochmann, Ingvill C. u. Larsen, Stein Ugelvik: Kriegskinder in Europa. In: Aus Politik und Zeitgeschichte 18–19/2005.

Olsen, Kare: Schicksal Lebensborn. Die Kinder der Schande und ihre Mütter. München 2004.

Olsen, Kare: Vater: Deutscher. Das Schicksal der norwegischen Lebensbornkinder und ihrer Mütter von 1940 bis heute. Frankfurt am Main 2002.

Picaper, Jean-Paul u. Norz, Ludwig: Die Kinder der Schande. Das tragische Schicksal deutscher Besatzungskinder in Frankreich. München, Zürich 2005.

Schmitz-Köster, Dorothee: Deutsche Mutter, bist du bereit … Alltag im Lebensborn. Berlin 2002.

Thommessen, Thrine: Kriegskinder. Kinder von deutschen Soldaten und norwegischen Frauen.1940 – 1945. Berlin 2006.

6. Die verschleppten Schwestern

Klier, Freya: Verschleppt ans Ende der Welt. Schicksale deutscher Frauen in sowjetischen Arbeitslagern. München 2000.

Schafranek, Heinz: Kinderheim Nr. 6. Österreichische und deutsche Kinder im sowjetischen Exil. Wien 1998.

Skowronnek, Edelgard: Kinder des Krieges. Hamburg 2000.

Stieber-Ackermann, Hedwig u. Farca, Olga Katharina: Allein die Hoffnung hielt uns am Leben. Villingen-Schwenningen 1999.

Wolfenhaut, Julius: Nach Sibirien verbannt. Als Jude von Czernowitz nach Stalinka 1941–1994. Frankfurt am Main 2005.

2€

7. Das Wolfskind

Fährmann, Willi: Die Bienmann-Saga. Bd. 3: Das Jahr der Wölfe. Würzburg 1962.

Kibelka, Ruth: Wolfskinder. Grenzgänger an der Memel. Berlin 2003.

Leiserowitz, Ruth: Von Ostpreußen nach Kyritz. Wolfskinder auf dem Weg nach Brandenburg. Potsdam 2003.

Morgenstern, Erika: Überleben war schwerer als Sterben. Ostpreußen 1944–1948. München 2004.

Schmidt, Winfried: Vergessene Wolfskinder. Halle 2006.

Wels, Waltraud: Glückskind im Chaos. Odyssee einer Ostpreußin. Norderstedt 2004.

Wendel, Annalisa von: The Wolfskinder. German refugee children in postwar Lithuania, 1945–1997. Diplomarbeit, 1997.

Bildnachweis

S. 19, 21, 34, 38 Alojzy Twardecki
S. 61, 71, 75, 77, 86 Christian Dertinger
S. 117 Gedenkstätte Lidice
S. 91, 95, 100 ullstein bild, Berlin
S. 126, 129, 133, 138, 153 Günther Lack
S. 147, 149, 156, 160, 165 Werner von Reis
S. 171, 175, 176, 179, 183 Kafina Sinskamp
S. 189, 203, 207, 213, 214 Sieglinde Kenzler
S. 51, 93, 121 Peter Hartl